一学就会的
基金实战课

蒋融融◎著

机械工业出版社
China Machine Press

图书在版编目（CIP）数据

一学就会的基金实战课/蒋融融著. --北京：机械工业出版社，2022.6
ISBN 978-7-111-71158-2

I. ①一… Ⅱ.①蒋… Ⅲ. ①基金–投资–基本知识 Ⅳ. ① F830.59

中国版本图书馆CIP数据核字（2022）第115077号

一学就会的基金实战课

出版发行：机械工业出版社（北京市西城区百万庄大街22号 邮政编码：100037）	
责任编辑：张　楠	责任校对：马荣敏
印　　刷：保定市中画美凯印刷有限公司	版　次：2022年8月第1版第1次印刷
开　　本：170mm×230mm　1/16	印　张：20
书　　号：ISBN 978-7-111-71158-2	定　价：79.00元

客服电话：(010) 88361066　88379833　68326294　　投稿热线：(010) 88379007
华章网站：www.hzbook.com　　读者信箱：hzjg@hzbook.com

版权所有·侵权必究
封底无防伪标均为盗版

FOREWORD ◀ 推荐序

5月的春天，鲜花盛开，万物充满活力。阳光明媚，微风拂面，天气凉爽而不燥热，让人心旷神怡。尽管国外战争阴霾密布，新冠肺炎疫情尚未彻底结束，生存压力伴随通货膨胀日趋上升，但人们仍然对未来充满了信心和渴望。所有过往皆是序章，所有将来皆是盼望。人们既然能够同甘，共苦自然也就不在话下。泡上一杯清茶，沐浴在温暖的阳光里，打开朋友送来的这本书先睹为快。无论是开卷捧读，还是闭目沉思，都是难得的幸福时光。只是作者言真意切的写序之邀，让我既不好拒绝，又不知从哪里下笔，生怕拾人牙慧写出一堆陈词滥调，或者说出一些惹人笑话的门外话。

在现代经济社会中，对于自己拥有的财富，人们往往试图通过获取投资收益使其不断增值。过去，由于可供选择的投资工具较少，中小投资人一般只能选择利率相对较低的银行存款来保有其财富。如今，即使作为只拥有少量储蓄的工薪阶层的一员，中小投资人也拥有了一系列新选择：国库券、企业债券、保值储蓄、基金、股票以及期货等。过去，人们对股票市场趋之若鹜，对于基金和其他理财产品等缺乏足够的了解，也因此缺乏兴趣。如今，基民也可以兴致勃勃地分享到投资的快乐。面对日新月异的金融市场和各种新型金融工具，投资人现在必须在预期收益、风险水平、流动性等因素之间进行权衡，并根据这些因素的变化调整其资产组合，再也不能像过去那样只要持有一本银行存折就可以高枕无忧了。

很多人终于明白了为什么不能把所有的鸡蛋都放在一个篮子里，但他们又情不自禁地提出类似"到底应该把多少个鸡蛋放在多少个篮子里"的疑问。伴随着金融创新的日新月异，各类投资工具越来越多，基金类产品的数量也在不断增加，人们的投资理念发生了质的飞跃，我们的日常生活发生了翻天覆地的变化。对于这样一个全新的领域，我们必须弄清基金产品的本源和发展，把握基金市场未来发展的线索，从而通过基金投资更好地优化我们的生活。

无论我们是否承认和接受，物价总是在螺旋式地不断上涨，十年前一个月的生活费也许不足以支付今天一顿便饭的开支，以货币所能购买到的商品和劳务的数量而言，现在的1元钱已经远远不如十年前的1元钱更有价值，因为现在大多数商品和劳务的价格都比过去提高了，我们每个人的财富不可避免地受到通货膨胀的侵蚀。由于每个人的收入并不是被立即花掉，因此我们需要通过投资理财使自己的财富保值增值。我们需要用这些财富应付日趋增加的各类需求，并规避有可能面临的各类风险，进而优化个人和家庭的资产组合，提高整个社会的福利水平。为此我们必须了解金融市场日新月异的飞速发展，以及各类金融工具为我们的投资理财提供了哪些可能。

纵观世界，在过去二三十年中，金融无疑已经成为经济学中发展最快的一个领域。金融市场迅速发展并且越来越一体化，新型金融机构和新型金融工具不断涌现，银行和非银行金融机构之间的界限日益模糊，它们提供金融服务的方式不断翻新，令人目不暇接。如今，证券基金类的专业报纸、杂志、书籍伴随着金融市场的热潮常常供不应求，股市新闻和基金排名等令人不可思议地抢占了非专业新闻媒体的黄金位置，甚至股评家、理财顾问也成为令人羡慕的职业。值得强调的是，购买股票和基金是使你的财富增加的最好的方式之一，同时也是最坏的方式之一。人们频繁地进出金融市场，经常对金融市场的走势进行评论或预测，或得意忘形地向他人夸耀其买卖股票、债券或者基金的业绩，或神情沮丧地向人诉说其贻误赚钱机会的遗憾。我们既羡慕过明星基金经理人桂冠加冕、荣耀业内外的高光时刻，也见证过许多"基金一哥""基金一姐"被市场无情地打回原形的黯然失色。这世上原本无人可以称神，却偏偏有人利用编织的神话作为营销手段。大浪淘沙数风流人物，大潮退下才知谁在裸泳。基民既经历了收获颇丰的喜悦，也经历了手里的基金产品跌破净值，类似股票市场被深度套牢的欲哭无泪。许多人起初把金融市场看成一个可以使穷人一夜之间暴富的场所，现在终于明白金融市场原来也是一个可以让富翁片刻之间倾家荡产的地方。股票和债券的价格不会只升不降，基金的净值不会只增不减，金融市场的投资是有风险的。

众所周知，证券市场往往具有较高的门槛，由于资金规模较小，交易成本较高，投资风险无法分散，投资理念不成熟，许多中小投资者常常无法参与股票、债券、期货、期权的交易，即使勉强参与交易往往也并不合算。基金管理公司的产生，各类基金产品的不断推出，为中小投资者打开了通过参与金融投资分享经济成长的新窗口。基金通过发售份额，把中小投资者的小额资金积聚起来，形成一个资金池，从而克服了中小投资者资金规模相对较小的劣势，大大降低了交易成本，并通过专家理财获得规模经济和范围经济，通过资产组合分散化降低投资风险，通过资产组合相对集中跑赢市场，进而获得比较正常的市场化超额收益。

要做好基金理财，必须广泛搜集信息，理解各类金融现象的基本含义。各类金融信息和金融事件充斥媒体，然而我们对其背后隐藏的真实意义却常常一知半解。例如，美联储宣布缩表并进入持续加息周期，货币政策向正常化回归，这一政策措施对利率、汇率、储蓄、投资、就业会产生什么影响？中央银行调整法定存款准备金率和存贷款利率的措施一旦出台，股票市场、债券市场、基金市场为什么立即会出现波澜起伏的震颤？为什么数目如此众多的外国金融机构纷纷争先恐后地介入中国金融市场？

为什么表面上都具有专业背景的基金管理人的水平和绩效有天壤之别？只有掌握金融市场的基本原理，我们才能正确理解这些金融信息和金融现象的真正内涵，及其对投资者做基金理财的影响。

基金市场的诞生与繁荣有着非常重要的作用。首先，基金产品的出现及其日趋多样化为投资者提供了新的投资工具，拓宽了人们的投资选择，改善了人们的生活质量。除了物物交易居主导地位的原始社会以外，现代经济交易往往是实物经济与金融经济的统一，一方面是实物商品所有权的转移与让渡，另一方面同时发生着货币商品的反方向运动，二者缺一不可。基金市场的存在大大提高了经济交易的效率，为投资者通过理财投资使自己的财富保值增值提供了可能。可以毫不夸张地说，了解和学习基金市场和基金投资的基本原理和专业知识，也是人们改善生活质量的需要。其次，基金市场上的资金运动对内会影响企业生产产品和劳务的成本和利润，影响企业的融资状况和市场价值，直至影响整个国家的经济状况；对外则会影响其他国家的就业、产出、经济福利水平和政局稳定。正是这些资金的频繁流入和流出，使资金在国际范围内得以重新配置和优化重组，使国际金融市场越来越一体化。最后，基金业是目前成长最快、回报最丰厚的行业之一，因此它也为人们提供了大量的就业机会。实际上，基金市场正是劳务市场的一个重要组成部分。我们常常质疑一个大学毕业没几年、只有不到30岁的年轻基金经理是否有能力管理好几百亿元甚至上千亿元的资产组合，却从未想过其他行业的年轻人能否在这个年龄获得这样的机会；我们常常对年轻基金经理人优厚的报酬充满了羡慕，却从未想过他们所拥有的这一切来自这个行业的高成长性。"男怕入错行，女怕嫁错郎"这句俗话实实在在地传达了事情的真相。因此，做好基金的投资，不仅仅是让你的财富保值增值，而且能加深你对金融市场的理解，提高认知能力的天花板，为你更深层地介入这一行业打开一扇窗，进而让你分享到整个行业飞速扩张带来的成长。

在本书中，作者为基民朋友们提供了非常全面的实战指南。传媒业的从业经历和积累的人脉为作者转行进入金融业奠定了很好的基础；她负责的栏目和接触的形形色色的成功人士开阔了她的财经视野；她十几年的投资经历有过成功的喜悦，也有过失败的教训，所有这一切都是必要的历练和积累。此外，作者通过在北京大学经济学院的学习，取得了金融学硕士学位，成为媒体背景与财经专业兼具的复合型人才。

这本书的内容来源于 2018 年开始的上上学堂理财培训实践，三年多的实践、总结、复盘让本书真正做到了系统深入，并且让投资者一读就懂。作者致力于帮助数亿中国新知人群培养科学的理财观念，也希望能够把实用的理财知识分享给所有人。秉持这样一种朴素而又接地气的专业理念，本书抽丝剥茧，层层深入，阐明了投资理财背后的逻辑。本书带给你的不是散乱的知识点，而是基金知识的系统学习；不是笼统的概念和道理，而是具体的方法和工具。因此，这本书不但适合风格稳健、理念成熟的中小投资者，更适合没有太多经验的投资新手。

我相信，读懂了本书传递的投资理念和实操方法，让它们浸入到自己的血液里，并且由简入繁、循序渐进地用好本书，投资者一定会有收获的喜悦，从而能够通过更好地投资理财，创造属于自己的财富自由。

北京大学经济学院金融学系　吕随启

前　言 ▶ PREFACE

在平时和同学们的沟通中，总会有人问我："融融，你多大？"我说："年龄不大，但投资时间已经有快二十年了。"

如果要下一个定义，我算是半路金融人、A股老股民，本科是中国传媒大学播音与主持艺术专业，即将毕业时就到了门户网站主持访谈节目。2000年年初正是三大门户网站崛起的时候，访谈直播的观看热度堪比现在的直播带货，各个行业领域的精英几乎都做客过访谈直播间。我当时采访的对象既有娱乐明星和文化名人，也有政治人物和经济大咖。

在所有的采访中，我最感兴趣的领域竟然是相对枯燥的财经。听到经济学家、券商机构、企业家们分析经济形势、企业成长、股市涨跌、投资机会，我都特别感兴趣。正是这样的机会，让我在各位前辈的引领下，刚毕业不久就进入股市，开始了我的股民生涯。我经历过2006～2007年的大牛市，也在随之而来的1664点底部反复煎熬；我见证了2015年的5178点，也见识了千股跌停和股市熔断。赚过也亏过，坑踩了很多回，我现在仍然觉得股市是一个充满魅力的地方。

2010年，我进入北京大学经济学院学习，并取得了金融学硕士学位，这为接下来的投资之路打下更扎实的基础。我也正式把两项专业——主持和财经结合，成为一名专业的财经节目主持人。每一场经济学家论坛、每一次企业家采访、每一次的历练都让我的内心更加充实和笃定。

一开始就能够跟随经济领域这些最优秀的人学习，是我的幸运！理论和实践的结合，也逐步让我形成了自己的投资理念：对于我们大部分普通人来说，赚钱最好的方法就是站在巨人的肩膀上，投资那些最优秀的企业，分享企业成长带来的收益。只有少数人能够创业成功，也只有少数人能像大厂的员工一样分到股权致富，普通人最简单直接的赚钱方法就是购买这些企业的股票，成为它们的股东，在资本市场分享它们的成长。

2018年，在创始人马勇的带领下，我们几个小伙伴成立了上上学堂，致力于帮助数亿中国新知人群培养科学的理财观念，带大家学习实用的理财知识，也希望能够把正确的投资理念分享给所有人。在实际的教学过程中我们发现，大家的投资需求太大了，普通投资者也太需要正确的理念引导了，我们身边总会听到金融诈骗造成损失以及不懂理财错过了机会的事例。想要赚钱的目的没有错，但是如果方法一开始就错了，那么结局往往不尽如人意。

在价值投资理念的指导下，我们开通了喜马拉雅"一学就会的基金定投课"，截至本书成稿时已经更新了600多期，播放量超过3500万次，受到了众多听友们的喜爱，很多听友都说这个节目是他们基金投资的启蒙。后来我们又开办了基金训练营，通过系统的学习，很多人都已经成为成熟的基金投资者，在投资中也取得了不错的收益。

作为一个非常了解投资者需求的金融从业者，也是一个老股民和老基民，我希望把个人的投资经验和在教学过程中总结出的最有价值的内容与大家分享，通过系统的体系、科学的讲解，让大家读完这本书后能够真正了解基金投资，运用正确的理念和方法开始实战，做自己的基金经理。

这本书能给你什么

这本书能给你什么？这也是提笔写书时我不断问自己的问题。

其实现在市场上理财书籍很多，关于基金的书也不少，说明已经有越来越多的人意识到了理财的重要性。我们都希望自己辛苦赚来的资产能够保值增值，并且通过理财让我们未来有更好的生活。

在父母那个年代，理财不过是把钱存银行，或者买个理财产品，虽然收益不高，但是保本保收益，也挺省心。近些年，随着人们的钱越来越多，各种各样的理财产品不断面世：余额宝、公募基金、私募基金、信托产品、P2P等，还有些根本就看不懂的理财品种。面对纷繁复杂的产品，很多投资者都不知道该怎么挑选，毕竟投资产品的复杂性要远超过其他商品。还有一些产品披着高收益的外衣，从头到尾却是一个骗局。

理财不是一件容易的事，不是我们去市场买土豆、白菜。在购买之前我们要充分了解，这个产品投资的底层资产到底是什么，收益可能有多高，风险可能有多大，投资期限有多长，这些基本问题都会决定我们最终的收益。明确了这些基础问题，再通过各种标准精挑细选出好产品，并且结合自己的风险承受能力去做组合配置，这才是一个相对完整的投资决策过程。

这里的每一步都不是零散的知识就能够解决的，它需要在了解金融市场运行原理和产品收益特点的背景下，用具体的步骤和方法去综合配置。所以，这本书我想要传递给大家的，不是一个个零散的知识点，而是把我们在投资道路上遇到的一个个实际问题串起来，组成系统，并通过具体工具和方法得出最终的结论。

这本书的名字叫《一学就会的基金实战课》，我希望它是一本实战指南，真正地在你的投资中起到指导作用，通过书中介绍的方法，你能够抽丝剥茧，层层深入，一步步选到最适合自己的投资品种。不仅知道怎么选，更要弄懂这一系列投资背后的逻辑，这些逻辑才是支撑我们取得收益的基石。之所以只挑选基金来讲，是因为我认为基金是最低成本参与股票市场的工具，也是未来最适合我们普通投资者的品种，没有之一！同时我希望能够用最简单直白、大家都能看懂的方式，把复杂的经济原理和金融产品讲明白，真正让大家一学就会。正是这些初衷构成了这本书的名字。

通过这本书，我希望它带给你的不只是散乱的知识点，还是基金知识的系统学习；不只是概念和道理，还是具体的方法和工具。不只是皮毛，更是内核；不只是常识，更是实操。我也期待大家读完之后对于基金品种有正确深刻的了解，对挑选基金有明确的标准和方法，面对基金的涨跌知道该如何操作，对家庭理财有明确的目标规划。不盲目，不跟风，凭借正确的方法、持久的心态，真正获取市场长期上涨的收益。

之前在和同学们做交流的时候，有一位同学的话让我印象很深，他说，通过学习，自己不只选到了好的基金，更大的收获是学到了如何通过资产配置为自己的家庭搭建财富保护伞。这一点是我特别开心的，希望读完这本书你也会有一些收获。

这本书适合哪类读者

首先它不适合想要暴富的短期投资者，如果你喜欢那种"给你一只大牛股，一个月翻倍"的宣传，那这本书不适合你，因为它不是一本快速赚钱宝典。

如果你只想直接要一个产品代码，并希望这个产品每天都涨，不会亏损，到时间你就能拿到固定的收益，那这本书也不适合你。因为这类产品只在P2P的传说里。

如果你想要通过在本书中学到的方法，直接买到一只未来市场表现最优秀的基金，取得市场最高的收益，那这本书也不适合你，因为基金本身就不是取得最高收益的品种。

如果你想通过这本书学习如何能够买在最低、卖在最高，那也不现实。因为成功的择时偶尔一次可以，每次都精准择时，哪怕是全球最有名的投资大师也做不到。

如果你认同以上观点，愿意相信价格会回归价值，愿意细水长流做长期投资，日积月累收获复利收益，通过优选不同类型的基金产品，让你的资产稳健增值，成为股票市场上那赚钱的 10% 的投资者，实现财务自由，并让自己的未来拥有更多选择，那你一定要读读这本书。

投资中你要知道以下几件事。

投资不是一朝一夕，只有长期投资、细水长流才能取得理想收益。

选到好产品是雪中送炭，择时只是锦上添花，不用太过在意短期的盈亏。

投资不会暴富，但正确的投资一定能让我们未来拥有想要的生活。

我们往往低估自己十年内能做的事，而高估自己一年内能做到的。

如果你还年轻，不用去羡慕那些已经收入稳定的年长者，你也可以，时间是你最大的财富。

不仰望别人，不看轻自己，你能创造属于自己的未来。

如何使用这本书

本书由简入难，循序渐进，主要分为以下三篇内容。

认知篇：带你全面认知基金

第一章通过对比市场上各类产品，帮大家找到未来最适合自己的投资品种。选择大于努力，这句话同样适用于投资领域。只有在正确的时间投资正确的品种，你才能取得最好的收益。20 年前的房地产、10 年前的互联网、未来的新能源……只有选择是正确的，你才能在赚钱的道路上越走越远。只有对投资的产品有充分的了解，你才能相信持有它一定能够带来收益，这是投资的前提。

第二章带领大家全面认识基金大家族，了解各类基金的风险收益特点，并且通过配置不同类型的基金，构建家庭财富保护伞。

第三章重点讲了巴菲特最推崇的基金类型——指数基金，并详细分析指数基金的特点，以及它是否适合中国市场。

第四章我们一起了解近两年市场上流行的"定投"。定投真的有传说中那么神奇吗？它能帮我们取得更高收益吗？只有基金可以定投吗？这些问题在这一章都会得到解决。

实战篇：手把手教你选到好基金

从这里开始，就进入实战。第五章是基金定投实操手册，带大家通过简单五步走通基金定投的全流程。通过这一章的学习，我们对于整个基金定投会有一个框架上的认知，也会发现基金投资其实没有那么难。

第六章属于本书的重点和难点，分清指数三大分类，知道指数基金的"指数"到底怎么选，面对众多的基金我们就不会再迷茫；都是跟踪同一指数，不同基金首尾收益差距非常大，如何挑选出最优秀的一组产品，有标准和工具帮助我们实现。

了解了指数基金之后，第七章和第八章讲述如何挑选主动型基金以及债券型基金，其中还特别讲到了可转债打新这个"薅羊毛"的方式。债券型基金虽然长期收益低于股票型基金，但是风险波动更小，是我们的投资组合中不可缺少的一部分。特别是当股票市场下跌的时候，债券型基金更能凸显自己的投资价值，第八章第二节会着重分析这类中风险产品的配置。

策略篇：运用策略在基金投资中取得更好收益

策略篇主要讲如何运用策略在基金投资中取得更好收益。在之前的章节我们选到了产品，做好了组合，并用定投的方式买入，但是选到好产品不是就高枕无忧了，下一步持有过程中一定要注意的就是止盈和止损。会买的是徒弟，会卖的是师傅。具体怎样止盈，又有哪些方法，第九章我们来解决止盈和止损的问题。另外学好了基础，我们就可以晋级，通过一些方法帮助我们提高基金投资的收益，第十章定投 PLUS 来探讨这个问题。

第十一章和第十二章主要讲解资产配置。如果正好碰上 2021 年的结构性行情，持有的恰好又是连续上涨 2 年，进入 2021 年全年都在下跌调整的白酒消费行业基金，那你就很煎熬了，持有了 1 年可能还是亏损的。这时候资产配置的优势就体现出来了，因为持有几个不同风格的行业和指数产品，你的整体收益就会更加均衡。市场风格不断变化，我们必须通过资产配置来分散风险、平衡资产。

不同条件的人其资产配置方式都是不同的。刚刚毕业，"月光族"该如何开启自己的投资之路？进入 30 岁，上有老下有小的家庭该如何建立更稳固的资产配置池？到了老年，怎样用基金来打理资产？大额资产怎样更加稳定地保值增值？这些问题在第十二章都会得到答案。

第十三章我们迎来投资终极战，克服人性，跑赢市场。其实投资本身并不是一件多难的事，我们都知道价格一定会回归价值，但是世界上却只有一个巴菲特，投资其实拼的是心态！写在结尾则是对大家在投资过程中比较集中遇到的问题所做的解答。

几个结论

以上就是本书的基本内容，也是我在这几年和投资者学习与交流过程中总结出来的大家最需要解决的问题的答案。书中通过系统的方法把知识点串起来，特别注重了实操部分的讲解，希望能给你带来更好的学习效果。

如果时间充裕，真的建议你从头到尾认真地看完，因为书中内容已经能够帮你解决基金投资中遇到的90%以上的问题。但是如果时间不够，第三、五、六、七、八章属于本书中最关键的部分，你需要反复阅读并且实践才能真正掌握。

这里有几个简单的结论。

如果要选一个长期最适合的投资品种，那就选基金吧，特别是股票型基金，它是长期投资收益最高的品种。

如果你刚刚进入市场，对收益没有太高要求，那就选择沪深300与中证500指数基金的组合，它能够保证你跟得上股市上涨的收益。

如果想要更高收益，那一定要选择行业基金，有一些行业长期收益远胜大盘，比如消费、医药和未来的大趋势新能源，即使涨多了会下跌调整，但长期趋势也是向上的。记住：趋势决定方向，资金决定节奏。我们要赚的是趋势的钱。

基金投资一定记得：要止盈，要止盈！

长期投资下来，你会更加意识到资产组合的重要性，在投资中你不仅要考虑收益，更要考虑风险。

目 录 ▶ CONTENTS

推荐序
前言

认知篇 ▶ 带你全面认知基金

第一章 下一个投资金矿在哪里   2
普通人真的能够实现财务自由吗   2
顺应趋势，才能事半功倍   6
为什么越来越多的人选择做"基民"   12

第二章 全面认识基金大家族   18
市场上最常见的几类基金：看看哪种适合你   18
你知道余额宝就是货币型基金吗   22
低风险的债券也可能暴雷   24
股票型和混合型基金：长期收益最高的投资品种之一   27

第三章 巴菲特最推崇的基金：指数基金   31
什么是指数基金   31
指数基金的优势与缺点   34
巴菲特最爱的指数基金适合中国市场吗   37
观察指数的常用工具网站   41

第四章　懒人理财法：定投　　52

定投真的有那么神奇吗　　52

定期定额与定期不定额　　55

可以信任智能定投的效果吗　　56

实战篇 ▶ 手把手教你选到好基金

第五章　基金定投实操手册　　62

选择投资渠道　　62

制订适合自己的定投计划　　64

挑选具体的基金产品　　67

学会止盈和面对亏损　　69

牢记定投心法　　69

第六章　如何挑选指数基金　　72

宽基指数，让你跟上整个市场的平均收益　　73

策略指数，帮你获取更加稳定的长期收益　　96

行业指数，让你取得远超市场的超额收益　　110

手把手带你挑选最优指数基金　　145

第七章　如何挑选主动型基金　　171

主动型基金的初试和复试　　171

不同的偏好，不同的选基方法　　183

怎样查看基金定期报告　　193

基金交易中可能遇到的问题　　197

第八章　如何挑选债券型基金　　204

债券也有各种分类　　204

债券型基金的配置方法　　206

四大原则优选债券型基金　　209

"薅羊毛"神器：可转债打新　　213

策略篇 ▶ 运用策略在基金投资中取得更好收益

第九章　持有基金过程中最重要的：止盈与止损　　222

基民亏钱的常见原因　　222

会卖的是师傅，具体的止盈方法　　225

第十章　定投PLUS：爬楼法轻松提高收益　　235

一楼：定期定额　　236

二楼：估值买入法　　236

三楼：择时加仓摊低成本　　239

四楼：止盈后的盈利再投　　242

五楼：组合定投　　243

六楼：择时与择势　　244

七楼：投后工作　　245

第十一章　最重要却最容易被忽略的：资产配置　　248

最古老的资产配置策略依然有效　　248

足球场配置法　　251

第十二章　不同人群如何配置基金　　257

刚刚开始工作的"月光族"该如何投资　　257

上有老下有小的家庭该如何建立更稳固的资产配置池　　265

步入老年该如何通过基金打理资产　　266

大额资产怎样通过基金让财富更加稳定地保值增值　　267

基金配置的几个常识性问题　　269

第十三章　投资终极战：心态　　274

人性的弱点：恐惧与贪婪　　274

三类典型心理偏差　　276

克服人性，跑赢市场　　278

写在结尾　　283

学员反馈　　298

认知篇

带你全面认知基金

第一章　下一个投资金矿在哪里

第二章　全面认识基金大家族

第三章　巴菲特最推崇的基金：指数基金

第四章　懒人理财法：定投

第一章 ▶ CHAPTER 1

下一个投资金矿在哪里

普通人真的能够实现财务自由吗

财务自由是当下特别流行的一个词。我们大多数人都想自由自在，做自己想做的事情，去自己想去的地方，来一场说走就走的旅行。然而，"理想很丰满，现实很骨感"，面对生存现状，现在的人不仅焦虑，而且"内卷"。

其实人生中很多焦虑的事情最终都可以落到一个字"钱"上。虽然钱不能解决一切，但是它的确能够帮助我们解决生活中的大部分问题。

承认自己对钱的渴望很正常，也不用担心告诉别人你想要财务自由会被嘲笑，因为财务自由是人生自由的基础。如果你除了工作之外，还能通过投资理财赚到钱，并实现财务自由，只能说明一件事——你财商高。

有很多励志书籍告诉我们要把愿望写下来，每天大声读上几遍，这样才能更快地实现目标。我觉得形式没有那么重要，关键是目标明确，方法正确，并且真正付诸行动。

有很多人觉得财务自由要几百万元、几千万元甚至更多，一个普通上班族的收入能满足日常生活就不错了，想实现财务自由太难了！如果你只是把它当成一个虚无缥缈的概念，要实现这个目标的确很难。其实财务自由并不是有些人想象中的那种挥金如土，它有自己明确的量化指标：当你不工作，投资带来的收益也能覆盖日常花销，就实现了最基本的财务自由。简单来说，就是不上班，也有钱。

所谓的财务自由，没有一个绝对数字的标准，因为每个人的消费水平和物质欲望都不同，可能有的人每个月1万元就过得很舒服，有的人每个月10万元也不够花。虽然每个人财务自由所需要的金额都不同，但是当你不再需要为了生活而必须要去工作赚钱，而是拥有一台为你赚钱的机器，这台机器为你赢得的利息收入等于或者远远大于你的日常支出的时候，你就达到了财务自由。

有一个通用的简单公式我们可以参考一下：

$$实现财务自由需要的钱 = 你每年的开销 / 4\%$$

这是美国麻省理工学院的学者威廉·班根在1994年提出的理论，也叫4%法则。他分析了美国长达75年的股市情况及退休人员案例，认为通过投资股票资产，每年从退休金本金中提取不超过4.2%的金额用于花费，那么退休金到死都花不完，因为股票资产自己会增值。

假设你每月花销1万元，12万元/4%=300万元，也就是当你拥有300万元时就可以实现基本财务自由，这些钱每个月产生的利息投资收入可以供给你每月的日常花销，即使不工作你也能维持日常生活。当然这里不包括你想要买房、买车，甚至更大额的花销。

有一个上班族和她的丈夫，通过储蓄和投资，用十年的时间积累了价值650万元的基金。然后他们辞去了工作，开始环游世界，过上了梦想中的生活。为此她还写了一本书，叫作《不上班也有钱》，书中描述了很多人梦想的生活，各处旅行，无拘无束，真真道出了上班人的心声！

其实他们也没有什么高超的技巧，也不是年薪百万，就是凭着极其明确的目标和超强的执行力，通过十年的时间实现了目标。首先通过上面4%法则公式的计算，他们得出了想要财务自由需要650万元，然后就开始执行计划。

第一步，储蓄，而且是超高的储蓄率。这里不是说你一个月存1万元就是高储蓄率，而是要看你的储蓄和收入的比例。比如你一个月收入10万元，储蓄1万元，那么你的储蓄率就是10%；如果你一个月收入只有1万元，但是储蓄了5000元，你的储蓄率就是50%。最重要的不是储蓄额，而是储蓄率。我身边有的朋友年薪百万，每天依然还在念叨什么时候才能退休。虽然他们的收入很高，但是靠工作换收入，一旦工作停止，收入也就停止。所以实现财务自由不是看你赚了多少，而是存了多少，是你不工作的时候手里能有多少钱。

我们先看看自己每个月的储蓄率有多少，10%还是20%？或者根本就没有？这对夫妇能够在十年时间实现财务自由，很重要的一点就是80%的高储蓄率。

相信很多人都难以做到这个程度。这么高的储蓄率，就意味着从每一个角落省钱，能不花的就不花，不能不花的就尽量少花。

他们先把支出表中的前三项花销减少一半，掐大腿减少冲动购物，区分必要和想要，进行各种省钱实验。为了省钱，他们通过极简婚礼，租房居住，骑自行车上下班，自己制作生活用品，养猪种菜，和邻居换鸡蛋等各种你想象得到与想象不到的方法实践，把钱攒起来。

第二步，用攒下来的钱持续投资被动型指数基金，用时间复利的方式积累财富。作者表示"自己的投资目的不是要追求快速致富，也不奢求在短期内让资产增加数十倍、数百倍，只希望透过长期投资赚取稳定的股利，在退休后资产不致因为通货膨胀而缩水"，同时她积极开展一些副业增加收入。

《不上班也有钱》这本书在前几年非常火，内容不多，用一天的时间就能读完，当时给我的触动还是很大的。第一，实现财务自由是完全有可能的；第二，要对欲望有合理的预期和控制；第三，财务自由的方法简单总结就是储蓄和投资，这一点和巴菲特的观点相似。

只是他们这种极端的省钱方法，绝大部分人做不到。但是我们起码能做到尽量多地储蓄，比如我给自己设定把每个月收入的30%存起来，这个还是可以的。我认为生活中的吃喝玩乐也是获得幸福感的重要来源，你不必那么苛责自己，可以试着在其中找到平衡。就像《富爸爸穷爸爸》里讲的，别把你上班辛苦赚来的钱买奢侈品，而是用这个钱去投资，用投资赚的钱再去买想要的东西犒赏自己，多了一道程序，钱也有了，包包也买了，区别只是延迟满足而已。

除了攒钱，投入尽量多的本金，我们还可以从其他因素下手。复利有时间、本金、收益率三大因素，想要实现财务自由，这几个因素都会起到决定性的作用。比如《不上班也有钱》这本书的作者从本金下手，严苛地存钱，让本金快速增长。除此之外，时间也是一个重要因素，越早开始投资越好，而且收益率越高越好。也就是说，从大学就开始投资和从40岁才开始投资，收益会有巨大的差距；年化收益率10%和15%，收益也会有巨大的差距。

我们可以利用复利计算器做个粗略的计算。假如你现在30岁，每月拿出3000元定投，以年化收益率10%来计算，到55岁时，25年的时间共投入 90 万元，最终本金收益和粗略估算将有 401 万元。

如果你从 20 岁开始定投，同样每月定投 3000 元，以年化收益率 10% 计算，到 55 岁时，35 年的时间共投入 126 万元，最终本金收益和粗略估算可能会达到 1148 万元！这就是时间因素的魅力。

如果还是从 20 岁开始每月定投 3000 元，但提高收益率按照年化收益率 12% 计算，到 55 岁时，期末总资产将会达到 1948 万元，投入的本金只有 126 万元。

这就是复利的关键：时间、本金、收益率。投资越早，本金越多，收益率越高，你就会越快实现你的财富目标。

我们往往会低估自己十年能做到的，而高估自己一年能做到的。但是当时光流水匆匆过，你从 20 岁来到 30 岁，又来到 40 岁、50 岁……你会发现时间竟然过得这么快，二十年前怎么没早点开始投资？

我们总想着一口气吃个胖子，想赚大钱、赚快钱，但投资却是个细水长流的活，任何暴富或快速收益都很难维持，而且还容易掉坑。只有努力工作不断提高自己的收入，同时踏踏实实地储蓄投资赚钱，即使一段时间不工作也有钱花，这样你才能体会到自由的快乐，也能更快地实现你的目标——财务自由。

顺应趋势，才能事半功倍

我们来听一个关于园丁强斯的故事。

有一天强斯在路上被一辆豪车撞倒受了伤，车的主人是一位很有实力的企业家，同时还担任着总统顾问。受伤的强斯被送到这位企业家的家里养伤。

有一天总统来这位企业家的家里，这位园丁正好也在场。当时美国的经济形势很不景气，股票市场濒临崩溃。总统忽然像闲聊一样地向强斯征求对当前美国经济的看法。

强斯很紧张，紧张到不知道该怎么开口回答。但是当看到他最熟悉的花园时，他的灵感突然迸发出来。于是他说："在花园里，草木生长，顺应季节，有春夏也有秋冬，然后又是春夏，只要草木的根基未受损伤，它们将顺利成长。"总统非常意外，他说："这是很长时间以来我听到的最令人振奋和乐观的看法，我们很多人忘记了自然界与人类社会的相通之处，我们坦然迎接不可避免的季节更替，却为经济的周期变化而烦恼，我们是多么愚蠢啊！"

这个故事告诉了我们一个道理：市场和四季一样，涨跌起伏是必然常态，我们要了解并欣然接受这样的变化，如果我们想要获得成功，就必须成为一个长期投资者，只有熬过寒冬，才能迎来春之勃发和夏之生长。这个故事同时也告诉了我们一个常识：不要试图去逆周期而行，顺势而为，长期坚持，春种秋收会成为必然结果。选到好种子，在春天到来时种下，然后浇水施肥，耐心等到秋天收获的到来。投资也是一样的道理：选到未来最有价值的投资品种，在合适的时间买入，然后耐心持有等待上涨。

怎样才能顺应趋势找到未来的"好种子"呢？

在国内可以投资的产品中，你能想到的第一个也许是房子。想想房价这个词从什么时间开始成为我们讨论的热词？记得我大学毕业2005年去通州，到处都是发宣传单的房地产中介，当时通州不错的地段房价还不过3000元/平方米，市里8000元/平方米的房子都属于很高端的。而如今，房子还是那个房子，我们的收入还是那些收入，但是房价却走出了十年十倍的涨幅。变化的是宏观经济背景，是政策，是大环境。

《夏洛特烦恼》里的大春听了夏洛的话在北京二环边买了两套房，房子很快从2000元/平方米涨到2200元/平方米，然后他就把房子卖了，后来他看房价涨得太离谱，还劝自己的亲戚朋友把房子都卖了，等房价跌下来再买。这是过去那段时间很多人的心理写照：房价涨得太离谱了！然而趋势来的时候就是这样，只要你在正确的时间选对了，上涨的幅度可能真的会超出你的想象。

过去最美好的黄金十年，十年十倍，特别是北上广深这类一线城市房价涨幅更大，很多人通过倒腾房子赚了很大一笔钱。那段时间房价低，贷款还容易，就有人一下子贷款买很多套小房子，然后以租还贷，最后手里剩下不少房子，直接完成财富阶级的跃升。我记得有段时间网上有一个讨论，如果有些人通过买卖房子就能赚到自己几十年的工资，那自己现在的努力还有什么意义？当然我们鼓励勤劳致富，要通过不断提升自己的能力去获取更多的收入，但是我们不能否定趋势的力量！如果你想要获得财务自由，那么你必须要"两条腿"走路，一面工作，一面投资。

当时，在老百姓手里的钱越来越多，人均住房面积升级，住房条件改善需求越来越强烈，国家政策又大力支持的背景下，房价进入了快速上升期。能够抓住机会，通过投资房产获取收益，也证明了投资眼光的精准。但是现在这个趋势已经改变了，政策的变化、供需的转移，未来的房价不会再像过去那样大幅大涨。如果你只看到过去涨了多少倍，依然要逆趋势而上，非要投资房产，不能说一定没有收益，因为核心城市核心地段的房产依然很有价值，但确定的是依靠房产暴赚的时代已经过去。

除了房子，还有之前比较火的P2P，让少部分人赚到了钱，却让大部分人亏了钱。零和游戏演变成了负和游戏，新账还旧账，现在仍有很多人拿不回当时投进去的钱。

趋势决定了你的收益，如果你顺应趋势，在未来最赚钱的领域里投资，就像站在巨人的肩膀上，赚钱的概率远远高于投资其他品种。

房价十年十倍的时代已经过去，未来最适合我们普通投资者，能够让钱生钱、资产保值增值的方向在哪里呢？《股市长线法宝》[一]的作者杰里

[一] 本书中文版机械工业出版社已出版。

米·西格尔教授对过去 200 多年的美国金融市场做过统计，列举了几种主要金融资产的收益。

他通过数据对比得出结论：在所有的投资品种中，股票和债券是中长期收益最高的。与它们相比，黄金和美元的投资价值几乎可以忽略不计。黄金的定价只是基于市场预期，本身并不能产生价值，金价波动并不是黄金本身涨了多少，而是相对应的标的在下跌，因此黄金长期收益并不高。而在纸币本位制的货币体系下，美元除了由公众信心支撑外，别无其他基础，只有不断地通货膨胀。而股票通过企业盈利增长和股利分红产生价值，债券通过利息支付产生价值。在图1-1中我们可以看到，在时间的长河中，不同品种收益相差巨大。

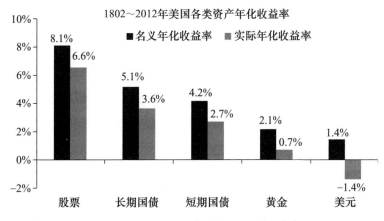

图 1-1　美国股票长期收益优于美国其他资产

资料来源：《股市长线法宝》，海通证券研究所。

1802～2012 年，美国各类资产年化收益率：股票＞债券＞黄金＞美元。在中国也是一样，长期来看，未来最有价值的投资品种就是优质上市公司股票。

说到优秀的上市公司，我们都会想到最熟悉的大厂、资本市场里的大牛股——腾讯，它的发展速度可以用坐火箭来形容。截至2020年，腾讯股价12年累计上涨已经超过300倍，也就是说，如果腾讯刚上市的时候你买入10万元的股票，到2020年底，你的资产已经可以达到3000万元。而腾讯股价暴涨的根源就是中国经济的快速发展和互联网行业的迅猛崛起。

就像巴菲特所说，投资就是投国运。未来背靠中国经济快速发展的优秀企业会越来越多，越来越强，我们要搭上这趟成长的列车，在资本市场分享优秀公司带来的收益。关键这还不影响我们日常的工作和生活。

当然腾讯只是在特定时间段的一个例子，市场上股票众多，有涨的，更有跌的，下跌的数量远比上涨的数量更多。我们不只要选到对的品种，也要选择对的时间。

有一只股民都知道，但是几乎都完美错过的大牛股——贵州茅台，从2015年年底的不到200元/股上涨到2021年年初的2600元/股。人人都拍大腿说，怎么就没买贵州茅台，这上涨速度比房价还快。

但是别忘了，从2012年开始后的三年，贵州茅台的股价从100多元/股跌到最低15元/股。而这些年，茅台还是那个茅台，悠久的历史，公认的国酒，高端宴请往往少不了喝茅台。然而风来了，不变的茅台却涨出了十倍的股价。不只茅台，整个白酒指数在2015～2021年也大涨超过500%，其中诞生了三只十年十倍股。

原因就是在不同的时间段，不同的投资品种会有不同的价值。我们在对的时间，选择对的品种，才能获取最优秀的收益。

可见，在资本市场中想要赚钱，既要找到优秀的个股，还要选择对的时间。但是这两件事却也是投资中最难的！我们谁也无法预料企业未来的前景，即使是一时风光无两的大牛股也可能会忽然暴雷，股价急转直下。选择对的时间就更难了，这么多年也没有哪位"大师"可以实现精准择时。所以本书最想给大家传达的信息是：市场上还有一类产品，既能够进入股市分享上市公司成长，又可以规避个股风险——基金；以及能帮助我们解决择时问题的方法——定投。

很多股民都会吐槽：上证指数 10 年前是 3000 点，10 年后依然是 3000 点。再过 10 年会不会依然涨涨跌跌、原地踏步呢？在问这个问题之前，你可以先问自己一个问题：你是否相信中国经济的未来？你是否相信中国未来一定会出现一大批优秀的企业，这些企业将立足全球并引领行业发展？你是否相信随着国内资本市场的改革，制度机制会越来越完善，市场的有效性会越来越强？

如果你的答案是肯定的，那么你就可以参与到股票市场中来。只要一个国家政治稳定、经济发展，那么股市长期趋势就一定是向上的。虽然不同的时代，企业也在不断地更替，从石油到铁路，从金融到房地产，从消费到科技，不断有新的企业在提供更新的产品和服务。美股从通用电气到美国运通，从埃克森美孚到可口可乐，从辉瑞制药到微软和苹果，众多企业繁荣衰败，更替往复。随着经济的发展，总会有优秀的企业不断诞生，来满足人们新的需求，优秀的业绩自然会带来股价的上升。如果我们能够选到给社会创造价值，满足人们不断增长的需求，真正优秀的上市公司，并且做到在合理的价格买入，长期持有，就一定能够收获优秀的回报。过去如此，未来更是一样。即使 2010～2020 年间上证指数的整体涨幅不大，但是其间依然有多只大牛股，给投资者带来丰厚的收益（见表 1-1）。

表 1-1　2010～2020 年十年十倍股

股票名称	前复权股价（元/股）		十年涨幅（%）
	2010-12-31	2020-12-31	
亿纬锂能	2.175 1	81.500 0	3 646.95
立讯精密	1.659 4	56.120 0	3 281.95
通策医疗	9.927 6	276.520 0	2 685.37
东方财富	1.150 2	31.000 0	2 595.18
爱尔眼科	3.077 9	74.890 0	2 333.15

(续)

股票名称	前复权股价（元/股）		十年涨幅（%）
	2010-12-31	2020-12-31	
中国中免	14.216 8	282.450 0	1 886.73
赣锋锂业	5.119 0	101.200 0	1 876.95
智飞生物	8.421 8	147.910 0	1 656.28
长春高新	25.648 5	448.910 0	1 650.24
贵州茅台	115.389 8	1 998.000 0	1 631.52
片仔癀	16.376 9	267.510 0	1 533.46
恒瑞医药	8.321 1	111.460 0	1 239.49
山西汾酒	30.109 4	375.290 0	1 146.42
海大集团	5.794 8	65.500 0	1 030.32
闻泰科技	8.984 7	99.000 0	1 001.87

资料来源：Wind。

为什么越来越多的人选择做"基民"

既然未来创造财富最好的方式，就是跟随优质上市公司，分享其成长带来的长期收益，那么股市就是我们最直接的战场。随着银行收益越来越低，刚性兑付被打破，理财产品不再保本，房地产暴利时代已经过去，居民财富搬家、进入股市是未来必然的大趋势。也就是说，能够帮助我们实现财富增值的巨大机会就在股票市场。

但是众所周知，股票市场在不同的时间段个股收益率相差巨大且波动巨大，同时市场完全不可预测。1802～2012年，美股实际年化收益率接近7%，但是在1862年高达67%，1931年低至–39%，这106个百分点的巨大波动警示了股市短期风险巨大。

再看看A股的数据：截至2021年年底，中国有1.89亿股民，但是只有 9% 的人是赚钱的，股民中人均亏损额度超过 10 万元。

也就是说，大部分人很难通过择时和选股赚到钱。有可能你选到了一只好股票，但是时机不对；也有可能市场上涨，但你选的股票就是不涨，或者说涨幅极小，股票本身很一般。

这里面第一个问题是择时，第二个问题是选股。

老股民都有一个体会，就是跌的时候真不敢买，越跌越不敢买；但是涨起来了不敢不追，生怕错过了这个大好机会。越着急越管不住手，频繁买卖，追涨杀跌，这也是市场上大部分投资者亏损最直接的原因。其实不只是绝大部分投资者，甚至机构也在不断地进行短期交易。看一组数据：从 20 世纪 40 年代到 60 年代，股票型基金的换手率为 17%，到 1997 年换手率已经达到 85%，也就是说基金经理平均持股期只有一年。现在 A 股中有多只基金一年的换手率超过 400%，甚至有超过 1000% 的。

另外还有一个不能忽视的原因，就是市场中的确有很多个股太"凑数"了，有很多上市公司质量真的不行。A 股市场现在有 4000 多只股票，由于之前退市机制不通畅，导致很多垃圾股依然赖在市场里。有很多公司已经不开展主营业务，没有业绩，就靠着玩玩资本游戏苟延残喘，甚至讲个故事炒作起来让股民掉坑，拙劣得像扇贝跑了又回来。㊀还有更隐秘的我们普通投资者根本看不出来，直到某天飞出"黑天鹅"。这是选股的问题。

这里的解决方法就是，第一让分批定投和长期投资代替择时，第二让一组股票也就是基金代替选股。

从学术定义上讲，"基金是一种利益共享、风险共担的集合证券投资方式"；用老百姓通俗的话来讲，基金就是把一群人的钱合法地聚集在一起，在有牌照有监管的条件下，由专业的人去投资，赚了钱再分给大家。

我们买基金其实就是为了分散风险，首先它能帮助我们分散单个企

㊀ 獐子岛（002069）因"扇贝跑路"闹剧被中国证监会立案调查，最终被认定为财务造假、虚假记载和未及时披露信息等。

业的经营风险。买一只个股可能有"黑天鹅"，可能暴雷，但是基金持有几十只个股，即使一个公司出了问题对整个基金影响也不会太大。而且基金还有多种不同类型，通过合理配置，还能进一步分散单一行业、单一类型、单一市场等风险。这其实就是在帮我们普通投资者解决选股问题。解决了这个问题，相当于你投资中最困难的 70% 已经有了答案。

还有 30% 就是择时，究竟该在什么时间买进。之前说过人的本性就是追涨杀跌，能做到低买高卖的人寥寥无几。道理都明白，但是执行起来却难之又难。这里有一个相对折中的办法去帮助我们解决择时问题，那就是分批定投并长期投资。

定投就是在固定的时间投入固定的金额去购买一只或几只产品。最近两年定投在市场上非常火，但是要注意定投不是帮助我们取得最高收益的方式，只是帮助我们避免追涨杀跌、平衡成本的方式。但是长期坚持下来，你会发现，定投的收益往往比每天盯着股市、频繁操作的收益要好得多。

所以你看，我们已经身处未来赚钱机会最大的金矿中：有基金帮助我们解决选股的难题，又有定投帮助我们应对择时艰难的选择，我们可以通过基金定投实现整个家庭的资产配置。市场上不仅有低风险低收益的货币型基金、风险收益相对均衡的债券型基金，还有获得超额收益让资产增值的股票型基金等，结合我们不同的理财目标和不同的风险承受能力合理配置，就会让我们的资产长期更加稳健地保值增值。

基金投资的关键就在于无论市场潮起潮落，选好产品，组合配置，长期投资！

从 2019 年和大家分享基金内容开始，已经有很多小伙伴意识到了基金的投资机会，开始进入基金市场。2019～2020 年，上证指数从最低 2440 点最高涨到 3465 点，指数整体涨幅并不大，关键都是"茅指数"这类大盘股猛涨，多数个股下跌，大多数股民是赚到指数没赚钱。

基金市场却展现了完全不同的景象。最基础的沪深300指数在2019年和2020年，收益分别达到了36%和27%，权益类基金这两年平均收益更是超过47%，2020年更有89只基金收益翻番，彻底打破了之前很多人对于基金赚钱慢的印象。2020年基民终于"跑赢"了股民，数据显示，2020年基金投资者的平均收益超过14%，远超此前机构公布的股民平均收益3.6%。

在巨大的赚钱效应下，越来越多的股民转向基金，基金市场的规模也在迅速扩大。2020年内新成立公募基金规模达3.12万亿元，公募基金总规模首超20万亿元，盈利首超2万亿元（2011～2020年基金市场规模变化见图1-2）。其中，有41家基金公司在2020年盈利突破百亿元，易方达、汇添富、富国、华夏、广发这五家基金公司盈利更是超过千亿元。

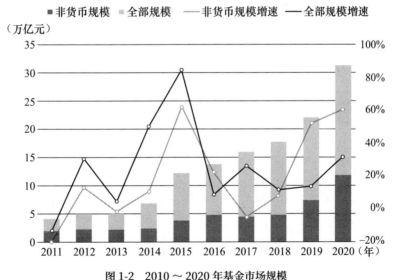

图1-2　2010～2020年基金市场规模

资料来源：Wind，基金业协会。

注：数据截至2020-03-31；非货币规模不含短期理财基金，全部规模包含ETF联接和FOF基金，未披露基金使用最新披露的规模估算。

我一直讲，基金是最适合我们普通投资者的理财产品，没有之一，并不是因为它收益有多高，而是相对股票而言，基金更能够帮助我们分散整体风险。如果你有出色的选股能力，买到一只大牛股，一年就可能翻上几倍，在市场上翻倍的股票肯定要比翻倍的基金多，但关键是你是否具备这样出色的选股以及择时能力。

基金投资相对简单，更适合大部分普通投资者，不需要太过专业而精深的知识，不需要每天关注大盘涨跌，更不用频繁买卖交易。只要你相信未来中国的股市是上升的趋势，即使途中有波折，有涨跌，长期获取超越市场平均水平的收益真的不难！

基金适用的人群非常广泛，既适合初入职场的新手，也适合有一定积累和特定目标的中产家庭，对于高净值人群也同样有较大的吸引力。

第一，有固定收入，但是又没有足够时间打理的人非常适合投资基金。比如上班族，或者生活节奏比较快，学习、工作比较忙的人，没有过多时间关注投资市场行情，可以选择投资基金。

第二，基金也适合没有投资经验的人，也就是我们常说的理财"小白"，不知道该怎样理财。基金是一种比较规范的投资产品，由专业的人进行管理和投资，比自己在股市中摸索要更加适合初级投资者。

第三，基金适合风险偏好相对较低的人。不愿意天天提心吊胆地关注个股涨跌，又希望能够跟上市场上涨获取长期投资收益，那么基金就是最为合适的选择了。基金不仅可以实现长期投资，而且通过定投还可以实现投资成本的平均化。

第四，基金适合有特定理财目标或者远期资金需求的人。比如有人设定了5年之后买房置业、10年之后教育子女、20年后退休养老的计划，而且当前有收入进行投资，那么通过基金定投来实现资产增值的目标是非常不错的选择。

我希望把这些年积累的投资知识和经验用最简单、大家都听得懂的方式，系统地讲清楚，让大家在读完本书之后真的可以一学就会，开始基金投资实战。

本章小结

作为本书正文的开篇，我们先探讨了实现财务自由的可能性以及未来最好的投资机会在哪里。对于我们大多数人来说，财务自由这个词听起来既诱人又遥远，其实只是我们没有正确理解这个词的真正含义。它不是让我们财富无数，可以挥霍无度，而是让我们不需要像现在一样每天用时间和体力换钱，资产带来的收益可以覆盖日常花销，做到不上班也有钱。

有了对于财务自由的正确认知，明确自己实现这个目标需要多少钱，接下来也就好办了——找到一个未来最有价值的投资品种，然后去投资它。

基金虽然不能让我们一夜暴富，却是帮助我们实现财务自由的最佳工具，通过不同类型基金的组合配置，可以帮助我们搭建整个家庭的财富保护伞。

如果要更快地实现目标，记住这三个因素：时间、本金、收益率。越早开始越好，本金越多越好，收益率越高越好。有了明确的目标，制订明确的计划，加上坚持执行的决心，向往的生活自然就会在不远处等你！

第二章 ▶ CHAPTER 2

全面认识基金大家族

市场上最常见的几类基金：看看哪种适合你

上一章简单讲了基金是什么，这章开始我们就要真正走进基金的大世界了。基金是由合规的机构，一般是基金公司，把我们投资者的资金集中起来，去投资股票、债券、外汇、货币等金融工具，从而获得收益的投资品种。用通俗的话来讲，就是把一群人的钱合法地聚集在一起，在有牌照、有监管的条件下，由专业的人去投资运作，赚了钱再分给大家。

这里面会涉及三方，一是投资者，包括我们老百姓，出钱的人；二是管理人，即基金公司，用钱投资的人；三是托管人，一般是银行，帮我们保管钱的人。所以买基金的流程是：我们把钱换成基金份额，基金公司记录在册，钱放在托管机构银行保管。这样能最大限度地保证基金投资的正规和安全。

基金按照不同的分类方式又有很多类型，不同类型的基金，风险收益特点有很大区别。我们要投资基金，就要先搞清楚各种基金的类型和特点，就像我们去菜市场，先要搞清楚蔬菜、水果、海鲜、肉类的营养、成分、口味等特点，再根据需要下手。这是投资的第一步。

按照不同的分类方式，基金可以分为以下几个类型。

第一种分类方法，也是最常见的，根据基金投资的对象不同把基金分为股票型基金、混合型基金、债券型基金、货币型基金。

我们先来说说股票型基金，根据证监会对基金的分类标准，基金资产 80% 以上投资于股票的是股票型基金。如果你炒股，肯定了解股票市场的波动较大，风险也较高。所以把大部分资产投资于股票，股票型基金就成了所有基金类型中风险最高的一类。

不过因为股市的长期收益率远高于其他资产，所以股票型基金的收益也是所有基金类型里最高的。像 2020 年比较热门的中证白酒指数基金、易方达消费行业股票等都属于股票型基金。

混合型基金，顾名思义，既可以投资股票，也可以投资债券和货币市场的基金，而且投资股票和债券的比例没有严格的限制。所以混合型基金非常灵活，基金经理可以根据市场的变化随时调整投资策略。当股市上涨，可以加大股票投资力度，降低债券的配置比例，以获取更大的投资收益；当股市下跌，又可以反向操作，增加债券的投资比例，回避股市的高风险。所以一般来说，混合型基金比股票型基金的风险要低，比债券型基金的长期收益要高，所以现在受到市场上越来越多的投资者的青睐。比如张坤的易方达蓝筹、葛兰的中欧医疗健康混合等都属于混合型基金。

债券型基金 80% 以上的资产投资于债券。因为债券低风险的特点，使得债券型基金的长期收益比股票型基金要低，但是在股市出现剧烈震荡的时候，特别是大幅度下跌的时候，比如 2015 年的股市剧烈震荡，债券型基金的收益是相对稳定的。比如易方达安心回报、博时裕泰纯债债券都属于这类基金。

再来看风险最小的货币型基金。货币型基金这个名字看起来有点抽象，不是很容易理解，它指的是投资于货币市场的基金。那货币市场又是什么呢？一般来说，我们把投资期限在一年以下的金融市场称为货币市场，投资品种主要包括银行短期存款、国家和企业发行的一年以内的短期债券等。这些品种收益不高，但是优点就是可以较好地保障本金的安全，而且流动性很好，基本上当天赎回当天或者第二天就能到账。可以把它简单理解成低风险低收益的一类品种。最典型的货币型基金就是余额宝了。

第二种分类方法也很重要，根据不同的基金投资策略将基金分为被动型基金和主动型基金。

被动型基金指的就是我们常说的指数基金。指数基金以特定指数（如沪深 300 指数、标普 500 指数、中证白酒指数等）为投资对象，特点是指数中已经规定好包含哪些股票，个股占多少比例，基金经理直接跟随指数买入相应的股票就可以，发挥的空间很小，可以说指数的涨跌决定了基金的涨跌。正是因为这种被动跟随买入的方式，指数基金也称为被动型基金。

和被动型基金相反，主动型基金是以寻求取得超越市场的业绩表现为目标的基金，买什么股票，买多少，什么时候买卖等都由基金经理判断和决定，这就需要基金公司的基金经理对市场进行深入研究，再选择股票和债券来确定投资组合。主动型基金的基金经理主观能动性极强，所以有一句话：基金经理就是一只主动型基金的灵魂。

第三种分类方法，根据不同的交易场所把基金划分为场内基金和场外基金。

这里的"场"指的是证券交易市场。场内基金需要开通股票账户才能购买，和股票一样，场内基金也都有一个代码，输入代码就可以买卖。场内最常见的基金就是ETF（交易型开放式指数基金），和买股票类似，直接在账户里按照价格、数量下单即可。

场外基金则不需要开通股票账户也能购买，比如在基金公司网站、银行、蚂蚁财富、腾讯理财通、天天基金中看到的基金，都属于场外基金。场外基金交易简单，10元起投，非常适合新手。

第四种分类方法，根据运作方式不同把基金分为开放式基金和封闭式基金。

开放式基金的特点就是随时可以申购和赎回，可以根据市场行情和个人需要随时买卖，可以让我们的资金运用更灵活，有点像活期存款。

封闭式基金则是申购赎回时间是固定的，封闭期内投资者不能操作，按照基金说明，投资者的钱要锁定一段时间不能用。所以买这类基金，一定先要考虑这笔钱的使用期限。这类基金的特点是可以避免投资者频繁地申购或赎回，基金经理可以用更长的投资时限去选股持股，这样更有利于基金经理的操作。

第五种分类方法，根据募集对象不同把基金分为公募基金和私募基金。

公募基金的募集对象是社会公众，通过公开方式进行募集，我们在市场上看到的大多数产品都是公募基金，起投金额最低10元，机制透明，操作方便。

私募基金通过非公开发行方式募集，募集对象则是少数机构和个人，投资金额基本都是百万元起步。

公募基金对信息披露的要求非常严格，私募基金对信息披露的要求则很低，具有较强的保密性。

另外，公募基金的申购费、赎回费、管理费等都标注得很清楚，不管你赚还是亏都有固定的收费标准；私募基金除了管理费之外，还会要求分走基金收益部分的 20% 作为奖励，这种业绩报酬也被业内称为 carry。

第六种分类方法，根据不同的投资地域把基金分为投资国内证券市场的 A 股基金和投资境外市场的 QDII 基金。

QDII（Qualified Domestic Institutional Investor）的中文名称为合格境内机构投资者，用通俗的话解释就是，因为人民币不能自由兑换，为了让国内投资者可以参与境外市场，一些符合标准的机构被批准去投资境外资本市场的股票、债券等产品，帮助国内投资者分享境外市场投资品种的收益。

比如中证海外中国互联网 50 指数，简称中概互联指数，就是 QDII 基金，投资境外上市的互联网公司，如阿里巴巴、腾讯、美团等。

以上六种分类方法就是目前基金最常见的分类方式，掌握以上内容，我们就已经认识了基金大家族的成员，就能够对不同类型基金的风险收益特点有一个较为全面的认识，不会再混淆了。这对我们在实际投资中选择基金是非常重要的，只有知道了这些分类的维度，才能够更好地针对自己的风险偏好和投资喜好进行选择。

一只基金按照不同的分类方式可能交叉多种类型，比如刚刚提到的中概互联指数，既是一只被动型 QDII 指数基金，又因为投资于股票市场，所以也是股票型基金的一种，就像我们形容一个人，标准有高矮、胖瘦、黑白是一个道理。

你知道余额宝就是货币型基金吗

我们先从最简单常见的基金品种开始。可能你自己都不知道，在多年前你就已经开始投资基金了。几年前，很多人的理财方式就是把多余的零钱放进余额宝，因为存取方便，还有比银行存款更高的利息。在2014年，余额宝7日年化收益率达到最高水平——6.7630%。这个余额宝其实就是基金中风险最低的一个类型——货币型基金。

最初，支付宝只和一家基金公司——天弘基金合作，推出了货币型基金产品余额宝，也就是投资者把钱放进余额宝，就对应这一只产品。2018年，余额宝平台开始逐步向各基金公司开放，接入了多家公司的产品，投资者也有了更多选择。

打开余额宝首页，你会看到如图2-1所示的界面，点击右上方三个点，可以进入到如图2-2所示的基金详情，利用"更换产品"选项，可以根据自己的需求切换多家基金公司的产品。

图2-1　余额宝首页

图2-2　余额宝——基金详情

资料来源：支付宝App。

从图2-3可更换的各个产品的收益来看，收益高的2.24%，收益低的2.07%，还是有差别的，我们可以进行对比选择。

图 2-3　余额宝——更换产品

资料来源：支付宝 App。

因为货币型基金的投资品种主要包括国库券、银行短期存款、大额可转让存单、国家和企业发行的一年以内的短期债券等，这类品种安全性都是很高的。所以货币型基金的特点就是第一风险低，第二收益不高，第三流动性好、取用方便。平时我们可以把自己短期不用的钱放在里面，操作方便，还有收益。虽然只是简单的一键操作，但当你有了让自己的本金产生更高收益的想法，就是投资理财的开始。

所以，投资就在我们的日常生活中，可能在我们不知道的情况下就已经开始了。接下来我们再提升一步，在低风险的货币型基金的基础上，一起开启更高收益基金品种的理财之旅！

低风险的债券也可能暴雷

想要搞清楚债券型基金，我们先要弄懂什么是债券。债券简单来说相当于借条或者凭证，别人向你借钱，给你利息。

不只个人之间会借钱，政府、金融机构、企业也需要资金，需要向社会借钱。这时它们会向投资者发行有价证券，也称为债券，承诺到期按一定利率支付利息并偿还本金。

中央政府借的叫国债，地方政府借的叫地方债。由于国债的发行主体是国家，有国家信用背书，所以它具有最高的信用度，被公认为最安全的投资工具。在所有债券中，国债的风险是最低的，但是相对收益也较低。地方债由各级地方政府发行，因为各地的经济实力有很大差距，所以各地地方债的风险差异也是很大的。

还有一种是金融机构债券，主要是银行、保险公司、证券公司等金融机构发行的债券借钱。这些机构发行的债券包含商业银行债、保险公司债、证券公司债等，收益和风险要略高于国债。

企业向我们借钱就会发行企业债，企业债的收益和风险更是高于国债和金融机构债券。但是我国的企业债一般是由中央政府部门所属机构、国有独资企业或国有控股企业发行，最终需要经过国家发展和改革委员会批准。政府因为担心太差的企业会违约，不允许它们发行债券，所以企业债的安全性相对还是较高的。

但就在2020年，生产华晨宝马的华晨集团、河南最大企业旗下的永城煤电、紫光集团纷纷违约暴雷。11月12日，紫光集团存续债全线大跌25%，三只债券盘中二次临停，百元面值债券报价仅15元。以往被人们认为安全无风险的高等级信用债暴雷，从小规模到大规模，从民企到国企，说明单只债券也有暴雷的风险。

债券型基金因为同时投资于多只债券，能够进一步分散风险，对抗单只债券下跌的损失，风险就会低很多。但如果债券型基金持有的多只债券暴雷，或者债券市场整体下跌，债券型基金的收益也会下滑。只是相比于股票型基金的巨大波动，债券型基金稳得多。

和股票指数的牛短熊长、波动巨大不同，纯债指数的历史走势呈现出三大特征：牛长熊短、长期向上、波动较小（见图2-4）。

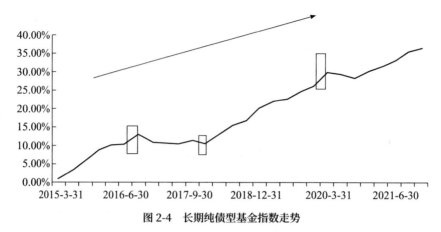

图 2-4　长期纯债型基金指数走势

数据来源：Wind。

从时间上看，债券市场的牛熊市比股票市场的牛熊市短很多。过去的 A 股是 7 年一大牛、3 年一小牛，上证指数 2015 年达到的 6178 的高点，到了 2021 年年末依然未能被超越，而债券市场基本上 2～3 年就一个轮回。

同时股市和债市往往呈现负相关性，也就是说往往股票市场表现好的时候，债券市场会差一些；股票市场行情差的时候，债券市场的投资价值就会凸显。比如 2018 年中国基金总指数涨幅 –9.05%，债券型基金平均收益率超过 4%。

债券型基金虽然相对风险较低，但并不是只涨不跌的保底品种。通过图 2-5 我们也能看得出，多数年份债券型基金都是正收益，有的年份甚至会超过 10%，但是也会在个别年份收益为负。

通过以上分析，我们能够了解债券型基金是稳健型投资者的优选，同时也是我们资产配置中不可缺少的一个类型。负责债券投资的部门在基金公司内部被称为固定收益团队，这在一定程度上也说明了债券型基金的特点：相对稳定，收益不算高，但可以跑赢通货膨胀，也远超一般银行理财产品，如果持有时间在 1～2 年，亏损的概率非常低。

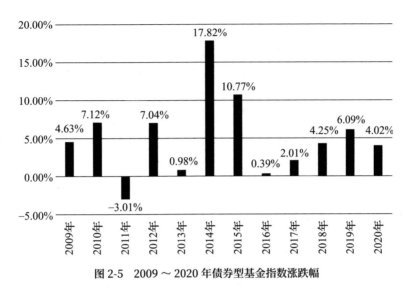

图 2-5　2009～2020 年债券型基金指数涨跌幅

资料来源：Wind。

股票型和混合型基金：长期收益最高的投资品种之一

前面两类是低风险和中低风险的投资品种，可以作为我们资产中的基础或者打底配置。但是如果想要充分享受资本市场上涨带来的长期收益，那股票型基金和混合型基金就是组合中的高级配置。

股票型基金有 80% 以上的资金都会投资股票，这样的风格就决定了产品高风险高收益的特点。无论是由基金经理自己选股的主动型基金，还是跟随指数的被动型基金，股票的仓位都非常高。特别是指数基金，因为合同要求 90% 以上的资金都要投资于股票，这样在市场整体大涨大跌的时候基金波动就会更大。

混合型基金，因为既可以投资股票，也可以投资债券，同时对于比例没有绝对要求，相比于股票型基金风险就会低一些。基金经理如果对未来行情不看好，可以通过降低股票仓位的方式规避风险，操作更加灵活。

这两类产品是我们取得更高收益最主要的投资品种。在图2-6中可以看到2020年主要基金类型的平均业绩，股票型基金收益率45.94%，混合型基金收益率47.47%，QDII基金收益率16.78%，债券型基金收益率4.02%，货币型基金收益率2.02%，差距还是非常大的。

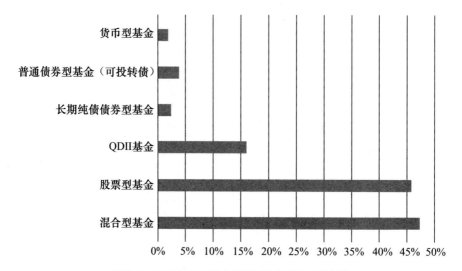

图2-6　2020年主要基金类型平均业绩（三级分类）

资料来源：Wind。

当然，不同时间段，不同的市场行情中，不同类型的产品表现差异很大。所以要结合不同的市场环境进行合理的资产配置，让不同类型的基金帮助我们构建进可攻退可守的组合。

本章小结

本章内容是我们进行基金投资之前必须要了解的基础知识。只有充分了解基金大家族的各个成员，明白不同类型基金的风险收益特点，接下来才能结合自身情况来进行组合配置。

基金有多种不同的分类方式，最基础的是按照投资对象分类，也就是我们的钱都投向了哪些投资品种，这些品种风险有多大，收益有多高。按照风险收益逐步增加的方向排序，分别是货币型基金、债券型基金、混合型基金、股票型基金。

货币型基金风险最小，平均年化收益率在2%左右，略高于银行存款；债券型基金风险居中，整体波动不大，平均年化收益率为5%～6%；股票型基金和混合型基金风险最高，平均年化收益率在10%左右。

债券型基金、股票型基金和混合型基金在我们的日常生活中都有不同的作用，都是资产组合中不可缺少的。股票型基金和混合型基金虽然短期波动巨大，但是无论从历史表现，还是从未来长期趋势上看，长期收益都是最高的，也是我们取得超额收益最重要的工具。买入股票型基金或混合型基金本质上是在分享优秀上市公司长期发展带来的收益。只是这类品种短期波动比较大，要做好投入3年以上投资时间的准备。

债券型基金风险收益居中，可以作为我们长期持有相对稳健的投资品种。比起货币型基金和银行存款，债券型基金的收益要高很多，整体波动也不会过大。但因为是债券型基金，不要对收益有过高预期，也不要拿它和股票型基金甚至股票的收益去比较，不同类型的产品放在一起比较没有意义。它是一种在股票市场波动巨大时帮我们对冲风险的工具，在资产组合中获取稳健收益的品种。同时债券型基金因为持有不同种类的债券，风险差异也会很大，同样需要我们慎重选择。

另外我们经常听到的主动型基金和被动型基金，最简单的辨别方法就是看该基金是否跟踪了某个指数，跟踪指数的就是指数基金，也叫被动型基金；不跟踪指数，由基金经理自己选股择时操作的就是主动型基金。

从更长时间段来看，少数优秀的主动型基金可以穿越牛熊，取得超越指数基金的收益。

除了投资 A 股，如果看好美股或者其他国家和地区的股市，我们还可以关注投资 QDII 基金，目前的 QDII 基金不仅有投资港股和美股市场的产品，还有投资德国、日本、越南等国家市场的产品。

CHAPTER 3 ◀ 第三章

巴菲特最推崇的基金：指数基金

什么是指数基金

前面讲到，在不同类型的基金中，长期收益最高的是股票型基金，而指数基金正是以指数的成分股为投资对象，所以指数基金也属于股票型基金的一种。指数基金 90% 以上的资金都用来投资股票，这也决定了当选择的指数涨幅特别大的时候，这类基金收益就会非常高。这两年特别火的中证白酒指数基金、中证新能源车指数基金等，都属于行业指数基金。

指数基金其实近两年才开始在国内流行，之前很多人对于指数和指数基金了解得还非常少。巴菲特认为，对于绝大多数投资者来说，成本费率低的指数基金就是股票投资的最佳选择。早在 1993 年，他就在《巴菲特致股东的信》中提到"通过定期投资指数基金，一个什么都不懂的投资者通常可以打败大部分专业的基金经理"，之后更是在 16 年中连续 8 次公开推荐指数基金。2014 年，巴菲特立下遗嘱，在他过世后，其名下 90% 的现金将用来购买指数基金。

那什么是指数基金呢？要知道，指数和基金分别是两个概念，它们俩结合在一起又形成了一个新的投资品种。要弄清楚指数基金的概念，我们要先了解什么是指数。

我们经常会从新闻中听到上证指数、创业板指数、国外的纳斯达克指数等，其实股票指数从诞生到现在已有超过百年的历史。早在 1884 年，一个叫查尔斯·道的记者发明了一种方法，能够让投资者大体了解股票市场的情况。他列出了 11 只重要的股票，在每个时间段把股票的收盘价格记下来，计算出总和，然后除以 11，他把这种方法得出的平均数发表在一份新闻公报上，这就是最早的道琼斯指数。

作为全球第一只股票指数，道琼斯指数最初是根据 11 只具有代表性的公司股票编制而成的，这 11 只股票每天都在涨跌，而通过指数就可以了解整个股票市场的总体走势，该指数更是长期被视为美国经济乃至全球经济的晴雨表。最早道琼斯指数从 40 点起步，到 2021 年 12 月最高已经超过 36 000 点。

在指数的百余年历史里，指数行业经历了蓬勃的发展。在道琼斯指数之后，又诞生了标普 500 指数和纳斯达克 100 指数。我国也有了上证指数、沪深 300 指数、创业板指数、科创板指数，以及消费、医药、科技等各类行业指数。所有的指数都是编制机构按照不同的规则，选取一篮子股票组成的，通过这个指数反映出这批股票的整体涨跌。

指数基金的出现，则是在 20 世纪 70 年代以后。在这之前也有基金产品，但是之前的基金投资基本等同于主动投资，由基金经理选股、决定何时买卖，以求获取超越市场的平均收益。

但在 1975 年，一位华尔街的交易员——约翰·博格发现，华尔街精英基金经理们选取的股票组合收益竟然还跑不过道琼斯指数。比如某一年道琼斯指数涨了 30%，而辛苦一年的基金经理们精心选股择时，不断地买卖，最后带来的收益可能还不到 20%，并且大多数时候都是如此。于是博格决定发行一类全新的基金产品，世界上第一档跟踪复制指数的基金——先锋 500 指数基金。这只基金直接按照规定好的比例买入 500 只股票，构建一个投资组合，直接跟踪标普 500 指数走势，指数的涨跌基本就决定了基金的收益，指数基金由此诞生，更使得基金行业的平均管理费率从 1.5% 降低到 0.1%。博格也成为指数基金之父。

由于在基金业做出的巨大开拓和贡献，博格被《财富》杂志评为"20 世纪四大投资巨头之一"，被《时代》杂志评为"全球 100 位最具影响力人物"之一，还被美国著名金融杂志《机构投资者》授予终身成就奖。巴菲特是博格的忠实拥护者，曾说博格对美国投资者做的贡献，超过历史上任何一个人。

但这些都是后话，这档先锋 500 指数基金发行之初，一度因为收取的费用极低受到华尔街排斥，而且它挑战了基金经理的权威和智商。在任何一个人看来，这些名牌大学毕业、有着顶级智商和充分经验的基金经理，经过充分研究精心挑选出来的股票组合竟然跑不过一个指数，跑不过市场平均值，用现在流行的话讲：伤害性不大，侮辱性极强。所以最初市场上大多数人都对这个产品嗤之以鼻，极其反感。

先锋 500 指数基金发行之初打算募集 1.5 亿美元，但最终只募到了 1100 万美元，连 5000 万美元的底线都没够到。博格曾回忆"这可能是华尔街历史上最大的失败"。之后的 80 多个月里，这只基金一直在净赎回，基金规模不断缩小，当时还被笑称为"博格的荒唐事"。

直到 10 年之后，市场上才出现第二只指数基金产品。之后指数基金进入了飞速发展期，从 1975 年的 1100 万美元，到 1985 年 5.11 亿美元，到 1995 年的 550 亿美元，2005 年的 8680 亿美元，2015 年已经超过 4 万亿美元，像火箭一样的增长速度。规模的快速增长是因为经过时间的验证，指数基金真的帮助投资者赚到了钱。资本总会自觉流向赚钱的"洼地"，指数基金规模的快速增长证明了它的价值。

不只国外，国内的指数基金也经历了从慢到快、由少到多的过程，特别是近几年呈现爆发式增长，从 2002 年第一只指数基金在国内落地，2007 年大量跟踪宽基指数的产品开始发行，之后跟踪行业、主题、策略股票指数的基金逐渐增加，到 2016 年第一只跨境指数基金成立，再到 2018 年指数基金迎来爆发的元年，2019 年规模破万亿元。而面向未来，这只是开始。

总结一下：指数基金跟踪复制指数，买入指数中的个股。指数可以看成是一篮子股票的集合。购买指数基金就相当于你同时购买了这些指数中的多只股票，可以获得这些股票的平均收益，要买哪些个股指数都给你规划好了，跟踪买入就好，不需要基金经理自己再去挑选股票，所以指数基金也被称为被动型基金。因为复制跟踪指数，不受人为因素影响，指数基金运行透明，同时成本极低。

指数基金的优势与缺点

相比于其他类型的基金，指数基金有几个重要优势。

长期存在：单个公司很难长期保持优势，甚至连生存都困难，倒闭或者被收购是常事，道琼斯指数设立之初包含 30 家公司，现在其中的 29 家公司都已经倒闭，只剩一家通用电气还存在，但是也在 2018 年被踢出道琼斯指数。

虽然指数中当初的公司大多已不存在，但道琼斯指数经过不断更新替换样本，现在上涨已经超过了 36 000 点。现在的道琼斯指数包含可口可乐、微软、英特尔、摩根大通、宝洁公司、辉瑞制药等一大批当代优秀企业。

因为指数有一套很好的机制，不断地优胜劣汰，新陈代谢，把已经过时不符合指数标准的股票剔除，替换更有发展潜力、业绩更好的公司进入，从而保证指数成分股都是好公司。只要股市存在，指数就会一直存在。

指数常在而个股不常在，投资指数基金比投资个股要安全得多。换句话说，投资指数基金不会有退市收不回本金的风险。

长期上涨：无论面临多大的经济危机和市场波动，综合多年来各国股市走势来看，市场长期一定是上涨的。哪怕是 2000 年互联网泡沫破灭，2008 年金融危机爆发，当时市场哀鸿一片，但调整后的市场继续大幅上涨，因为经济在发展，社会在进步，小插曲不会影响大趋势。而随着经济发展，股市上升，长期投资指数基金一定能够赚到钱。

产品标准：指数基金的投资策略就是直接复制指数，指数规定买哪些股票，买多少比例，指数基金就直接复制，这样减少了人为因素的干扰，使得指数基金容易被投资者理解与跟踪。指数的涨跌基本决定了基金的涨跌，我们只要关注指数基金跟踪的指数变化，就能大致估算出基金净值的变动。

成本较低：基金的每一笔申购和赎回都需要手续费，同时投资者还需要支付基金的管理费和托管费，长期来看，费用支出也是影响我们最终收益的重要因素。经过多年的下调，指数基金的管理费率已经从之前的每年 1.5% 下调到 0.5% 左右的水平，而主动型基金的管理费率一般是 1.5%。如果投资的是场内基金，管理费用则更低。每年少支付 1 个百分点的费率，那么 10 年就能多留下 10 个百分点的收益。

综合来说，指数基金的最大优势是永不踩雷，永不退市。我们买股票有可能碰上股票退市血本无归的情况，但是投资指数基金不会。因为指数的背后是我国几千家上市公司，只要国家存在，股市就存在，指数就会一直存在，你不用担心它像某只股票一样忽然退市收不回本金，因此它的安全性更高；而且买一只股票很可能会不小心踩雷，股价大跌，但是指数基金同时买进了指数下的几十只股票，即使遇上一两只暴雷，放在很多只股票里一平均，影响也会小很多。

指数基金长期存在，长期上涨，而且成本更低，更加透明，这也是我们定投指数基金的底气。前几年很多投资者对指数基金这个投资品种还很陌生，但是从2018年开始，指数基金开始了爆发式增长，已经成为目前规模增幅最快的品种。

当然指数基金本身也有缺点。

首先，指数基金属于股票型基金，股票型基金的股票仓位本身就要求不能低于80%，而指数基金更因为忠诚追踪指数，股票仓位基本都在90%以上，这样才能尽量保证与跟踪的相应指数走势一致。所以接下来无论是牛市还是熊市，指数基金几乎都是满仓股票运行。相比于基金经理可以随时调整股票仓位的主动型基金，指数基金缺少灵活性，如果遇到大熊市，整体跌幅要远大于主动型基金。同时股市的高波动性也决定了短期资金不适合投资指数基金。

其次，指数基金可以看成是按照某种规则购买了一篮子股票，获取的是这一组股票的平均收益，指数基金的净值增长比涨幅靠前的个股肯定要差很多；比起优秀的主动型基金，指数基金更是没办法通过基金经理的主动操作获取超额收益。所以指数基金可以看作一个获取平均收益而不是超额收益的投资品种。

再次，指数基金类型众多，不同类型的指数基金风险收益相差很大，特别是不同行业的指数基金更是有自己的涨跌周期，很多初学者并不容易理解和把握。

综合来看，指数基金因为长期存在，长期上涨，产品标准化，相对成本较低，的确可以帮助我们分散单只股票的风险。通过优选指数，拉长持有周期，指数基金能够让我们获取长期稳健的收益。但是风险也是相对的，指数基金的底层资产大部分仍然是股票，权益类投资品种的特点决定了这仍然是一个高波动的投资品种。如果从 A 股过去的走势来看，牛短熊长，很有可能投资者需要用 80% 时间的等待，去换取那 20% 时间的收获，这对于投资者的耐心也是一个极大的挑战。

巴菲特最爱的指数基金适合中国市场吗

过去几年，如果你同时投资了 A 股的沪深 300 指数基金和美股的标普 500 指数基金，你会发现标普 500 指数基金产品近十年的收益要远超国内的指数基金。这不得不让我们思考一个问题：巴菲特推崇的这类大盘宽基指数基金适合 A 股吗？巴菲特的赌约如果是在中国能实现吗？

如果答案是肯定的，那么有一个必需的前提，就是市场要大涨小回，熊短牛长，比如过去十年的美股。而 A 股过去的表现则是牛短熊长，波动巨大，大部分投资者并没有在市场中赚到钱。

图 3-1 和图 3-2 展示了 A 股和美股这十几年来的整体表现：沪深 300 指数从 2008 年最低 1606 点上涨到 2021 年 2 月最高 5930 点，其间涨涨跌跌波动很大，而标普 500 指数从 2009 年最低 666 点上涨到 2022 年 1 月的最高 4818 点，基本上是十年长牛。

从数据上看，截至 2020 年年底，最基础的沪深 300 指数 5 年累计收益率为 46.9%，年化收益率为 7.99%；10 年累计收益率为 140.27%，年化收益率为 9.15%；15 年累计收益率为 356.26%，年化收益率为 10.65%。

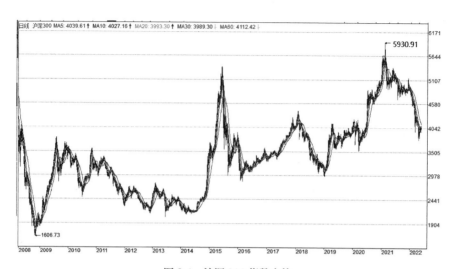

图 3-1 沪深 300 指数走势

资料来源：同花顺股票软件。

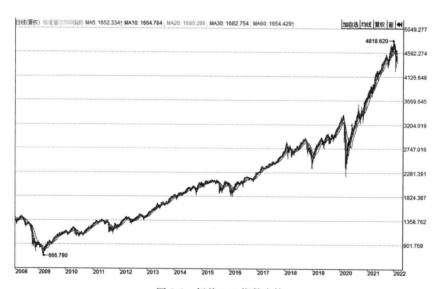

图 3-2 标普 500 指数走势

资料来源：同花顺股票软件。

美股和 A 股的基础指数表现差距大有很多原因，最根本的原因在于美股的有效性强于A股。A股发展时间短，制度不完善，上市公司多，退市公司少，导致业绩差的垃圾股拖累了大盘整体走势；同时散户投资者居多，占整个市场成交量的70%以上，狂热的情绪和频繁交易都会加大市场波动，猜消息、赌预期等交易中的不规范行为也都会影响市场的表现。

未来随着优秀上市公司业绩的增长、机构资金的不断增加、注册制的实施、资本市场的深化改革，市场的有效性会越来越强。2019年A股开始走出低谷，基础指数沪深300指数当年收益率高达37%，2020年收益率也达到了26%。但是2021年春节之后，市场又开始了一轮震荡下跌。希望未来的A股能够迎来长牛慢牛，给我们投资者带来更优秀的收益和更好的投资体验。

我们刚刚说到的是跟随大盘走势的最基础的宽基指数，此外还有行业指数，过去几年有些优秀的行业指数涨幅都在2~5倍。比如中证主要消费指数从2018年年底的8627点上涨到2021年2月的32 504点，涨幅高达2.77倍（见图3-3）。

图3-3 中证主要消费指数走势

资料来源：同花顺股票软件。

中证医药卫生指数从 2019 年最低的 7165 点上涨到 2021 年最高的 17 718 点，两年的涨幅也超过了 1.47 倍（见图 3-4）。

图 3-4　中证医药卫生指数走势

资料来源：同花顺股票软件。

还有中证新能源汽车指数，从 2018 年最低的 1261 点上涨到 2021 年最高的 6695 点，涨幅超过 4.30 倍（见图 3-5）。

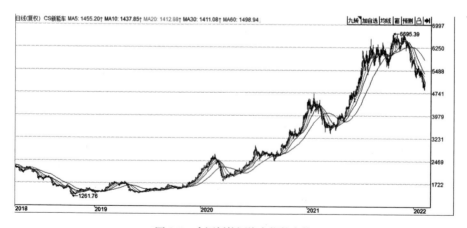

图 3-5　中证新能源汽车指数走势

资料来源：同花顺股票软件。

所以不要纠结于过去的"3000点",看到上证指数涨幅不高就认为整体指数基金收益都不好。指数有宽基指数、行业指数、策略指数等众多类别,如果我们能够掌握方法,选取到优秀的指数基金,收益甚至不比股票差,而整体风险又小得多。可以预见的是,随着未来市场制度的不断完善,市场有效性的不断增强,指数基金会成为越来越多投资者的选择。现在只是一个开始。

观察指数的常用工具网站

之前有同学听我在喜马拉雅里讲到沪深300指数,就说:"老师,我想买沪深300指数,具体代码是多少啊?"这说明他还没有搞清楚基础概念,指数是一个指标,基金是一个产品,我们不可以买指数,买的是追踪指数的具体基金产品。

围绕同一个指数会有多家基金公司开发多只基金产品。比如围绕沪深300指数已经有超过100只基金产品,像兴全沪深300、富国沪深300、易方达沪深300、景顺长城沪深300等,就像都是酱油,有海天的、六月鲜的、李锦记的一样。所以我们购买指数基金的第一步是选指数,第二步才是选择哪只具体基金买入。市场上历史最为悠久的上证指数,也就是我们常说的3000点,代表了上海证券交易所中所有股票的涨跌,其历史走势如图3-6所示。

图3-6右侧的3442.14点就是截至2022年2月15日上证指数的点位,涨跌代表了相比于昨天的收盘价,今天指数涨跌了多少点,就是涨幅比例有多大。比如市场昨天是1000点,今天收盘点位是1050点,那么就是涨了50个点,涨幅为5%。

2019~2020年最火热的中证主要消费指数在2009年成立,由消费行业中的优秀个股组成,它的历史走势如图3-7所示,该指数在2022年2月15日达到23 899.04点。

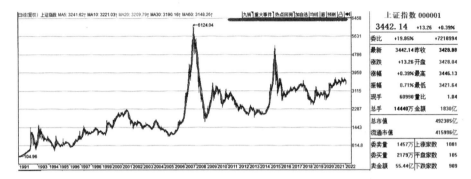

图3-6　上证指数历史走势

资料来源:同花顺股票软件。

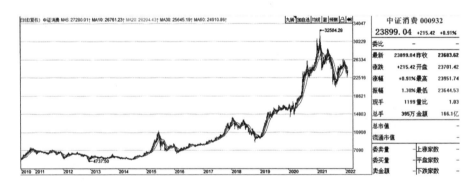

图3-7　中证主要消费指数历史走势

资料来源:同花顺股票软件。

有人会问,这些指数都是从哪儿来的,由谁规定的,去哪里查询相关信息呢?

1. 指数官网

这些指数分别由我国的上海证券交易所和深圳证券交易所旗下的中

证指数公司和国证指数公司开发并设定编制方案。我们可以用指数官网来查询各类指数的相关信息。

打开中证指数官网 http://www.csindex.com.cn/，点击搜索框即出现图 3-8 所示的页面。在搜索框里输入你要查询的指数，比如沪深 300 指数，然后点击搜索。

图 3-8　中证指数官网首页

资料来源：中证指数官网。

在图 3-9 所示的指数页面中，编制方案、样本权重、指数估值等都是我们需要了解的信息。页面下方的收益情况、权重股、行业构成、相关产品等也是观察指数的常用要素。

图 3-9　中证指数官网——沪深 300 指数页面

资料来源：中证指数官网。

（1）编制方案

编制方案相当于指数的说明书，我们点击进入，会出现如图 3-10 所示的页面。

```
中证指数有限公司
CHINA SECURITIES INDEX CO., LTD.

                    目录
1、  引言 ......................................................................... 1
2、  样本空间 ................................................................. 1
3、  选样方法 ................................................................. 1
4、  指数计算 ................................................................. 2
5、  指数修正 ................................................................. 5
6、  指数定期调样 ......................................................... 7
7、  指数临时调样 ......................................................... 9
8、  指数备选名单 ....................................................... 12
9、  指数日常维护 ....................................................... 12
10、 指数规则修订 ....................................................... 13
11、 信息披露 ............................................................... 13
12、 指数发布 ............................................................... 14
```

图 3-10　沪深 300 指数编制方案目录

资料来源：中证指数官网。

编制方案中内容很多，还会涉及一些计算方法等，我们需要的指数的基本信息都在里面。就像是看一个说明书，我们没有必要具体研究每一项，只需要把握最关键的几项信息。

样本空间：见图 3-11，沪深 300 指数从沪深两市选股，科创板证券和创业板证券上市要满一年（之前规则是创业板上市满三年，从 2021 年 12 月 13 日起，规则改为创业板上市满一年，未来将会有更多优秀的创业板公司更快地纳入沪深 300 指数）。

1、引言

沪深300指数由沪深市场中规模大、流动性好的最具代表性的300只证券组成，于2005年4月8日正式发布，以反映沪深市场上市公司证券的整体表现。

2、样本空间

指数样本空间由同时满足以下条件的非ST、*ST沪深A股和红筹企业发行的存托凭证组成：

- 科创板证券、创业板证券：上市时间超过一年。
- 其他证券：上市时间超过一个季度，除非该证券自上市以来日均总市值排在前30位。

图3-11 沪深300指数样本空间

资料来源：中证指数官网。

选样方法：见图3-12，沪深300指数选取总市值排名前300的个股。

3、选样方法

沪深300指数样本是按照以下方法选择经营状况良好、无违法违规事件、财务报告无重大问题、证券价格无明显异常波动或市场操纵的公司：

- 对样本空间内证券按照过去一年的日均成交金额由高到低排名，剔除排名后50%的证券。
- 对样本空间内剩余证券，按照过去一年的日均总市值由高到低排名，选取前300名的证券作为指数样本。

图3-12 沪深300指数选样方法

资料来源：中证指数官网。

指数代码：每个指数都有自己的代码，在股票软件中输入代码就能查询指数的历史走势（见图 3-13，沪深 300 指数在两个交易所代码不同）。

12、指数发布

12.1 指数代码

上海证券交易所行情系统代码：000300

深圳证券交易所行情系统代码：399300

图 3-13　沪深 300 指数代码

资料来源：中证指数官网。

（2）收益情况

如表 3-1 所示，在指数的主页面我们还可以看到指数不同时间段的收益率数据。

表 3-1　沪深 300 指数收益率情况　　　　　　　　　　（%）

2021-11-25	阶段性收益率			年化收益率		
	近一月	近三月	年至今	近一年	近三年	近五年
沪深 300	−1.67	−0.04	−6.04	−0.29	15.92	6.82

资料来源：中证指数官网。

（3）权重股与行业构成

如表 3-2、图 3-14 所示，指数的权重股和行业构成也是非常重要的数据。

（4）相关产品

如表 3-3 所示，主页面下方还有跟踪指数的基金产品列表，注意此处列出的产品不是全部，想选择更多产品还可以参考其他工具，后面章节会详细讲解。

表 3-2　沪深 300 指数权重股（更新日期：2021-11-25）

证券代码	证券名称	中证行业分类	上市地	权重（%）
600519	贵州茅台	主要消费	上海证券交易所	6.13
600036	招商银行	金融地产	上海证券交易所	3.18
601318	中国平安	金融地产	上海证券交易所	2.67
000858	五粮液	主要消费	深圳证券交易所	2.16
601012	隆基股份	工业	上海证券交易所	1.89
000333	美的集团	可选消费	深圳证券交易所	1.70
300059	东方财富	金融地产	深圳证券交易所	1.44
002594	比亚迪	可选消费	深圳证券交易所	1.35
601166	兴业银行	金融地产	上海证券交易所	1.33
600887	伊利股份	主要消费	上海证券交易所	1.22

资料来源：中证指数官网。

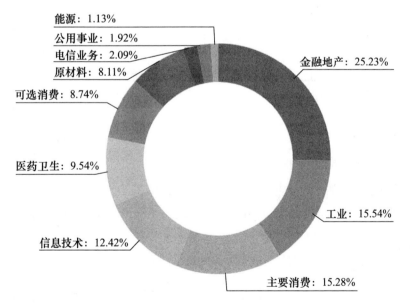

图 3-14　沪深 300 指数行业分布（更新日期：2021-11-25）

资料来源：中证指数官网。

表 3-3　沪深 300 指数相关产品（更新日期：2021-11-25）

产品名称	标的指数	资产类别	产品类型	市场覆盖	上市地	资产净值（亿元）	成立日期	管理人
561990 招商沪深300增强策略ETF	沪深300	股票	ETF	境内	上海证券交易所	9.93	2021-12-02	招商基金
561300 国泰沪深300增强策略ETF	沪深300	股票	ETF	境内	上海证券交易所	18.93	2021-12-01	国泰基金
610032 KS Equity MERITZ CSI 300 ETN	沪深300	股票	ETN	境内	韩国交易所	0.50	2021-11-29	Meritz Securities Co., Ltd
012911 同泰沪深300量化增强	沪深300	股票	指数增强	境内	—	1.04	2021-07-23	同泰基金
012206 中泰沪深300指数量化优选增强型	沪深300	股票	指数增强	境内	—	1.30	2021-07-05	中泰证券（上海）资管

资料来源：中证指数官网。

行业指数和宽基指数不同，一个行业下细分指数可能就有十几个，有的指数是机构定制指数，有的指数下面没有追踪它的基金，有的指数选股范围非常小，这些都不是我们要选择的目标，我们要关注的是行业最主流的指数。比如 2019 年开始非常热门的指数——中证白酒指数。

如表 3-4 所示，虽然经过了一年的下跌，截至 2021 年 11 月 25 日，中证白酒指数近三年年化收益率高达 60%，近五年年化收益率也高达 39%，这样的年化收益率在 A 股所有行业中可以说是排在最前列了。

表 3-4　中证白酒指数收益率情况　　　　　　　　　（%）

2021-11-25	阶段性收益率			年化收益率		
	近一月	近三月	年至今	近一年	近三年	近五年
中证白酒	2.24	13.12	−4.38	18.82	60.18	39.17

资料来源：中证指数官网。

跟踪中证白酒指数的相关产品如表 3-5 所示。

表 3-5　中证白酒指数相关产品（更新日期：2021-11-25）

产品名称	标的指数	资产类别	产品类型	市场覆盖	上市地	资产净值（亿元）	成立日期	管理人
161725 招商中证白酒（LOF）	中证白酒	股票	LOF	境内	深圳证券交易所	928.95	2021-01-01	招商基金

资料来源：中证指数官网。

通过中证指数官网，我们能查到想要的所有指数信息。

2. 软件工具

还有一个问题是，我们在哪里看指数每天的涨跌变化，这里给大家介绍两个常用工具。

（1）支付宝

如果你只想简单看一下指数的涨跌，那么在支付宝上就可以直接查询。如图 3-15、图 3-16、图 3-17 所示，支付宝首页—理财—股票，在搜索框里输入指数名称或代码，把感兴趣的指数添加自选，在交易日时就可以在上面看到各指数的实时涨跌。

图 3-15　支付宝理财页面　　图 3-16　支付宝股票页面　　图 3-17　添加自选

资料来源：支付宝 App。

（2）股票软件

也可以在手机或电脑上直接下载一个股票软件，我们以同花顺手机版为例。如图 3-18 所示，同花顺首页一行情，在此我们可以看到 A 股、美股和其他各国市场的涨跌情况。在上方搜索框输入想看的指数名称或代码，就可以在开盘时间看到实时涨跌。

基金投资一定要善用工具，以上都是非常有价值的观察指数的工具网站和手机 App，我们可以慢慢开发上面的各项功能。

图 3-18　同花顺行情页面

资料来源：同花顺 App。

本章小结

本章重点讲解了众多基金类型中的一种——指数基金。

因为 90% 以上的资产投资于股票，指数基金属于基金中风险和收益都比较高的一个品种。但是因为跟随复制指数，具有长期存在和长期上涨的特点，如果把时间拉长，指数基金又可以说是安全性非常强的一个品种。加上费用较低，避免了主动型基金人为因素的干扰，所以指数基金非常适合大部分人长期投资。

虽然过去 A 股有效性不强，上证指数十年来的涨幅很小，但是沪深 300、中证 500 这类主流宽基指数在某些时间段还是能够取得不错的收益的，消费、医药、科技等优秀行业指数更是能够取得远超基准指数的高额回报。

未来随着资本市场改革的深入、市场有效性的逐步增强，A 股市场一定会给我们带来更加优秀的长期回报，而指数基金是我们跟随大盘或行业取得超额收益最直接的工具。所以要投资基金，指数基金是我们必须要了解的一个重要分类，本章只是让大家有一个初步的认知和了解，具体各种指数的风险收益特点，如何选择优秀的指数基金，在后面都会拆开细讲。

在此列举几个我们要善用的投资工具网站。

看指数的工具：中证指数官网（可以查询大部分指数）、国证指数官网（可以查询深圳证券交易所开发的创业板指数等）。

看行情的工具：同花顺、东方财富等股票交易软件。

选基金的工具：天天基金网、同花顺 i 问财、晨星网。

这些工具的使用方法在本书中都会详细举例讲解，它们可以帮助我们简捷高效地在市场几千个指数和几千只基金中找到最符合我们要求的产品。

第四章 ▶ CHAPTER 4

懒人理财法：定投

基金可以在一定程度上帮我们解决选股的问题，那投资中的另一个难题——择时，该如何应对？这两年"基金定投"这个词特别火，各个平台都在讲基金定投的好处。定投到底是怎么回事？定投真的能帮我们取得更好的收益吗？只有基金适合定投吗？本章我们来一起学习如何掌握定投这个工具。

定投真的有那么神奇吗

基金定投也被称为懒人理财，就是定期、定额地买入固定的基金，比如每月1日（定期）都用1000元（定额）买入固定的一只或几只基金。

1. 定投最大的特点就是平滑成本

定投最大的优势不是帮我们取得最高收益，而是在波动的市场中，通过分批买入起到平滑成本的作用。微笑曲线非常直观地展现了定投克服市场波动的特点。

例如，小明从第 1 个月开始定投，每个月固定投资 600 元，假设当时基金的单位价格是 3 元，则他可以买到 200 份；第 2 个月继续投资固定的 600 元，此时价格下跌到 2 元，他可以买到 300 份；第 3 个月继续投资固定的 600 元，此时价格下跌到 1 元，他可以买到 600 份。总共定投 3 个月，小明花了 1800 元，买到了 1100 份基金（见表 4-1）。

表 4-1　小明的定投

时间	基金单位价格（元）	每月投入金额（元）	获得份额（份）
第 1 个月	3	600	200
第 2 个月	2	600	300
第 3 个月	1	600	600
合计	—	1 800	1 100

那小明什么时候才能回本呢？是涨到 3 元或 2 元吗？不是，小明的平均成本只有 1.64 元，只要涨到 1.64 元小明就回本了，涨回最初购买的 3 元时，小明已经赚了 83% 了（见图 4-1）！这就是微笑曲线的魔力。

可见，平滑成本就是利用高价买入的份额少、低价买入的份额多，在经历市场波动时摊低单位成本，再在市场回暖时以中高价位售出从而获利的方法。小明通过定投的方法摊低成本、获得收益，同时并没有花费很多时间精力在投资这件事情上。所以这种方法非常适合我们普通投资者。

A 股的特点是牛短熊长、波动巨大，想要选择最佳时间点买入非常难，很可能看好买入时已经是高点。定投就是在帮助投资者解决择时的问题,它不一定能帮你买在最低点,但是绝不会让你买在最高点"挂在山顶上"。

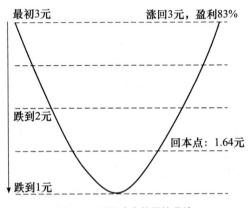

图4-1 平滑成本的微笑曲线

A股的上一个牛市高点,是上证指数在2015年6月12日创下的5178点。假设我们正好在这一天开始定投沪深300指数基金,目标基金设为沪深300 ETF(159919)。那么到四年之后的2019年6月12日,尽管沪指同期跌幅高达43%,沪深300指数的跌幅也达到了30%,而指数基金按月定投的累计收益率却可以达到7.65%,按周定投的收益率更是可以达到8.17%(将每周五设置为定投日)。相当于我们定投沪深300指数基金,整个过程不但没有亏损,还比一次性投资多出了40%左右的收益。

也就是说,即使完全不懂择时,而恰巧又在最高点买入,只要我们能坚持定投,依然能够回本并获得收益。只是这个过程会比较痛苦,一直定投,一直亏损,但是只要能够坚持下去,慢慢地就能发现,我们开始获得正收益了。所以坚持定投可以大幅降低投资风险。即使微笑曲线不那么完整,右侧上涨的点位没有很对称,定投依然可以帮助我们赚到钱。

2. 定投不是万能的

定投帮助我们平滑成本，但是在不同的位置和市场环境中取得的效果差异很大。如果市场正处于低位，定投就相当于成本越买越高，一次性买入的收益肯定要比定投更好。所以是否采用定投，也要结合当时的市场行情和指数估值。关于估值，后面章节也会详细讲到，它是一个能够帮助我们判断投资品种价位高低的基础指标。

定投这种方式更适合在市场下跌或底部不断震荡时使用，在下跌磨底的过程中，同样的金额不仅能买到更多的基金份额，同时还能够进一步降低成本，让我们有更好的心态参与市场，涨也高兴，跌也不慌。要知道，投资成功与否，心态的占比甚至超过70%。

我们要理性看待定投，它的确是一个非常好的平滑成本的工具，但是也不要神化它，充分了解它的特性并且正确运用是最重要的。而且并不只有指数基金可以定投，主动型基金和股票也可以定投。定投更适合那些波动较大的投资品种，波动越大，平滑成本的效果越好。像货币型基金和纯债基金，一年中整体波动幅度本身就不大，定投它们就失去了平滑成本的意义。

定期定额与定期不定额

我们选择定投，也就代表了每到固定时间，无论市场涨跌，都会投入同样的资金买入设定好的产品。比如每个月15日买入1000元的某基金产品。1月15日，假设基金单位净值是1元，你的1000元定投资金就买进了1000份基金（不考虑其他费用）；2月15日，基金净值涨到2元，你再投入的1000元资金就只能买进500份；等到3月15日，基金净值降到0.5元，你的1000元就能买到2000份。不管市场涨跌，不变的是投入的资金量，变的是买入的份额，这类方式也叫定期定额。

除了定期定额，还有一种定投方式是定期不定额，就是在固定的时间投入不同的资金量来买入基金。这种方法的优势是可以根据市场涨跌和基金净值的变化，高位少买，低位多买，进一步降低成本。

还是那个例子，1月15日，基金净值是1元，你用1000元买进了1000份；到了2月15日基金净值涨到2元，你降低买入金额为500元，买到250份；3月15日基金净值降到0.5元，你投入1500元买到3000份。这样算下来，两个方法三个月总共都投入了3000元，用定期定额的方式买入了3500份基金，而用定期不定额的方式买到了4250份基金。增加了份额，降低了成本，收益就会更好。

指数基金投资的是股票，上下波动是常态。如果我们能够在定投日高点时少买、低点时多买，就可以摊平成本，积累更多筹码，这样市场涨起来之后就可以赚取更多的收益。

定期不定额的好处就在于降低风险、摊平成本、增加筹码。但是这样就不能设置定投，而是需要在定投日手动买入了。

可以信任智能定投的效果吗

定期不定额通过低位多买、高位少买的方式，帮我们用更低的成本积累更多的筹码。第三方平台就此原理开发了智能定投功能。

智能定投就是利用一些指标去判断市场位置的高低，根据设置的不同的扣款档位，程序会自动进行高位少投、低位多投的操作，动态调整买入金额，相当于定期不定额的投资方式。

智能定投真的有想象中那么智能吗？

一般来讲，智能定投基于均线指标或估值指标来判断目前位置的高低,决定扣款金额的多少,相应地,智能定投有两种模式,即均线模式和估值模式。

(1)均线模式

均线模式会根据参考指数的收盘价和历史均值,动态调整扣款率,在指数高于均线时,适量减少投资金额,在指数低于均线时,适量增加投资金额,公式如下:

实际定投金额 = 基础定投金额 × 当期扣款率

参考指数有沪深300、中证500和创业板指数,参考均线有180日、250日和500日均线。根据指数目前位置与均线日平均值之间的关系,动态调整扣款节奏,做到另一种意义上的"高抛低吸"(见图4-2)。

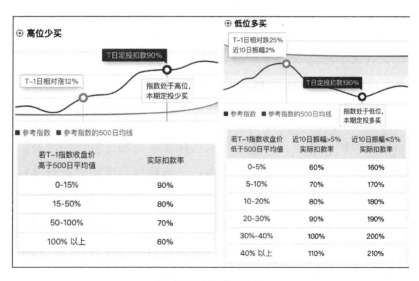

图4-2 均线模式定投

资料来源:支付宝App。

（2）估值模式

智能定投除了参考均线指标之外，还可以参考估值指标。简单来说就是在指数低估区间多买，在高估区间少买或者直接不买。比如沪深300指数的估值百分位到了70%，系统会认为已经处于高估区间，会减少定投的资金量或者直接停止定投（见图4-3）。

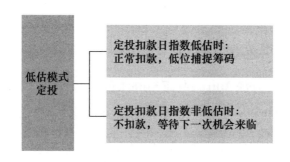

图4-3　低估模式定投

资料来源：支付宝App。

智能定投的好处是，当各项技术指标显示当前位置已经过高时，可以帮助我们规避风险，不再盲目追高；当指标显示市场处于低位时，可以帮助我们用更低的成本积累更多的筹码。比如中证白酒指数2021年跌幅最高超过了30%，如果运用智能定投，这段时间就会少买或停止定投，这样就避免了高位买入的亏损，收益肯定要比普通定投好很多。但是如果换个时间段来看，得出的结果就不同了。中证白酒指数从2018年10月的3886点附近上涨到2021年2月的21 663点，涨了4倍多（见图4-4）。指数一直高、一直涨，这个过程中指数的估值百分位绝大多数时间都在 90% 以上，如果这个时间段我们用低估模式智能定投，就会少买甚至停止定投，可能错过一轮巨大的上涨。

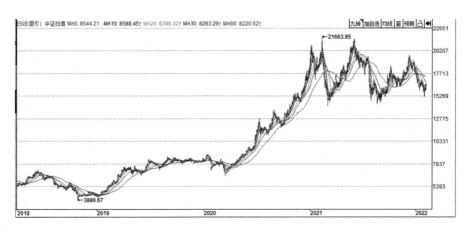

图 4-4　中证白酒指数的巨大上涨

资料来源：同花顺股票软件。

其实，上述两种智能定投方法都存在缺陷。有一定经验的投资者都知道，技术指标只是一个辅助工具，不能完全根据均线去判定位置的高低。因为上涨趋势形成后，很可能会延续一段时间。同时，由于目前设定的均线标准一般定为沪深 300 或中证 500 这些主流宽基指数，类别不多。这样就会有一个问题，不同类型的指数基金依据"均线模式"定投时，如果其参数都用沪深 300 或中证 500 等均线来设置的话，得出的结果可能南辕北辙。从 2021 年沪深 300 指数、中证白酒指数和新能源车指数走势的巨大差异就能知道，不同类型的产品放在一起比较是没有意义的。

根据估值高低决定买入比例的策略可行性相对更高，毕竟在低估区间买入优秀品种，意味着估值方面风险更低，而潜在收益更高。但是这种策略过于依靠静态财务指标，很多优秀指数即使估值在高位，也会继续上涨，比如过去美股的十年牛市、白酒连续两年的上涨，以及新能源车两年

5 倍的涨幅。

智能定投适合更看重安全性的投资者，毕竟它的底层逻辑是低位多买，高位少买，能够帮助我们规避追高的风险，在震荡市场可能表现更好。但智能定投只是单纯根据某个指标判断位置高低，在不同时间段得出的结论不尽相同，在上升市场中可能错过行情。这些优缺点我们要心里有数。市场是不断变化且无法被预测的，没有一个能完美解决所有问题的公式，机器和软件作用有限，真正能够解决各种问题的还是我们自己。除了硬性指标，我们同时还要结合市场环境、行业基本面、未来发展空间等因素综合判断，而这一切的基础都是加强学习和研究！

本章小结

本章我们共同学习了市场上这两年非常流行的"基金定投"概念。

基金定投不是帮我们取得最高收益的方法，但它是一个适合大部分投资者的方法，它最大的优势就是平滑成本。A 股牛短熊长、波动巨大，投资者常常追涨杀跌，定投可以帮助我们用相对平均的成本买入产品，不至于直接被挂在"山顶"。以相对平均的成本买入，在市场回暖上涨后卖出，最适合没有很多时间和精力做投资的上班族。

智能定投运用定期不定额的方式帮助我们实现高位少买、低位多买。但是要注意，没有任何一个指标能够判断出市场所谓的高和低，同一个工具在不同时间段得出的结果可能有很大差距。我们不但要充分利用智能化工具，而且要充分发挥自己的能动性，结合市场环境、行业前景、估值技术等多项指标综合判断，得出结论。

投资最大的不变性就是它的变化性，没有任何一个公式和工具能完美解决涨跌买卖的问题，投资最后的关键还是在我们自己。投资是一生的修行，我们要不断学习，提高认知！

实战篇

手把手教你选到好基金

第五章　基金定投实操手册
第六章　如何挑选指数基金
第七章　如何挑选主动型基金
第八章　如何挑选债券型基金

第五章 ▶ CHAPTER 5

基金定投实操手册

认识了基金家族成员,也了解了它们不同的风险收益特点,再加上定投这个工具,我们基本掌握了基金的基础入门知识,接下来正式进入实操。在详细讲述每一个实操细节之前,我们将先通过概述,用简单五步去大致了解一下基金定投的全流程。当然,这是一个快速指导,无法面面俱到,具体方法在后面章节都会逐一讲解。

选择投资渠道

首先你要找到一个安全、方便并且低成本的投资渠道,如银行、基金公司,以及第三方平台。

1. 银行

大多数人最熟悉的渠道应该就是银行，因为我们经常会去银行办理业务、购买理财产品等，而且银行在我们的心目中是最安全的，所以大多数投资者选择在银行直接购买。其实只要是正规的基金销售渠道，如基金公司、正规的第三方平台等，我们的资金都是有安全保障的，这一点不用担心。

在银行买基金主要有两种方式，一是直接到银行柜台开通基金账户；二是在网上银行办理，在网上签订协议开通账户后就可以在网上直接操作，不用再跑银行。但是银行更注重安全性，相比于其他渠道，操作起来会相对烦琐一些；和第三方平台相比，银行代销的基金产品数量相对有限；关键是在银行购买费用是最高的，目前多数银行申购费都没有折扣，指数基金是长期投资，费率对于最后的收益有着很大影响。

2. 基金公司

第二个渠道就是基金公司，基金是由基金公司发行的，所以去相应的基金公司或者其官网购买肯定是最便宜的。这一渠道的优点是没有中间商赚差价，费率低，而且到账时间短，交易效率高；但缺点也很明显，只能购买自家公司旗下的产品。

这就好比我们进了一家品牌专卖店只能买到这个牌子的衣服。如果你准备投资多只基金，就需要开通多家基金公司的账户，操作起来很麻烦，还是去一个综合性的"商场"会更好。

3. 第三方平台

还有一种渠道是第三方平台，比如支付宝的蚂蚁财富、微信的理财通、天天基金 App 等。它们就相当于综合性商城，里面不仅会有各种品牌入驻，而且平台的议价能力很强，所以基金的交易费率一般会打折，如申购费打一折。在这些平台上操作也很方便,可以实现一站式理财。

我们拿支付宝举例:打开支付宝,进入理财页面,再进入基金频道,在搜索栏中输入想要购买的指数基金名称或代码,在具体产品的下方点击买入或定投就可以了。买入是一次性的,代表这一笔买进多少;定投是设定计划,以后系统每次都会按照同样的时间和金额自动买入,如果设置好的定投计划有变,你也可以随时终止或修改定投计划。

如果你是第一次购买基金,在购买前系统会自动弹出一个风险评估,该评估一般是8道题,以测试你是属于哪类风格的投资者。

另外一个比较常用的第三方平台是天天基金,我们可以直接下载App操作,里面代销基金数量多,操作也比较方便,直接在顶部搜索要买入的基金代码,点击买入就可以了。另外"资讯"选项展示了每天市场上的热点,"我的"选项支持查询和买卖。

制订适合自己的定投计划

找到了定投渠道,第二步就要设定定投计划了,包括定投目标、定投金额、定投时间等。

首先,梳理现金流。

投资的基础是本金,不论金额大小,有了钱才能开始投资。通过计算每月的收入与支出,梳理出现金流,得出每月能有多少钱用于投资。

从存钱做起,把你能够省下来的每一笔钱都积攒起来。这里要充分利用记账工具,它可以帮你捋清每月花销,并避免非必要支出。手机里免费的记账软件有很多,像随手记、鲨鱼记账都可以,找一个你用着最顺手的。

记住,记账并不只是记下每天的流水账,它的最终意义是规划和执行。通过记账省下非必要支出,强制存款,然后你可以把这笔钱用到投资理财中。

记账：大账每笔记，小账总额计。

分析账单：清楚自己的钱都花到哪里去了。记账软件能够帮你清晰记录每一笔收入和支出，并做出分析。看起来很简单的一个动作，却能够帮你理清花销。

节俭消费：通过账单看看每月的钱都流向哪里，哪些是想要，哪些是必要，哪些可以节省下来，再认真思考一下每天随手的一杯咖啡和未来实现财富自由后的美好生活哪个更重要。即使你以前是个月入5000元的"月光族"，通过记账你会发现，每个月从花销中省出500元是完全有可能的。

其次，确定每期的定投金额。

梳理出现金流就能大体计算出每月能定投多少钱了。这里要注意，一定要量力而行，千万不要因为一时兴起大笔收紧自己的花销，就像一说减肥就几天不吃饭，这是不可能长久的，要制订出在你承受范围内能够长期坚持下去的计划，不能因为投资太过影响生活质量。

在目前的收入中具体拿出多少用来投资才合适呢？这里有两个方法供大家参考。

其一，每月闲钱计算法。

$$每月闲钱 = (收入 - 支出)/2$$

比如你现在每月收入5000元，每月消费3000元，(5000-3000)/2=1000，这1000元就是你每月定投金额的一个参考，在这个基础上根据目标算出每月投资金额。

其二，存款估计法。

如果手里有一笔闲钱，其中用作储蓄的部分能够维持6～12个月的生活支出，那么剩下的就可以拿来定投。

再次，确定定投频率。

你可以每月投资，也可以每周投资，软件还可以帮你设置每天定投，哪种更适合自己呢？

从表面上看，定投通过分批买入去摊平成本，那是不是频率越高效果越好呢？综合对比各种数据，在大部分时间段，周定投收益要好于月定投。但是如果把时间拉长到 2 年以上，那么周定投和月定投的收益差距并不大，而且定投时间越长，收益差距越小。我们可以直接设置更加灵活的周定投，当然如果一个上班族没有更多的时间去关注市场上的快速变化，愿意把投资时间拉长，那在每月发工资的时候直接设置月定投也是一个不错的选择。

还有一个问题是，具体选取哪一天扣款，收益可能更高呢？其实这个问题也可以换一个问法：哪天买入遇到市场下跌的概率更大？众所周知，下跌当天收盘前买入意味着更低的成本。一般而言，因为月末效应、节日效应等因素，每周四以及月底市场下跌的概率更大，更适合设置为定投日。但市场的涨跌没有绝对规律，长期看选择哪天买入差别并不大，所以不用纠结具体哪天，能坚持下来才是最重要的。

最后，按目标设定定投计划。

以上方法是按由始至终的顺序，还有一种方式是由终至始，我们从最终目标倒推，设置定投计划。假如你现在 25 岁，希望通过基金定投为自己攒下一笔养老金，让自己在退休后除了社保之外还有一笔闲钱，能够过上更自由的生活，那么就可以通过简单的计算，大致得出每月需要定投的金额，以及定投频率。

比如你想要在 60 岁的时候攒到 500 万元，现在 25 岁，还有 35 年，这段时间里要每月定投多少才能够实现这个目标呢？

前面讲过，股票型基金的长期平均年化收益率在 10% 左右，我们就按照这个来估算，看看每月定投的金额。35 年一共 420 个月，通过复利计算器我们能够粗略倒推出每个月大概只需要定投 1310 元，35 年之后的本息和就能达到 501 万元。如果平均年化收益率能够提高到 12%，那每个月只需要定投 780 元就能完成目标。这就是时间带来的巨大复利收益。

当然，这只是简单估算的结果，在我们实际定投的过程中，每年的收益率都可能不同，比如 2019 年和 2020 年，沪深 300 指数的收益率都超过 20%，而到了 2021 年，沪深 300 指数的收益率变成了负值。根据设定数值的估算无法作为一个必然结果，最终还是要看我们实际的收益率能有多高。

但是通过计算，我们心里起码有了一个大体的方向和数字，可以进而给自己设定一个个具体目标，包括长期的养老计划、中期的教育计划、短期的目标计划、用几年的时间买一辆车等。

接下来要做的就是通过学习更多地了解市场，了解投资产品，尽可能高地提高收益率，投入尽可能多的本金，然后把剩下的交给时间！

挑选具体的基金产品

就像我们要去市场买菜，出发之前看好了天气，确定了地点，选好了路线，走到了市场，准备工作都已做好，现在可以开始入手了。对应到基金投资中，我们进入最重要的一步——挑选具体的基金买入。

我们分两类来看，第一类是指数基金的选择。

由于指数基金都是以跟踪相对应的指数为目标，所以指数基金的挑选有两个步骤：一是选指数，二是选基金。

我们首先要对各种类型指数的风险收益特点有全面的了解，才能进入具体基金产品的选择。你是想投资稳健的大盘股，像上证 50 指数或沪深 300 指数，还是投资更有成长性的中小盘股，像中证 500 或创业板指数？2021年刚刚上市的科创指数、双创指数是否更具有投资价值？还有多种多样的行业指数，包括消费、医药、科技、金融地产等，不同行业的风格、运行节奏、长期收益有很大的差别，都需要我们深入细致地了解。

选好了指数，下一步还要选择跟踪指数的基金产品。都是跟踪中证500指数，在同一年里，有的基金收益率达到30%，有的收益率只有10%。因此即使跟踪同一个指数，具体的基金产品也要精挑细选。挑选时要着重考察哪几个指标，指标具体怎么看，我们在后续的章节会详细介绍。

第二类是主动型基金的选择。

2019年和2020年上证指数整体涨幅并不大，加上大盘风格崛起，多数股民是赚了指数不赚钱。但是2019年股票型基金平均收益率达到47.46%，2020年收益率达到45.94%，基民的收益大大超越股民，这也吸引越来越多的投资者加入基民的队伍。

由于对市场了解有限，或者认为基金的风险远低于股票，基金更好选择和操作，所以投资者常常是哪个涨得高就追哪个。比如有一只热门基金的规模从2019年末的84亿元迅速增加到2020年末的677亿元，甚至基金经理都有了粉丝后援会，结果就是这只在2020年被疯狂追捧的大牛基，2021年前三季度亏损最高达到30%，全年收益为负。

由此可见，选主动型基金的难度远高于选指数基金，一不能只看明星基金经理的光环，二不能只看短期的收益，要结合产品长期表现、波动回撤、投资方向、风格特点和估值高低等来综合选择。如果能够选到一只优秀的主动型基金，并且拿得住，我们就有望穿越牛熊取得长期超额收益，过去十几年市场上有多只这类产品。关于主动型基金具体如何选择，要关注哪些指标，后面会专门分析。

学会止盈和面对亏损

在制订投资计划并精心选择好基金产品后，我们就进入持有阶段，此时我们依然有很重要的工作要做。

在买入产品后，我们都会面临短期的盈利或亏损。定投赚钱了怎么办？首先要记住，定投一定要止盈，赚钱了就要考虑落袋为安！大多数情况下，我们可以结合当时的市场位置设定一个基础的盈利目标，市场整体不高时，我们就可以把止盈点设置得高一些，比如30%～50%；如果在市场整体不高的基础上，这个行业的前景非常广阔，成长性特别强，我们就可以把目标设定得更高；如果市场已经连续上涨，估值较高，或者本身就是周期性行业，波动比较大，我们就把目标设置得低一些，如20%～30%，一旦达到目标，可以考虑止盈。这个方法属于目标止盈法，另外还有估值止盈法和回撤止盈法等。

那定投亏损了怎么办？看到账户亏损，或者越投越亏的时候，很多人可能无法坚持。投资要赚到钱，除了选到好基金，以相对合理的价格买入，更需要时间的加持，即使产品优秀、价格不高，也不代表它很快就能涨起来，频繁买卖追涨杀跌是定投的大忌，我们投资基金一定要以年为单位，对自己选择的产品多些耐心。

牢记定投心法

最后一步，也是最容易被忽视的，就是定投期间的心态和坚持。在过去几年的投资过程中，我遇到了很多同学，回复了各种各样的问题，我发现大家最普遍的问题就是跌了扛不住，涨了拿不住。

记得2019年年初，我刚刚在喜马拉雅上开了免费专辑"一学就会的基金定投课"，每天分享市场上发生的事件，给大家普及基金定投知识。

在那一年，市场还一直在 2800 点附近晃悠，好多人因担心市场会继续下跌而不敢买。我每天在节目中唠叨，未来的 A 股市场前景很明确，消费、医药行业的大牛股现在还很便宜，当下是买入的好时机。但是依然有很多人因为过去 A 股的表现持怀疑态度。

等到 2020 年 6 月，市场上涨，热度起来了，两市成交量从曾经的 8000 亿元左右，到最高已经突破 17 000 亿元，大批投资者冲进市场；短暂疯狂之后，7 月市场又进入调整，很多个股和基金跌幅都超过了 20%，这时候高位入场的人又坐不住了，想要割肉卖出。当市场大涨和大跌的时候，你能充分体会到人的本性就是追涨杀跌，人们生怕被财富盛宴落下，又担心市场看不到底。

那时我每天做得最多的事就是给大家做心理按摩，建议大家耐心持有。因为当时大盘指数的涨幅并没有很夸张，同时多个指数的估值依然合理，与 2007 年及 2015 年的牛市顶点的情况完全不一样。市场调整很正常，那时常会出现一些优秀产品的买入机会。所以后来很多同学都说，融融老师，如果没有你的心理按摩，我肯定是坚持不下来的。

投资的方法并不难掌握，起到决定性作用的是心态，投资到最后，拼的就是心态。所以定投期间，有三大心法一定要记牢：克服恐惧，及时止盈，长期坚持。暂时亏了也不卖，中途用钱也不停止，不论牛市、熊市，都坚持原计划，长期坚持才能获得效果。

通过以上五步，我们就能够大体了解基金定投的几大环节了，但这只是为了方便大家了解所提炼的快速指导。在接下来的几个章节，我们将更细致深入地学习基金投资每个步骤的关键要点和方法细节，从而搭建专业、全面、系统的认知体系。

本章小结

本章是实战篇的第一章，我们先通过简单五步走通定投全流程，对接下来要学习的内容框架有一个大致的了解。

第一步，选择投资渠道。在银行、基金公司、第三方平台中，性价比最高的渠道是第三方平台，这些平台不仅产品全，费用低，而且操作简单方便，目前使用比较多的是天天基金 App 和支付宝。

第二步，制订适合自己的定投计划。计划是行动的第一步，投资投进去的是我们辛苦赚来的真金白银，投入之前更要制订充分的计划，包括定投的金额、时间、频率等。定投金额可以用复利计算器根据最终目标大致计算。给自己的理想做出具体的实施计划，就相当于给梦想插上了翅膀。

第三步，挑选具体的基金产品。指数基金的挑选分为选指数和选基金两步，这也是本书中最核心、难度最大的部分，众多的指数都有不同的风险收益特点，我们只有充分了解，才能做出选择。选择基金有具体的标准和工具方法，具体标准如长期收益、波动回撤、成立年限、产品规模、基金经理等，这些内容会在后面章节详细讲解。大家如果能够把书中的内容都掌握扎实，就可以做自己的基金经理，搭建组合做好配置，而不是再茫然懵懂地去投资了。

第四步，学会止盈和面对亏损。赚钱时考虑及时止盈，亏钱时多些耐心，切忌频繁买卖。

第五步，牢记定投心法。投资心态说起来很悬，好像没有实际意义，但是随着投资年限的增加，你越来越会发现心态的重要性。我们都知道价值投资，都明白要低位买入好产品，但是市场上只有一个巴菲特。我们不是找不到好股票、好基金，但是能否拿得住是对投资心态的考验。关于心态本书讲得不多，但正是这些看起来最简单的投资心理是需要我们用一生去学习的！

第六章 ▶ CHAPTER 6

如何挑选指数基金

经过几年的快速发展，目前基金市场上已经有超过8000只产品，是股票数量的一倍多。知己知彼，百战不殆。进入市场之前，先搞清楚市场上几千只基金都是什么类型、风险有多大、收益有多高，再结合自己的风险承受能力去选择，这才是基金投资的正确打开姿势。

2021年春节之后，市场开始了剧烈调整，大批投资者亏损，其中包含了大量"95后"新基民，他们多数都是在2020年年底及2021年年初市场连续上涨时追进来的，而大多数又是奔着年内翻倍的白酒来的。我当时直播被问到最多的就是白酒还能追吗、白酒还能拿吗、白酒什么时候能涨这类问题。出现这种情况最直接的原因就是对市场了解不够，他们可能只知道这是一只追踪白酒行业的指数基金，涨得特别多，而对于行业的特点、位置的高低、业绩表现等都没有了解。

目前国内市场上指数基金产品有很多，收益差别非常大。在2020年，如果你买了沪深300指数基金，收益率可达27%；如果买了白酒指数基金，收益率可达119%；如果买了银行指数基金，收益是–4%；如果买了地产指数基金，收益是–12%。

究竟应该如何挑选优秀的指数基金呢？由于指数基金都是以跟踪相对应的指数为目标，所以挑选指数基金分两步：一选指数，二选基金。

市场上有上千只指数基金，名字看起来复杂多样，其实如果把它们跟踪的指数分成大类，一共就三种：宽基指数、策略指数、行业指数。

宽基指数，让你跟上整个市场的平均收益

我们先来看最基础的宽基指数。

我们把选股范围不限于某个行业，能够代表大盘走势的指数统称为宽基指数。最主要的几个宽基指数包括上证50指数、沪深300指数、中证500指数和创业板指数。除此之外，近年来还有一些新型宽基指数品种成立，包括科创板指数、双创指数、MSCI中国A50互联互通指数等。

如果想买国外宽基指数，最主流的就是标普500指数和纳斯达克指数，另外还有德国DAX指数，以及越南指数等。

我们先从几个最基础的宽基指数讲起。

1. 上证50指数和MSCI中国A50互联互通指数

上证50指数是从上海证券交易所也就是沪市中，挑选出规模最大的50家企业，组成的一个股票组合。购买了上证50指数的产品，就相当于同时买到了这50只股票。

之前的上证50指数可以称为大金融指数，前十大权重股有八只来自

金融行业，六只银行股，一只保险股，一只券商股，金融股占比非常高。但是调整权重股之后，现在的上证 50 指数涵盖了各大行业的龙头，像"酒茅"贵州茅台、"药茅"恒瑞医药、"光伏茅"隆基股份、"免税茅"中国中免，以及金融行业的银行、保险、券商龙头，其构成行业主要是金融和消费。

指数中的股票主要以大盘蓝筹股为主，关键词就是"大"，都是平均市值三千亿级别的大公司，这些股票长期来看流动性好，相对风险低，波动比较小。缺点是上证 50 指数只包含上海证券交易所（以下简称上交所）的个股，深圳证券交易所（以下简称深交所）中的个股缺席。因为选股范围小，有很多优秀的股票没有在备选范围内，上证 50 指数并不能完整反映国内股票市场的整体走势。

在 2021 年又一只大龙头指数诞生了——MSCI 中国 A50 互联互通指数（以下简称 A50 互联互通指数）。和上证 50 指数相似，这个指数也是选取 50 只龙头股，但是选股方法和行业构成比上证 50 指数更加科学和分散。

我们先了解一下"MSCI"和"中国 A50"是什么意思。"MSCI"指的是全球闻名的明晟指数编制公司，类似于国内的中证指数公司，其发布的一系列指数产品覆盖全球多个区域的资本市场。"中国 A50"指的是指数所挂钩的方向，即 A 股市场中的 50 只龙头个股。

之所以说结构上 A50 互联互通指数更加合理，是因为不同于上证 50 指数只以"市值大"为选股标准，A50 互联互通指数先从 11 个行业板块中各选取流通市值最大的两只，共 22 只；再按照市值选出 MSCI 中国 A 股大盘股指数中排名前 28 的股票。相比于单纯按照市值排序，A50 互联互通指数这种选股方法能够覆盖更多行业，也可以更好地反映大盘整体走势，避免指数在某一两个板块上的权重占比过大。

我们看一下上证 50 指数与 A50 互联互通指数的行业构成和权重股就会有更清晰的感受（见图 6-1、图 6-2、表 6-1、表 6-2）。

第六章　如何挑选指数基金　75

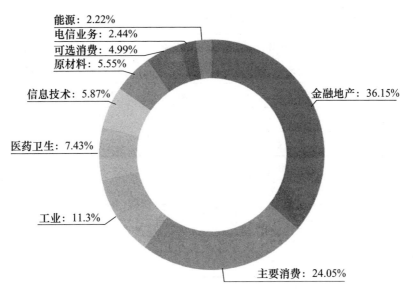

图 6-1　上证 50 指数的行业构成（更新日期：2021-11-29）

资料来源：中证指数官网。

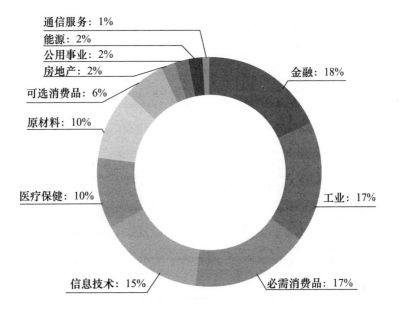

图 6-2　A50 互联互通指数的行业构成（更新日期：2021-11-30）

资料来源：MSCI。

表 6-1 上证 50 指数权重股（更新日期：2021-11-29）

证券代码	证券名称	中证行业分类	上市地	权重（%）
600519	贵州茅台	主要消费	上海证券交易所	16.79
600036	招商银行	金融地产	上海证券交易所	8.30
601318	中国平安	金融地产	上海证券交易所	7.10
601012	隆基股份	工业	上海证券交易所	5.13
601166	兴业银行	金融地产	上海证券交易所	3.54
603259	药明康德	医药卫生	上海证券交易所	3.45
600887	伊利股份	主要消费	上海证券交易所	3.26
600276	恒瑞医药	医药卫生	上海证券交易所	3.08
600030	中信证券	金融地产	上海证券交易所	2.73
601888	中国中免	可选消费	上海证券交易所	2.67

资料来源：中证指数官网。

表 6-2 A50 互联互通指数权重股（更新日期：2021-11-30）

证券代码	证券名称	行业板块	上市地	权重（%）
300750	宁德时代	工业	深圳证券交易所	10.86
600519	贵州茅台	必需消费品	上海证券交易所	7.94
601012	隆基股份	信息技术	上海证券交易所	5.92
600309	万华化学	原材料	上海证券交易所	4.40
600036	招商银行	金融	上海证券交易所	3.48
002475	立讯精密	信息技术	深圳证券交易所	3.43
000858	五粮液	必需消费品	深圳证券交易所	3.37
002594	比亚迪	可选消费品	深圳证券交易所	2.96
000725	京东方 A	信息技术	深圳证券交易所	2.77
601888	中国中免	可选消费品	上海证券交易所	2.53

资料来源：MSCI。

综合来看，A50互联互通指数有以下四个特点。

第一，龙头集中化。该指数汇聚了如宁德时代、贵州茅台、隆基股份、招商银行、立讯精密、比亚迪等A股各行业龙头公司。优秀的行业加优秀的公司，更加凸显投资价值。

第二，从行业分布来看，不同于上证50指数的行业构成，金融地产和消费占比超过60%，A50互联互通指数覆盖范围更广，分布更均衡全面。由于该指数兼容了金融、消费、医疗保健、工业、信息技术等多行业龙头，投资它既不会错失单一赛道的趋势性行情，也不会由于某一行业指数的大幅调整，从而导致回撤过深。该指数行业覆盖更为全面，同时新经济占比更高，规避了偏向地产、石油石化等大市值品种的问题。

第三，个股在指数中的权重更低。上证50指数前三大重仓股为两只金融股、一只消费股，一个贵州茅台在指数中占比就接近17%，代表着这一只股票的涨跌对指数有着巨大的影响；A50互联互通指数前三大重仓股为两只新能源股、一只消费股，个股权重最高为10%左右，分散的权重能避免单只个股涨跌给指数带来过大的影响。

第四，国际化，符合国际资金审美视角。截至2021年9月30日，北向资金净流入A股金额接近15 000亿元，持股市值总额25 418亿元。北向资金共持股2283只，其中对A50互联互通指数成分股的持股市值，已经占据约北向资金持股市值的一半。

从历史数据看，截至2021年末，A50互联互通指数近五年累计涨幅超过了100%，年平均收益率在15%以上，和沪深300等宽基指数相比，收益大幅领先。所以如果你想要一只能够更加全面代表A股优秀行业和优秀龙头公司的指数，A50互联互通指数是一个比上证50指数更有代表性的选择。

2. 沪深 300 指数和中证 500 指数

（1）沪深 300 指数

如果问 A 股最核心的基础指数是什么？答案一定是沪深 300 指数。它相当于美股的标普 500 指数，是中国最核心资产的代表。不同于上证 50 指数只从上交所中选股，沪深 300 指数由沪深两市中规模最大、流动性最好的前 300 只股票组成。基金总结业绩的时候常说，本产品跑赢沪深 300 指数多少个百分点，因为市场上多数产品的业绩比较基准都是沪深 300 指数，它相当于考试中的及格线，是一个重要的参考标准。

2004 年 12 月 31 日，沪深 300 指数从 1000 点起步，截至 2021 年 11 月 30 日，A 股上市公司总数达到 4640 家，总市值超过 90 万亿元。而沪深 300 指数中的这 300 只个股，虽然数量仅占全部 A 股的不到 7%，却贡献了超过 50% 的市值和超过 70% 的净利润。也就是说，沪深 300 指数集中了 A 股最核心、最优质的 300 家企业，可以被认为是中国的核心资产。

相比于上证 50 指数，沪深 300 指数不仅从沪深两市选股，成分股的行业分布也更加均衡（见图 6-3）。

从 2021 年 12 月 13 日开始，沪深 300 指数调整样本空间，由之前的创业板上市满三年才能进入沪深 300 指数，调整为上市满一年。规则修改之后，包括宁德时代等更多的大牛股都能进入沪深 300 指数中，未来沪深 300 指数的投资价值将进一步提升，其权重股见表 6-3。

相比于上证 50 指数和 A50 互联互通指数，沪深 300 指数涵盖了更多数量的公司，除了绝对的一线行业龙头，二线龙头股以及正在上升阶段的中型公司也被囊括在沪深 300 指数中；而相比于上证指数和中证全指，沪深 300 指数又排除了众多规模小、业绩差、市值排名靠后的企业，是目前跟踪全市场明星级别的主流指数。

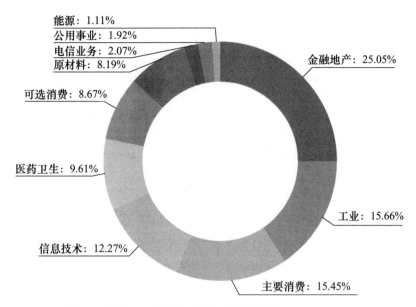

图6-3 沪深300指数的行业构成（更新日期：2021-11-29）

资料来源：中证指数官网。

表6-3 沪深300指数权重股（更新日期：2021-11-29）

证券代码	证券名称	中证行业分类	上市地	权重（%）
600519	贵州茅台	主要消费	上海证券交易所	6.28
600036	招商银行	金融地产	上海证券交易所	3.11
601318	中国平安	金融地产	上海证券交易所	2.66
000858	五粮液	主要消费	深圳证券交易所	2.20
601012	隆基股份	工业	上海证券交易所	1.92
000333	美的集团	可选消费	深圳证券交易所	1.69
300059	东方财富	金融地产	深圳证券交易所	1.45
002594	比亚迪	可选消费	深圳证券交易所	1.39
601166	兴业银行	金融地产	上海证券交易所	1.32
603259	药明康德	医药卫生	上海证券交易所	1.29

资料来源：中证指数官网。

（2）中证500指数

中证500指数是剔除沪深300指数样本以及过去一年日均总市值排名前300的证券，再选取市场上剩余证券中排名前500的证券组成的指数。中证500指数最大的特点就是中小市值与行业分散，成分股集中度低，平均市值在200亿元左右。如果说上证50指数和沪深300指数是大盘股的代表，那么中证500指数就是中小盘的代表。

这500只股票中，前三大权重板块分别是工业、原材料、信息技术，占比高达约60%（见图6-4）。在行业分布上，中证500指数更偏重工业周期和高端制造产业，与上证50指数、沪深300指数有很大差别，这也是2021年成长风格市场中，中证500指数涨幅领先的重要原因（见表6-4）。在2021年上证50指数和沪深300指数负收益的情况下，中证500指数的收益率仍有15.58%。

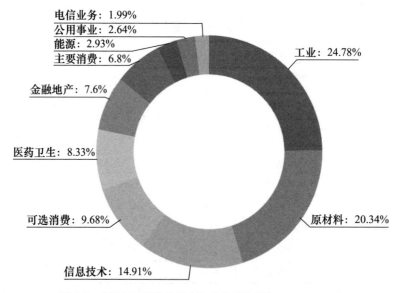

图6-4 中证500指数的行业构成（更新日期：2021-11-29）

资料来源：中证指数官网。

表 6-4　中证 500 指数权重股（更新日期：2021-11-29）

证券代码	证券名称	中证行业分类	上市地	权重（%）
600089	特变电工	工业	上海证券交易所	1.31
002709	天赐材料	原材料	深圳证券交易所	1.20
002074	国轩高科	工业	深圳证券交易所	0.98
300207	欣旺达	工业	深圳证券交易所	0.87
000799	酒鬼酒	主要消费	深圳证券交易所	0.82
002340	格林美	工业	深圳证券交易所	0.81
600460	士兰微	信息技术	上海证券交易所	0.76
000009	中国宝安	工业	深圳证券交易所	0.70
300316	晶盛机电	工业	深圳证券交易所	0.69

资料来源：中证指数官网。

但是，中证 500 指数有一个明显的问题，就是一旦指数中的个股连续上涨，市值超过中证 500 指数的选股标准，就要被调入沪深 300 指数中。调入沪深 300 指数之后，个股涨幅就和中证 500 指数没有关系了。有很多中证 500 指数中的大牛股刚刚启动市值增长就被调出指数，最典型的比如"猪茅"牧原股份，调离中证 500 指数进入沪深 300 指数后，股价上涨超过 1000%。这样的指数编制方法使得好股票最终都会被调入沪深 300 指数。

从历史上看，中证 500 指数的最高点是 2015 年大牛市的 11 616 点，也就是说，中证 500 指数从 2004 年 12 月 31 日创立的 1000 点最高涨到了 11 616 点，涨了 10 倍多。2015 年那轮牛市，中证 500 指数上涨 253%，但是从 2015 年 5 月 31 日到 2019 年上半年，中证 500 指数最大跌幅超过 50%，截至 2021 年 12 月末，其点位依然在 7000 点附近。而沪深 300 指数经历了 2015 年后的一轮大跌后，在 2021 年 2 月已经超越了 2015 年曾经的指数高点。

中证 500 指数属于涨起来很猛，跌起来也不含糊，弹性很大的一个指数，在某些时间段可能涨得更快、涨幅更大，但长期收益和稳定性不如沪深 300 指数。

3. 创业板指数、科创 50 指数和双创 50 指数

（1）创业板指数

主板市场也被称为一板市场，对在主板上市的企业要求条件很高，需要企业有一定规模、足够的盈利以及其他配套条件，所以令很多企业望而却步。

于是创业板应运而生。创业板市场也被称为二板市场，上市条件比主板宽松，门槛更低，可以为那些中小型、创业创新型公司提供上市渠道。创业板个股涨跌幅限制为 20%，整体风险高于主板。

创业板指数由创业板中规模最大、流通性最好的 100 只股票组成。在行业分布上，创业板指数更集中在工业、医药卫生、信息技术等板块（见图 6-5）。与中证 500 指数相比，创业板指数中的新兴科技企业占比更高。

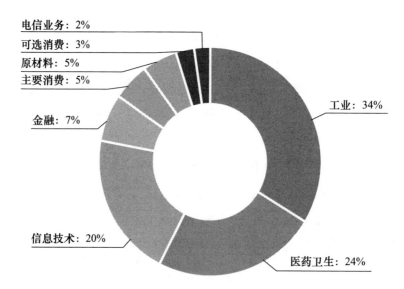

图 6-5　创业板指数的行业构成（更新日期：2021-11-29）

资料来源：国证指数官网。

创业板指数从 2010 年 5 月 31 日的 1000 点起步，在经历了 2015 年的一波牛市后，2016 年后快速下跌，但是很快重拾升势，2019 年 12 月开始，创业板指数开启了一波快速上涨，从 1200 点涨到 2021 年 11 月 29 日的 3487 点。

很多人会把创业板指数和中证 500 指数相比较，毕竟两者都是更偏向于新兴产业的中小盘代表，成分股还有 31 只重合。截至 2020 年年底，中证 500 指数成分股的平均市值在 173 亿元左右，而创业板指数成分股的平均市值则高达 310 亿元，已经接近前者的两倍。

二者最主要的区别是，创业板指数更集中在信息技术和医药卫生行业，两个行业占比超过 40%，相比于中证 500 指数的"传统"和"周期"，创业板指数中的新兴科技企业占比更高，科技属性和成长性更强。

（2）科创 50 指数

说起强科技属性板块，深交所的创业板为成长创新型企业开启了上市通道；对应地，上交所在 2019 年设立了科创板，专门为有核心技术的高科技企业上市融资服务。相比于创业板，科创板上市条件更为宽松：实行注册制，符合条件的公司注册后无须审批就可以直接上市。

虽然都是强科技属性的板块，但是创业板和科创板的定位有很大区别。创业板主要服务于成长型创新创业企业，更加强调和传统产业的结合创新与企业自身的升级；科创板则是主要服务于符合国家战略、突破关键核心技术、市场认可度高的科技创新企业。上证科创板 50 成分指数（简称科创 50 指数）由上交所科创板中市值大、流动性好的 50 只证券组成，信息技术一个行业就占据指数的半壁江山（见图 6-6、表 6-5）。

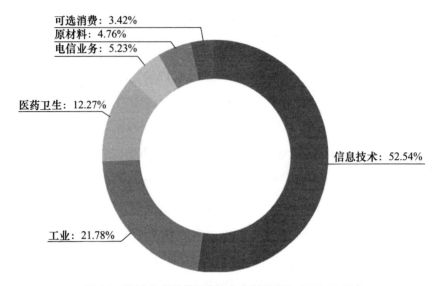

图 6-6 科创 50 指数的行业构成（更新日期：2021-11-29）

资料来源：中证指数官网。

表 6-5 科创 50 指数权重股（更新日期：2021-11-29）

证券代码	证券名称	中证行业分类	上市地	权重（%）
688981	中芯国际	信息技术	上海证券交易所	8.50
688111	金山办公	信息技术	上海证券交易所	6.63
688012	中微公司	信息技术	上海证券交易所	5.24
688036	传音控股	电信业务	上海证券交易所	5.23
688005	容百科技	工业	上海证券交易所	5.13
688008	澜起科技	信息技术	上海证券交易所	4.94
688116	天奈科技	工业	上海证券交易所	4.14
688388	嘉元科技	工业	上海证券交易所	3.57
688099	晶晨股份	信息技术	上海证券交易所	3.43
688599	天合光能	工业	上海证券交易所	3.04

资料来源：中证指数官网。

从定位上我们能看出科创板更加"硬核科技"的属性，科创板即科技创新板，板块特点就是科技够硬核，盈利增速快，研发投入强。在创业板指数中，传统行业的个股占比更大，工业和医药卫生行业的个股占比超过一半；而在科创50指数中，信息技术行业占据半壁江山，具体来看，芯片企业占比超过30%，新能源车企业占比20%。相比其他几个指数更聚焦硬核科技和经济转型，科创50指数内企业的平均市值在500亿元左右，远高于中证500指数和创业板指数。

由于上市条件更为宽松，选股范围集中，本身又集中于科技这个快速变化的赛道，所以科创50指数整体波动性会更高，风险更强于创业板。

如果你希望把握相对成熟的科技企业行情，创业板是一个覆盖行业广泛、成立时间较长、波动相对平稳的选择；如果你更看好硬核科技的未来，看好半导体、芯片等信息科技行业，有更高的风险承受能力，可以考虑科创板指数。

（3）双创50指数

另外还有一个更加折中的选择，就是中证科创创业50指数，也称双创50指数。它融合了创业板和科创板特点，风险收益都更加均衡。因为双创50指数从创业板和科创板中共选取50只个股，所以它具有两个板块的优势，买该指数的相关产品就相当于同时布局两个板块，买入了这两个板块中市值较大的50家新兴产业上市公司证券。

从行业构成上看，科创50指数中信息技术一个行业就占据半壁江山，而双创50指数中，医药卫生、工业和信息技术三个行业占比相对均衡，这样的均衡配置会使整个指数免受单个行业下跌过大的影响，风险也会降低（见图6-7、表6-6）。

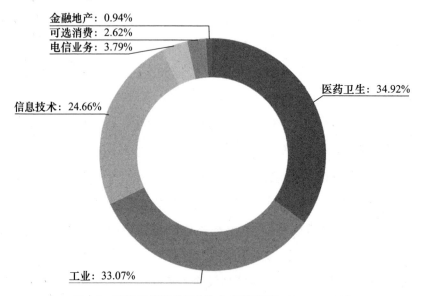

图 6-7 双创 50 指数的行业构成（更新日期：2021-11-29）

资料来源：中证指数官网。

表 6-6 双创 50 指数权重股（更新日期：2021-11-29）

证券代码	证券名称	中证行业分类	上市地	权重（%）
300750	宁德时代	工业	深圳证券交易所	12.65
300760	迈瑞医疗	医药卫生	深圳证券交易所	8.28
300014	亿纬锂能	工业	深圳证券交易所	6.31
300274	阳光电源	工业	深圳证券交易所	6.07
300015	爱尔眼科	医药卫生	深圳证券交易所	4.42
300142	沃森生物	医药卫生	深圳证券交易所	4.02
300122	智飞生物	医药卫生	深圳证券交易所	4.01
300124	汇川技术	工业	深圳证券交易所	3.88
688981	中芯国际	信息技术	上海证券交易所	3.45

资料来源：中证指数官网。

双创 50 指数兼具成长和价值双重属性。比起创业板指数，双创 50 指数的科技成长性更强；比起科创 50 指数，双创 50 指数的盈利更加稳定。所以双创 50 指数具备科技头部的显著特征，是集创业板和科创板的优点于一身的指数。

2020 年以来，A 股市场主要经历了四轮快速的上升行情，在这四轮上涨行情中，双创 50 指数反弹幅度都显著高于其他主要宽基指数。背后含义就是系统性的牛市行情里，这个指数可能会更强；但是如果遇上单边下跌行情，比如 2021 年年初，双创 50 指数的跌幅一度超过 15%。这是一个明显的成长风格板块，高波动、高收益、高风险是双创 50 指数的主要特征。

4. 宽基指数中选哪个

了解了以上几大主流宽基指数后，我们要面临的问题就是如何选择。各个宽基指数在不同的时间段收益差距很大，比如在 2019 年和 2020 年，沪深 300 指数的收益率分别为 36.07% 和 27.21%，中证 500 指数的收益率分别为 26.38% 和 20.87%；但是进入 2021 年，沪深 300 指数跌了 5.20%，而中证 500 指数上涨了 15.58%。

A 股风格轮动明显，有时候大盘股涨，有时候中小盘股涨，我们很难把握其中的规律。从风格上看，上证 50 指数和沪深 300 指数整体波动更小，中证 500 指数和创业板指数弹性更强，涨跌幅度都更大。

图 6-8 展示了三大宽基指数自 2005 年 12 月 31 日到 2021 年 12 月 31 日共 16 年的涨幅，其中，中证 500 指数涨幅最大，其次是沪深 300 指数，排名最末的是上证 50 指数。

创业板成立时间较晚，我们再把统计时间缩短，对比从 2014 年 12 月 31 日到 2021 年 12 月 31 日各大宽基指数的表现。这 7 年间，市场既经历了 2015 年的 5178 点的大牛市，也跌到了 2019 年年初低点 2440，接下来又走过了两年的结构性行情,可以说算是经历了一轮牛熊,比较有代表性。在这轮涨跌中,创业板指数表现最强,涨幅是其他几个指数的 2 倍多,沪深 300 指数和中证 500 指数的涨幅非常接近,上证 50 指数涨幅最次(见图 6-9)。

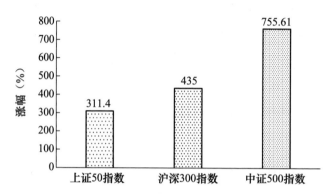

图 6-8　三大宽基指数涨幅（2005.12.31～2021.12.31）

资料来源：上上学堂。

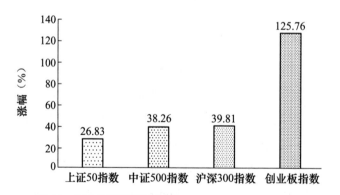

图 6-9　四大宽基指数涨幅（2014.12.31～2021.12.31）

资料来源：上上学堂。

通过以上对比,我们可以看出不同时间段各大指数涨跌幅和收益的巨大差别。从长期来看,我们可以把代表两种风格的指数综合配置。上证 50 指数和沪深 300 指数都是大盘股的代表,成分股基本上是重合的,所以选一个就可以；中证500指数和创业板指数都是中小盘股的代表，在行业分布和波动性上也有很强的相关性，所以也可以二选一。

沪深300指数覆盖行业更广，更能全面代表整个市场最优质的公司。从长期数据上看，沪深300指数的收益高于上证50指数，如图6-8所示的16年间，沪深300指数的收益率高达435%，上证50指数同时间段收益率只有311%。更宽泛的选股范围、更多的优秀成分股，沪深300指数的长期投资价值相对更高。另外还有一个可以和沪深300指数媲美的优质新指数——A50互联互通指数，也是大盘股的优秀代表。

在中证500指数和创业板指数中，风险偏好稳健、相对保守的投资者，更适合选择估值低、行业分布较为分散、波动相对小的中证500指数。而对于风险承受能力比较强、投资风格较为激进的投资者，选择创业板指数更有可能带来超额收益，当然风险也相对更大。

所以购买指数基金，如果想要兼顾大中小盘风格，沪深300指数加中证500指数是一个比较适合多数投资者的搭配，其中既包含了中国的核心资产，又综合了各行业龙头。这个组合虽然短期看收益不如有些行业指数基金或主动型基金，但是也能够获得市场上涨的平均收益。

另外如果看好中国科技的未来，投资同时包含创业板和科创板证券的双创50指数也是性价比较高的选择，其构成行业既有硬核科技的信息技术，又有收益相对稳定的工业和医药卫生，因而投资该指数的相关产品既能跟上科技行业的大行情，也能在不同时间段有更好的持有体验。

同时大家可以结合估值在不同的时间段选择不同的指数，比如2020年下半年，沪深300指数由于连续上涨估值已经很高，而中证500指数处在低估区间，那么投资中证500指数的性价比就会更高。2021年全年，上证50指数的收益率为-10.06%，中证500指数涨了15.58%。所以你看，还没选择具体基金，只是两只最基础指数选择的不同，你的收益已经相差约25%了。

5. 其他市场的主流指数与 QDII

除了能够代表 A 股走势的各指数，有的投资者也想投资港股或美股指数。下面介绍一下港股和美股的主要指数以及 QDII。

（1）港股指数

恒生指数由在香港交易所（以下简称港交所）上市的最具代表性的股票组成。该指数成分股最早都是香港规模最大的企业的股票，现在内地企业股票已经占据其半壁江山。

H 股指数也叫恒生中国企业指数，简称恒生国企指数，由业务在内地、上市在香港的数十家企业组成。

恒生指数涵盖行业更广，其权重股见表 6-7。

表 6-7　恒生指数权重股

前十大权重股	行业分类
腾讯控股	软件服务
建设银行	金融业
美团	软件服务
中国移动	电讯业
中国平安	金融业
小米集团	科技硬件与设备
工商银行	金融业
比亚迪股份	汽车
招商银行	金融业
农夫山泉	食品与饮料

资料来源：Wind。

H 股指数更像大金融，其权重股见表 6-8。

表 6-8　H 股指数权重股

前十大权重股	行业分类
建设银行	金融业
招商银行	金融业
中国银行	金融业
交通银行	金融业
邮储银行	金融业
中国石油化工股份	石油天然气
农业银行	金融业
中国石油股份	石油天然气
中国神华	煤炭
中国太保	金融业

资料来源：Wind。

个人投资者在内地暂时不能直接投资 H 股，但可以通过在香港开户或利用港股通等来投资，也可以采用购买港股指数基金的方式间接投资。

（2）美股指数

标普 500 指数是美国影响力最大的指数，类似于国内的沪深 300 指数，也是巴菲特最推荐的指数，其成分股市值一度覆盖美国股市总市值的 80%。标普 500 指数不限制入选公司的市值规模，但要求入选公司是行业的领导者。标普 500 指数从 1941 年的 10 点起步，到 2020 年年末上涨到 3756 点，在 79 年里增长了 370 多倍，如果加上分红和股息，这 79 年里的平均年化收益率在 9.7%～10%。标普 500 指数覆盖的 10 个一级行业中，占比最高的是信息技术，金融、医疗保健、日常消费、可选消费等各行业配比相对均衡。

纳斯达克是仅次于纽约证券交易所的美国第二大证券交易所。纳斯达克 100 指数由纳斯达克 100 只最大型非金融类上市公司证券组成，以科技股为主，包括苹果、微软、亚马逊、谷歌这些大家耳熟能详的科技企业。

1995年年初至2000年3月10日，纳斯达克100指数从743点上涨到了5132点，涨幅达590%；随后指数下跌到1000点附近，暴跌80%，这就是著名的"互联网泡沫"。现在的纳斯达克100指数包含了全世界规模最大的一批信息技术类公司，这些公司都是各行业中的龙头，具有核心竞争力和稳定的现金流收入，长期收益也非常优秀。相比于标普500指数，主打科技的纳斯达克100指数进攻性更强，收益更高，波动也更大。

（3）QDII

QDII即合格境内机构投资者，简单来说就是国家批准一部分有资质的机构投资境外资产，而我们可以把钱交给这些机构去买它们发行的基金产品。QDII的投资范围很广，除了美国和中国香港，还有德国、印度、日本、越南等多个国家和地区的资本市场，但最主流的还是以美股和港股为主。境内投资者可以通过投资QDII基金实现境外资产配置，丰富投资组合，分散人民币贬值和A股波动的风险。

由于QDII基金投资境外市场，所以有些交易规则和境内产品有很大的区别。比如在周一下午3点前买入A股的指数基金，收盘后基金公司会按照当天的收盘价更新基金净值，晚上8点左右我们就可以看到买入价格，周二确认份额，周三查看收益，赎回后2天之内资金就能回到账上。如果在周一下午3点前买入QDII基金，虽然基金公司也会以当天的收盘价格计算净值，但因为时差，美股是在北京时间晚上9点以后开盘，我们第二天早上才能看到收盘价，所以要在周三确认份额，比A股基金推迟一天。赎回后因为涉及换汇等操作，资金要10天左右才能到账。另外QDII基金的费用要高于A股的指数基金，管理费在1%左右，托管费在

0.3% 左右。

此外，只要是 A 股的开放式基金，我们随时可以申购或赎回，在市场下跌的时候我们可以随时补仓。但是 QDII 基金因为涉及换汇，很有可能某段时间会停止申购。我们每个人都有外汇额度，目前每人每年 5 万美元。基金公司也有外汇额度，一旦超额，基金公司只能暂时停止申购。也就是说，有的时候我们想买 QDII 基金但是买不到。

还有一类 QDII 基金有很多同学感兴趣——中概互联。过去几年里，国内有多家互联网公司发展迅速，股价涨幅巨大，比如大家都很熟悉的腾讯、阿里巴巴、美团、拼多多、小米等。

腾讯 2004 年上市价格为 3.7 港元，到 2021 年 2 月股价最高涨到 773 港元（见图 6-10）。

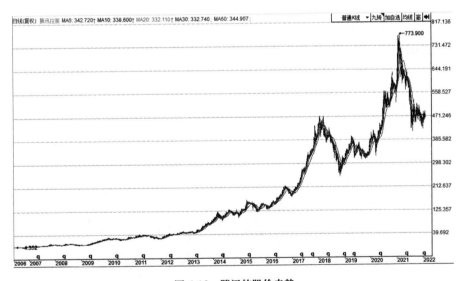

图 6-10　腾讯的股价走势

资料来源：同花顺股票软件。

这些优秀企业因为规则原因都没能在 A 股上市，而是在美股或港股上市，所以大部分投资者都没能享受到这些企业股价快速上涨带来的红利。内地投资者如果想要投资在香港上市的互联网企业，要么开通一个港股账户，要么走港股通，但是这两种方式不仅有资金门槛，而且手续费较高，交易也不那么方便，所以大部分投资者很难参与，要想投资美股就更难了。还有一种便捷的方式，就是借道基金间接投资这些股票，于是就有了中概互联。

中概互联跟踪中证海外中国互联网50指数，我们还是用中证指数官网去查询该指数的具体说明：中证海外中国互联网50指数简称中国互联网50指数，选择在香港及海外上市的50家中国互联网龙头企业证券作为成分股，以此反映境外上市的中国互联网企业股价的整体表现。

该指数的十大权重股中，腾讯和阿里巴巴就占了50%以上的比重，也就是说，这两只股票的涨跌基本决定了这只指数的表现（见表6-9）。截至2020年年底，该指数近三年、近五年的年化收益率都超过20%，但是整个2021年下跌超过35%，把整体收益都拉下来了。

同类型还有一个指数很容易和它弄混，叫作中证海外中国互联网指数（H11136），简称中国互联网指数，该指数也是选取在香港及海外交易所上市的中国互联网企业证券作为指数样本。两只指数的成分股基本一致，区别在于个股占比，在中国互联网指数中，两大巨头腾讯和阿里巴巴的占比只有20%左右（见表6-10）。

在中国互联网50指数中，腾讯和阿里巴巴等巨头占据了超过一半的比重，该指数基本可以被称为"TAM巨头指数"，特点是互联网的龙头效应更加明显，一旦这几只股票出现波动，整个指数的涨跌也会更明显。而中国互联网指数的个股比例分配更加均衡，指数的表现更取决于成分股的总体表现，数据上看整体收益略低于中国互联网50指数。

第六章　如何挑选指数基金　95

表 6-9　中国互联网 50 指数权重股（更新日期：2022-01-19）

证券代码	证券名称	中证行业分类	上市地	权重（%）
0700.HK	腾讯控股	通信服务	香港证券交易所	30.66
BABA.N	阿里巴巴	可选消费	纽约证券交易所	22.77
3690.HK	美团 –W	可选消费	香港证券交易所	13.83
JD.O	京东	可选消费	纳斯达克全球精选市场证券交易所（Consolidated Issue）	5.52
BIDU.O	百度	通信服务	纳斯达克全球精选市场证券交易所（Consolidated Issue）	4.41
NTES.O	网易	通信服务	纳斯达克全球精选市场证券交易所（Consolidated Issue）	3.41
1810.HK	小米集团 –W	信息技术	香港证券交易所	3.37
PDD.O	拼多多	可选消费	纳斯达克全球精选市场证券交易所（Consolidated Issue）	3.31
1024.HK	快手 –W	通信服务	香港证券交易所	1.47
TCOM.O	携程网	可选消费	纳斯达克全球精选市场证券交易所（Consolidated Issue）	1.23

资料来源：中证指数官网。

表 6-10　中国互联网指数权重股（更新日期：2021-11-29）

证券代码	证券名称	中证行业分类	上市地	权重（%）
0700.HK	腾讯控股	信息技术	香港证券交易所	11.91
JD.O	京东	可选消费	纳斯达克全球精选市场证券交易所（Consolidated Issue）	10.29
3690.HK	美团 –W	可选消费	香港证券交易所	9.20
BABA.N	阿里巴巴	信息技术	纽约证券交易所	8.07
PDD.O	拼多多	可选消费	纳斯达克全球精选市场证券交易所（Consolidated Issue）	6.25
NTES.O	网易	信息技术	纳斯达克全球精选市场证券交易所（Consolidated Issue）	5.85

(续)

证券代码	证券名称	中证行业分类	上市地	权重（%）
TCOM.O	携程网	可选消费	纳斯达克全球精选市场证券交易所（Consolidated Issue）	4.64
BIDU.O	百度	信息技术	纳斯达克全球精选市场证券交易所（Consolidated Issue）	4.51
YMM.N	满帮集团	信息技术	纽约证券交易所	3.89
BILI.O	哔哩哔哩	信息技术	纳斯达克全球精选市场证券交易所（Consolidated Issue）	3.37

资料来源：中证指数官网。

通过中证指数官网，我们能够对这两个指数的基本信息有全面的了解，同时能够查询到其他想要了解的指数相关信息。

以上就是指数的第一个大类别——宽基指数，它们的选股不限于某个行业，整体以市值大小做分类，不同风格的宽基指数在不同时间段的涨幅有很大差别。长期来看，宽基指数是能够帮助我们获取股市上涨平均收益的最基础工具。如果未来市场真正能够走出长牛趋势，那么投资宽基指数基金就能给我们带来相当不错的收益。

接下来我们来看一个和宽基指数风险收益特点类似，但是在选股过程中增加了更多条件的指数类型——策略指数。

策略指数，帮你获取更加稳定的长期收益

上一节我们了解了国内外最主流的几个宽基指数，接下来我们继续学习指数中的另外一类——策略指数。宽基指数都是用市值加权法来选股，简单来说就是谁市值大，谁在指数中占比就更高，但是策略指数不是这个选法，它是在宽基指数的基础上，人为地加入不同的标准，再进一步

筛选股票。

策略指数也被称作聪明指数（Smart Beta），之所以叫聪明指数，就是希望通过加入各种筛选条件来优选成分股，获取超预期收益。在美国市场中，策略指数基金已经非常成熟，规模占到基金总规模的四分之一。但在国内，策略指数至今仍处于起步阶段。虽然国内指数公司早期开发了部分策略指数，但关注的投资者并不多，直到2021年市场整体下跌，多只策略指数表现优秀，该指数才引起了大家的关注。

从风险和收益对比上来看，多数策略指数估值低，波动小，在熊市中更加抗跌；如果能够持有3～5年，收益可能会超过宽基指数。

目前比较主流的策略指数包括红利指数、低波动指数和基本面指数。

1. 红利指数：分红最多的股票指数

在所有策略指数中，红利指数是关注度最高的。听名字就能猜到，红利指数肯定是分红最多的股票组成的一个指数。从概念上讲，红利指数是选取股息率最高的个股组成的组合。

分红和股息率看起来意思差不多，但还是有区别的。股息率是现金分红和公司市值的比值，股息率越高，说明公司越舍得给股东分红。红利指数按照股息率来决定个股权重，股票的股息率越高，这只股票在红利指数中的权重就越大。

我们都知道，股票的收益来自两部分，一是买卖价差，二是分红。公司如果业绩不错，利润较高，就可能会拿出部分收益给投资者分红，这样即使投资者一直持有股票，没有获得买卖价差，也能获得相应的现金分红。每年能从分红中获得稳定收益，也是很多投资者在长期投资过程中看重的一个因素。

股息率高还有一个好处，我们来看公式：

$$股息率 = \frac{每股现金分红}{每股价格} \times 100\%$$

高股息一方面需要分子——分红多，另一方面需要分母——股价低。也就是说在固定分红的情况下，高股息率的股票相对来讲股价也更低。同时能够长期稳定分红说明公司盈利稳定，现金流充沛，毕竟分红是实力的一种象征。

把股息率最高的股票编制成指数，就构成了各类红利指数。目前，国内比较有代表性的红利指数主要有四只，分别是上证红利指数、深证红利指数、中证红利指数、标普中国A股红利机会指数。

虽然都是红利类指数，但是因为选股标准不同，各指数长期收益差距巨大。对比四只红利指数的编制方法可以发现，上证红利指数和中证红利指数除了选股范围和成分股数量不一样之外，选股指标和加权方法都是一致的；深证红利指数进一步要求高股息率和稳定分红；而标普中国A股红利机会指数还将公司盈利能力作为重要的选股标准。除了股息分红，公司盈利是决定股价上涨的最根本因素，所以从选股规则上看，四只指数中标普中国A股红利机会指数的编制方法更加科学。

从平均股息率来看，上证、中证、深证红利指数相差不大，历史加权平均股息率均在4%左右，标普中国A股红利机会指数的平均股息率略高。

都是红利指数，不同的选股要求、集中行业、个股占比决定了这四只红利指数历史表现差异很大。观察各红利指数过去10年完整的业绩走势图，我们可以发现大部分时间里四只红利指数走势基本方向相同，但在近两年里出现明显分化，深证红利指数在2020年收益大幅提升，甩开其他指数，但2021年快速回落；相反，其他三只指数2020年表现一般，但2021年出现不同程度的上涨（见图6-11）。

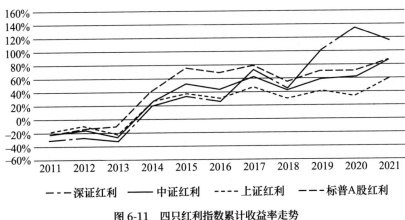

图6-11 四只红利指数累计收益率走势

资料来源：上上学堂。

为什么会出现这种情况？最根本的原因就是这几只指数中个股所处行业不同。上证和中证红利指数的构成行业较为分散，深证红利指数集中在消费板块，标普中国A股红利机会指数则相对偏重于材料这一传统的高股息板块。上证红利指数前十大重仓股中有六只来自钢铁煤炭行业，而这类顺周期品种在2021年爆发，涨幅巨大，带动了整个指数的大幅上涨；同理，能源和原材料行业占比较大的中证红利指数当年表现也不差；而深证红利指数中来自消费行业的个股占比超过一半，在2021年消费股大幅回调的情况下，指数表现自然也就不好。

不同的红利指数在不同的时间段会有不同的表现，具体我们应该如何选择呢？看看各红利指数在不同年份上涨下跌的概率以及长期收益，我们或许能得出答案（见表6-11）。

表6-11 2006～2021年四只红利指数收益情况

年份	深证红利（%）	中证红利（%）	上证红利（%）	标普A股红利（%）
2006	103.07	98.06	100.75	90.33
2007	213.15	189.32	160.59	224.96
2008	−63.86	−66.47	−68.93	−57.54

(续)

年份	深证红利（%）	中证红利（%）	上证红利（%）	标普A股红利（%）
2009	104.09	108.42	94.33	130.64
2010	−5.53	−13.28	−22.41	2.64
2011	−31.48	−23.57	−18.47	−22.25
2012	4.00	7.06	7.06	6.46
2013	−5.66	−10.15	−11.78	5.36
2014	52.53	51.68	51.52	52.99
2015	14.44	26.86	9.31	33.97
2016	−8.61	−7.64	−7.57	−7.15
2017	46.80	17.57	16.31	9.69
2018	−27.72	−19.24	−16.96	−24.54
2019	57.34	15.73	10.67	15.69
2020	32.38	3.49	−5.69	1.26
2021	−18.01	23.76	24.35	14.92
累计	779.75	538.67	262.17	1 049.61

资料来源：Wind。

通过数据统计，近16年的时间，总体收益最差的是上证红利指数，连第一名标普中国A股红利机会指数的三分之一还不到；分年度看，上证红利指数有9个年度收益倒数第一，标普中国A股红利机会指数涨幅领先年份最多，有8个，深证红利指数和中证红利指数总体表现居中。这种表现的差距既和行业有关，也和我们开头说到的，标普中国A股红利机会指数的选股注重公司的盈利能力有关。

上证红利指数虽然2021年涨幅最大，但是因为权重集中在钢铁、煤炭顺周期品种中，有的只是某几个年份的脉冲行情，长期的表现反倒一般；深证红利指数更适合看好消费类的投资者；各年度风险回撤都控制得较好、长期收益更高的是标普中国A股红利机会指数。

2. 低波动指数：股价波动率最小的指数

低波动指数是策略指数中的另一个"明星"，已经引起越来越多的关注，但是很多投资者还不太明白这个指数的含义。我们先来搞清楚波动的概念：波动是指数涨跌的幅度变化，假设两只股票都在同一时间段从10元涨到30元，A股票的股价变化是10—15—20—25—30，B股票的股价变化是10—25—15—20—30，股价都涨了20元，但是B股票明显涨跌幅度更大，也就是波动更大。

再来看低波动指数的概念：低波动指数在样本空间内，选取波动率最小的一批股票组成组合来降低投资风险。在我们传统观念中，低波动对应低风险和低收益，所以从名字来看，这是一类收益不高但风险较低的投资品种。

然而低风险只能取得低收益吗？

《低风险，高回报》的作者平·范·弗利特做了一个测算。

他选取美股中市值最大的1000只股票，对每只股票每月的回报波动率进行排名，进而构建了两个资产组合：一个是包含100只风险最低股票的低波动组合，年化波动率13%；另一个是包含100只风险最高股票的高波动组合，年化波动率36%。而且他会在每个季度进行调仓，保证任何时点上组合的准确性。

他从1929年1月1日开始投资，两个组合都分别投入100美元，截至2017年元旦，88年的时间里，低波动组合年化收益率达到了11.2%，而高波动组合年化收益率只有6.3%。这个数据证明了并不是高风险才有高收益，风险和收益有时候反而呈现负相关关系。

我们用中证500指数和对应的中证500波动率加权指数（以下简称500波动）来举例说明，低波动指数是如何在宽基指数上加入策略选股的。

中证500指数的选样方法前面已经提到，该指数综合反映了中国A

股市场一批中小市值公司的股票价格表现,其行业构成见图 6-12,权重股见表 6-12。

500 波动是基于中证 500 指数的一个策略指数,该指数从中证 500 指数样本股中选取历史波动率最小的 100 只股票作为样本股,且以历史波动率的倒数作为权重分配依据,以此达到降低整个指数组合波动率的目的,其行业构成见图 6-13,权重股见表 6-13。

我们对比发现:两只指数的行业分布差别不大,工业、原材料行业占比都接近一半,中证 500 指数中第三大占比行业是信息技术,而 500 波动中金融地产行业占 22.98%,金融地产的波动性一般远小于信息技术,这里也能看出两只指数的差异;二者前十大重仓股差别也非常大,500 波动的重仓股是经过数据回溯挑选的波动率最小的 100 只个股。

我们再看二者收益率的差别,见表 6-14。

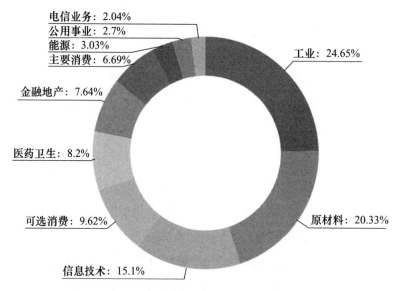

图 6-12　中证 500 指数的行业构成(更新日期:2021-12-01)

资料来源:中证指数官网。

表 6-12　中证 500 指数权重股（更新日期：2021-12-01）

证券代码	证券名称	中证行业分类	上市地	权重（%）
600089	特变电工	工业	上海证券交易所	1.27
002709	天赐材料	原材料	深圳证券交易所	1.18
002074	国轩高科	工业	深圳证券交易所	0.98
300207	欣旺达	工业	深圳证券交易所	0.93
002340	格林美	工业	深圳证券交易所	0.81
600460	士兰微	信息技术	上海证券交易所	0.80
000799	酒鬼酒	主要消费	深圳证券交易所	0.79
000009	中国宝安	工业	深圳证券交易所	0.68
300316	晶盛机电	工业	深圳证券交易所	0.67
600884	杉杉股份	工业	上海证券交易所	0.67

资料来源：中证指数官网。

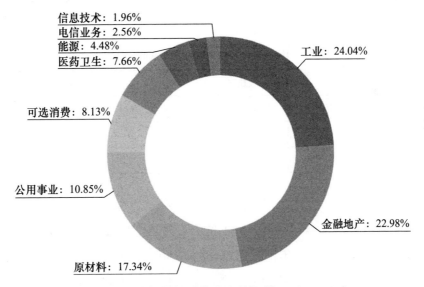

图 6-13　500 波动的行业构成（更新日期：2021-12-01）

资料来源：中证指数官网。

表 6-13　500 波动权重股（更新日期：2021-12-01）

证券代码	证券名称	中证行业分类	上市地	权重（%）
000537	广宇发展	金融地产	深圳证券交易所	3.32
600863	内蒙发电	公用事业	上海证券交易所	2.22
600673	东阳光	原材料	上海证券交易所	1.98
600170	上海建工	工业	上海证券交易所	1.65
000598	兴蓉环境	公用事业	深圳证券交易所	1.52
600256	广汇能源	能源	上海证券交易所	1.43
600377	宁沪高速	工业	上海证券交易所	1.39
600039	四川路桥	工业	上海证券交易所	1.38
600021	上海电力	公用事业	上海证券交易所	1.36
600717	天津港	工业	上海证券交易所	1.36

资料来源：中证指数官网。

表 6-14　中证 500 指数与 500 波动的收益率对比　　　　（%）

2021-11-30	阶段性收益率			年化收益率		
	近一月	近三月	年至今	近一年	近三年	近五年
中证 500	2.72	0.83	13.91	14.74	18.34	1.95
500 波动	−0.23	−1.08	17.07	12.17	12.34	2.20

资料来源：中证指数官网。

2021 年年初至当年年底，500 波动的收益率超过中证 500 指数 3 个百分点；再看近三年的年化收益率，中证 500 指数为 18.34%，500 波动为 12.34%，中证 500 指数跑赢 6 个百分点；在近五年年化收益率方面，500 波动又跑赢中证 500 指数 0.25 个百分点。如果我们再看其他时间段的收益率，可以发现不同时间段有时候中证 500 指数领先，有时候 500 波动领先。

整体来说，当市场处于下跌趋势时，策略指数可能更抗跌；在上涨行情中，策略指数可能跟不上宽基指数的涨幅；另外，当其他指数涨幅很大、估值很高的时候，策略指数的性价比更能凸显，因为这类指数的估值普遍偏低。我们可以根据指数的不同特性在不同的市场环境中进行选择。

但是在 A 股市场上有一个问题：大多数投资者对策略指数还不了解，而相关产品开发起来又比宽基指数产品复杂，所以很少有公司愿意去开发。我们看到跟踪沪深 300 指数的基金产品有上百只，但是跟踪 500 波动的基金产品暂时还没有，投资者想买也找不到，其他类型的策略指数产品也不多。未来随着市场有效性的提升，相信策略指数基金会越来越多，随着长期投资的理念越来越被认可，策略指数基金也会成为更多投资者的选择。

3. 基本面指数：综合素质高的指数

除了红利指数和低波动指数，市场上还有一类主流策略指数——基本面指数。如同相亲时，双方都要看一下人品、性格、相貌、家庭等综合条件，这个基本面指数也一样，想入选该指数，营业收入、现金流、净资产、分红都要排在前列。如果说宽基指数按市值选股的规则是看单一条件，那基本面指数就是要看综合素质，按这四个指标的综合评分挑选排名靠前的公司。

目前市场上主流的基本面指数有中证锐联基本面 50 指数（以下简称基本面 50）、深证基本面 60 指数（以下简称深证 F60）、深证基本面 120 指数（以下简称深证 F120）。

基本面 50 由沪深两市里营业收入、现金流、净资产、分红最高的 50 只个股组成，其行业构成见图 6-14，权重股见表 6-15。

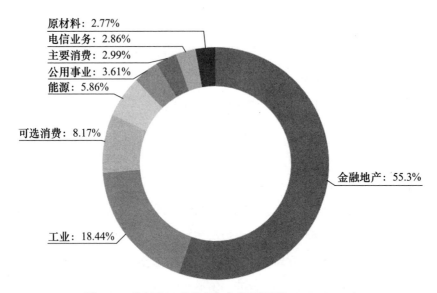

图 6-14 基本面 50 的行业构成（更新日期：2021-12-01）

资料来源：中证指数官网。

表 6-15 基本面 50 权重股（更新日期：2021-12-01）

证券代码	证券名称	中证行业分类	上市地	权重（%）
601318	中国平安	金融地产	上海证券交易所	7.77
600036	招商银行	金融地产	上海证券交易所	5.14
601668	中国建筑	工业	上海证券交易所	5.10
601166	兴业银行	金融地产	上海证券交易所	4.72
601328	交通银行	金融地产	上海证券交易所	4.02
601398	工商银行	金融地产	上海证券交易所	3.94
600104	上汽集团	可选消费	上海证券交易所	2.87
600016	民生银行	金融地产	上海证券交易所	2.87
600028	中国石化	能源	上海证券交易所	2.72
000002	万科 A	金融地产	深圳证券交易所	2.71

资料来源：中证指数官网。

与红利和低波动这些策略指数相比，截至 2021 年 11 月底，基本面 50 近一月到近三年的收益率还是负值（见表 6-16），这是什么原因？看看前十大重仓股就知道了，基本面 50 就是一个金融地产股的集合体，中国石化、中国建筑也在其中。

表 6-16 基本面 50 收益率情况   （%）

2021-11-30	阶段性收益率			年化收益率		
	近一月	近三月	年至今	近一年	近三年	近五年
基本面 50	-3.70	-4.95	-12.09	-15.34	-1.21	0.28

资料来源：中证指数官网。

深证 F60 从深市按照营业收入、现金流、净资产、分红这四个指标挑选排名最靠前的 60 家企业，其行业构成见图 6-15，权重股见表 6-17。虽然名称里都带基本面，但是因为行业个股选择不同，基本面 50 与深证 F60 的收益率存在一定差距（深证 F60 的收益率见表 6-18）。

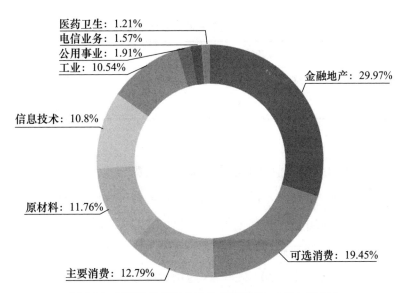

图 6-15 深证 F60 的行业构成（更新日期：2021-12-01）

资料来源：中证指数官网。

表 6-17　深证 F60 权重股（更新日期：2021-12-01）

证券代码	证券名称	中证行业分类	上市地	权重（%）
000002	万科 A	金融地产	深圳证券交易所	8.53
000333	美的集团	可选消费	深圳证券交易所	7.55
000651	格力电器	可选消费	深圳证券交易所	6.25
300498	温氏股份	主要消费	深圳证券交易所	4.29
000001	平安银行	金融地产	深圳证券交易所	4.25
000725	京东方 A	信息技术	深圳证券交易所	3.60
001979	招商蛇口	金融地产	深圳证券交易所	3.38
000776	广发证券	金融地产	深圳证券交易所	2.76
000338	潍柴动力	工业	深圳证券交易所	2.75
000100	TCL 科技	信息技术	深圳证券交易所	2.64

资料来源：中证指数官网。

表 6-18　深证 F60 收益率情况　　　　　　　　　　　　　　（%）

2021-11-30	阶段性收益率			年化收益率		
	近一月	近三月	年至今	近一年	近三年	近五年
深证 F60	-2.93	-6.22	-13.43	-12.60	16.22	9.68

资料来源：中证指数官网。

深证 F60 的重仓股主要来自金融地产和消费行业，截至 2021 年 11 月底，该指数长期收益非常不错。尽管 2021 年消费行业集体下跌，拉低了整体收益，但深证 F60 近三年年化收益率仍有 16.22%，远高于基本面 50。

深证 F120 从深市按照营业收入、现金流、净资产、分红这四个指标挑选出排名最靠前的 120 家公司作为指数样本，其行业构成见图 6-16，权重股见表 6-19，收益率情况见表 6-20。

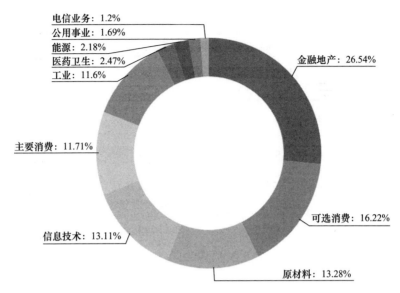

图 6-16 深证 F120 的行业构成（更新日期：2021-12-01）

资料来源：中证指数官网。

表 6-19 深证 F120 权重股（更新日期：2021-12-01）

证券代码	证券名称	中证行业分类	上市地	权重（%）
000002	万科 A	金融地产	深圳证券交易所	6.52
000333	美的集团	可选消费	深圳证券交易所	5.77
000651	格力电器	可选消费	深圳证券交易所	4.77
300498	温氏股份	主要消费	深圳证券交易所	3.28
000001	平安银行	金融地产	深圳证券交易所	3.25
000725	京东方 A	信息技术	深圳证券交易所	2.75
001979	招商蛇口	金融地产	深圳证券交易所	2.58
000776	广发证券	金融地产	深圳证券交易所	2.11
000338	潍柴动力	工业	深圳证券交易所	2.10
000100	TCL 科技	信息技术	深圳证券交易所	2.01

资料来源：中证指数官网。

表 6-20 深证 F120 收益率情况 （%）

2021-11-30	阶段性收益率			年化收益率		
	近一月	近三月	年至今	近一年	近三年	近五年
深证 F120	−1.70	−5.59	−10.71	−10.34	15.39	7.54

资料来源：中证指数官网。

因为都是从深市选股，所以无论从重仓股还是从整体收益来看，深证 F60 和深证 F120 的表现都很接近。但是深证 F120 因为选股范围更大，所以更加能够分散个股涨跌给指数带来的波动风险。

虽然以上三只都是基本面指数，名字也很相似，但是风险和收益表现大不相同。在投资之前我们一定要了解每个指数的背后逻辑，包括指数的选股标准、行业构成、历史表现、风险收益特点等，再进行精挑细选。

通过以上两个小节，我们了解了市场上主流的宽基指数和策略指数。策略指数产品的风险收益特点和宽基指数产品相似度较高，在做整体资产配置的时候我们可以把它们归为一类，从而获得市场上涨的平均收益。如果想要获取超额收益，可以在配置宽基指数产品的基础上加上行业指数产品。

每个人的情况不同，对收益的要求不同，风险承受力也不同，最重要的是根据自己的投资风格来选择适合自己的组合搭配。到这里，指数类型我们已经掌握了一大半，下一节我们来具体讲讲行业指数。

行业指数，让你取得远超市场的超额收益

前面我们学习了市场上主流的宽基指数和策略指数，如果股市行情还不错，直接选择以上两类指数基金就能取得不错的收益。只要未来 A 股长期趋势是上涨的，我们持有优秀的宽基指数基金和策略指数基金，就能从上涨趋势中赚到钱。

在指数基金中还有一类是我们必须要了解的——行业指数基金，因为选好行业指数，可以带给我们远超宽基指数的超额收益。从名字上就能看出，行业指数是专门投资某一行业股票的指数。被很多投资者熟知的近几年翻几倍的中证白酒指数和中证新能源汽车产业指数等都属于行业指数。

在股市中最常见的行业分类方式是参考28个申万一级行业，其将行业划分为电子、医药生物、食品饮料、农林牧渔、轻工制造、国防军工等。另外还有一种方式是按照各类主题划分，像养老主题、军工主题、环保主题等。

各行业指数分化非常严重，投资难度要比宽基指数高出不少。一级行业指数都是2004年12月31日开始从1000点起步，截至2020年12月28日，中证主要消费指数上涨到了26 846点附近，中证医药卫生指数上涨到14 868点，而中证能源指数只有1578点，不同行业指数涨幅差距非常大。

如果选对了行业，行业指数的收益是要远超宽基指数的。比如从2020年年初截至当年12月28日，中证白酒指数上涨了104%，中证申万食品饮料指数上涨了81%，中证消费龙头指数上涨了61%。

在投资中我们都想找到一只好股票，但是往往忽视了好行业出大牛股，如果找到了一个好行业，站在了一个很优秀的赛道上，那么找到大牛股的概率自然也倍增。这也是所谓的自上而下方法，先选行业，再选个股。茅台从2015年开始，5年涨了10倍，这个涨幅相当厉害，但其实整个白酒指数的涨幅也超过500%。就像中国的乒乓球队，为什么总有那么厉害的选手，整个团队的实力都不差。所以即使不会选择个股，或认为个股风险太大，直接拿一个中证白酒指数基金也是躺赢。选行业有时候比选个股还要重要，而且相对简单。但是对行业的判断需要更多的专业知识以及对市场未来趋势的判断能力，需要深度把握行业特点和行业所处的发展阶段。有的时候大盘不涨，但是某些行业涨幅巨大；但反过来有时候大盘涨了，有些行业却下跌严重。由此可见，投资行业指数的难度要比宽基指数大得多。

对于普通投资者来说，怎样把握行业指数的投资机会呢？市场中的行业主题太多了，我们不需要一一了解，最简单的方法就是找到那些未来趋势向上、适合长期投资的行业品种，定投或选择相对合适的时间点买入。

未来哪些行业能够取得超额收益呢？

一个好的行业，或者代表现在，与我们的日常生活密切相关，无论经济形势如何变化，都离不开它，比如消费和医药；或者代表未来，新经济取代旧经济，是未来发展的必然趋势，比如科技。

接下来我们就来分析一下几个适合长期投资的板块，希望通过下面的讲解，帮助大家找到一些行业或热点的分析方法。

1. 大消费：长期收益最好的刚需

如果被问及股市中长牛行业是哪个，相信我们都能得出一致的答案——大消费。不仅国内外市场几十年的历史走势证明了其长期价值，即使从我们日常生活中永远不可或缺的行业来分析，也会得出这个结论。区别可能是过去吃馒头，现在有蛋糕了；过去骑自行车，现在有汽车了，等等。

国内把消费板块分为主要消费和可选消费。主要消费包括食品饮料、农林牧渔这些生活中必不可少的消费类品种；可选消费，就是在温饱的基础上追求更加优越的物质生活，包括家电、汽车、传媒这些能够帮助我们提升生活品质的行业。

美国 60 多年间年化收益率最高的公司来自消费行业，国内 20 年来涨幅第一的行业也是消费。无论是白酒、牛奶、酱油类的主要消费，还是家电、汽车类的可选消费，优秀股票的走势在创新高回调之后，往往还能继续创出新高。

最直接的原因就是，消费的需求庞大且永远存在，不会因为时代的变迁、经济的发展而出现太大变化。在美股中，石油、铁路、能源成了过去式，但不变的是可口可乐、喜诗糖果、麦当劳；在A股中，石油、银行、地产成了过去式，但不变的是茅台、伊利、比亚迪。

人们的消费需求不仅不会因为时代变迁而减弱，随着生活水平的提高，反而会更高而且更加多元化。从有吃有喝，到吃点好的、喝点好的、用点好的，对食品、家具、家电、汽车的要求都越来越高；在基本生活得到满足后，还有更多的休闲娱乐需求，儿童消费、医美消费、养老消费异军突起，飞速发展，都说现在最好赚的，第一是孩子的钱，第二是女人的钱，第三是老人的钱。消费水平的升级、消费能力的提高，都会让消费行业长盛不衰。每个时代都有相应的消费特征，但不变的是整个消费领域孕育了一只又一只的大牛股。未来能够随着时代变迁不断满足消费需求的企业会持续获得人们的青睐。

过去3年，消费行业迎来戴维斯双击，消费行业的投资者既赚了业绩增长的钱，又赚了行业估值提升的钱。即使在2021年大盘下跌一度超过20%的背景下，截至2021年11月30日，中证主要消费指数（000932）近三年年化收益率依然超过30%（见表6-21）。

表6-21 中证主要消费指数收益率情况 （%）

2021-11-30	阶段性收益率			年化收益率		
	近一月	近三月	年至今	近一年	近三年	近五年
中证消费	−0.27	12.67	−11.76	0.97	35.21	23.64

资料来源：中证指数官网。

消费行业的长牛行情来源于它本身就是弱周期品种，即使经济形势不好，需求也依然存在；它也不像科技行业一直在更新换代，不断需要高成本高投入，一旦品牌形成，消费类企业的生存周期会非常久；消费类企业的毛利率和净资产收益率（ROE）相对都较高，商业模式和运营指标也更容易看懂。这也是巴菲特钟爱消费股的原因。

可以说，消费是一个永远的朝阳行业。即使经过长期上涨后价格过高，或者遇到行业突发事件影响会进入调整，但是调整之后，消费股依然具备再创新高的能力。如果投资者能够坚定价值投资，跟随优秀企业一同成长，并利用估值等指标选择性价比更高的消费类企业，长期必然会获得可观的回报。

目前最主流的消费指数是中证主要消费指数，它由中证 800 指数成分股中主要消费行业的 53 只个股组成。中证 800 指数本身由市场上市值排名靠前的个股组成，覆盖了市场上高质量的核心资产，中证主要消费指数再从中选取消费行业的优秀个股，质量一定会高于从整个市场 4000 多只个股中去挑选，属于优中选优。

未来行业的演变趋势一定是强者恒强。经过长时间的发展，优胜劣汰，形成强大品牌、具有议价甚至定价能力、护城河深的企业在市场上的优势会越来越明显。

另外还有一个集中了消费行业龙头企业的指数——中证消费龙头指数（931068），该指数由沪深两市可选消费与主要消费行业中规模大、经营质量好的 50 只龙头企业股票组成，以反映沪深两市消费龙头企业股票的整体表现，其收益率情况见表 6-22。

表 6-22　中证消费龙头指数收益率情况　　　　　　　　（%）

2021-11-30	阶段性收益率			年化收益率		
	近一月	近三月	年至今	近一年	近三年	近五年
消费龙头	-2.45	3.47	-19.97	-9.94	26.26	17.74

资料来源：中证指数官网。

如果看好大消费行业，直接跟踪上面几个主流指数就可以。另外还有专注于投资消费行业的优秀主动型基金，它们的长期收益会超越指数基金，后面章节我们再讲。

另外，大消费中还有一些表现突出的细分子行业，这些子行业的指数基金也可以作为投资备选。

（1）白酒

这几年 A 股有个段子，谁是 A 股的"永远的赢家"？答案是，去年的白酒、今年的白酒和明年的白酒。2015 年到 2020 年间，白酒指数上涨超过 500%，17 家白酒上市企业有 3 只十年十倍股，涨得最多的一家涨了近 20 倍。

为什么白酒企业能有这么大的涨幅？它们既不涉及什么高科技，也不用什么高价原材料，无非就是水和粮食，加上时间的发酵。

白酒和其他食品饮料品种不同，它既是消费品，也具有投资属性，不会因为时间的流逝而失去价值，反而年份越久越值钱，这样的特性使得品牌白酒企业的价值不断提升。但最根本的还是它们的赚钱能力：ROE 长期在 20% 以上，龙头企业更是超过 30%；毛利率超过 90%，净利率超过 40%，营收 1000 亿元能赚到 400 亿元，这样的赚钱能力令其他企业望尘莫及；而且现金流永远是正值，别的企业担心钱从哪儿来，白酒企业担心的是这么多现金怎么放。这些特性使得白酒连续多年成为 A 股中最受机构和个人投资者追捧的品种。连续大幅的上涨也吸引了众多新基民在 2020 年年末和 2021 年年初白酒的上一轮顶点纷纷入场。

但是价格回归价值的规律决定了好行业也不会一直涨。价格过高，或者经济形势发生变化，抑或政策以及行业出现突发事件，都会使行业下跌，进入漫长的调整期。中证白酒指数在 2021 年 2 月 18 日达到 21 663 高点之后进入调整，之后一年多的时间一直震荡，8 月 20 日更是下跌到 14 314 点，无论是调整时间还是幅度，都超出很多投资者的预期。

下跌最直接的原因就是之前涨太多了，经过2019年和2020年连续两年的大涨，白酒行业的市盈率已经超过50倍；如果再加上企业利润增速下降，业绩和估值不匹配更会加速行业进入调整，2021年白酒指数的下跌和多家酒企净利润增速不达预期有直接关系。另外，虽然白酒属于弱周期行业，但当宏观经济形势不好时，白酒市场也会受到影响。这点很好理解，经济不好，人们收入不高，对这类非必要消费的需求自然会减弱。

政策或者行业突发事件也会影响行业风险。2012年开始消费政策发生改变，白酒行业开始了接近3年的下跌，从2012年的4400点直接跌到2014年的1579点，下跌幅度超过60%。所以当一个行业政策发生重要变化时，我们也要引起关注。

正是下跌给了我们更好的投资机会。优秀的行业不会一直涨，更不会一直跌，价格总会回归价值。大消费，特别是白酒，都是长期收益最靠前的行业，在消费升级的趋势下，未来的白酒市场依然是最具投资价值的赛道之一，尤其是护城河深的高端白酒品牌。我们不需要担心它们的赚钱能力，最需要考虑的就是现在的价格是不是合适。

投资白酒行业最直接的方式就是买入中证白酒指数基金，我们先来了解一下这个白酒指数。白酒是食品饮料行业的子行业之一，除了白酒，食品饮料中还包含了食品和乳品等其他子行业，像洽洽瓜子、承德露露都属于食品饮料行业。但白酒行业的市值最大，占据整个食品饮料行业超过60%的比例，而食品饮料行业又隶属于消费，所以基本上三个指数是连动的：白酒指数涨，食品饮料指数涨，消费指数涨。

白酒行业优秀指数代表——中证白酒指数（399997），从沪深两市4000多只个股中选取涉及与白酒生产业务相关的上市公司股票，属于近年来市场的大热门指数，其权重股包括贵州茅台、五粮液、洋河股份、泸州老窖，这四只个股的权重已经超过50%（见表6-23）。

表 6-23 中证白酒指数权重股（更新日期：2021-12-01）

证券代码	证券名称	中证行业分类	上市地	权重（%）
600809	山西汾酒	主要消费	上海证券交易所	16.01
600519	贵州茅台	主要消费	上海证券交易所	15.54
000568	泸州老窖	主要消费	深圳证券交易所	14.96
000858	五粮液	主要消费	深圳证券交易所	12.87
002304	洋河股份	主要消费	深圳证券交易所	12.46
000799	酒鬼酒	主要消费	深圳证券交易所	6.22
603369	今世缘	主要消费	上海证券交易所	4.22
000596	古井贡酒	主要消费	深圳证券交易所	3.72
600779	水井坊	主要消费	上海证券交易所	3.12
603589	口子窖	主要消费	上海证券交易所	2.83

资料来源：中证指数官网。

（2）调味品和乳制品

在大消费行业中，除了收益最好的细分行业白酒，还有两类必需消费品种长期表现也很不错，那就是调味品和乳制品。

先来看调味品。在过去十年中，白酒有5只十年十倍股，但其实很少被大家关注的调味品中也诞生了5只十年十倍大牛股。相比于白酒，调味品是绝对刚需，更属于大众都消费得起的刚需，家里可能没有白酒，但是油盐酱醋肯定是有的。即使今天没喝酒，没买衣服，没外出旅游，但是调味品肯定是要用到的，这类就属于高频刚需，优势就是不受经济周期影响，任何时候都必须要用。从市值规模来看，调味品是整个食品饮料赛道里仅次于白酒的行业；从盈利角度来看，调味品在某些年份甚至能超越白酒。

调味品龙头企业海天味业，被称为"酱茅"。截至2020年，海天味业已经连续十年保持盈利的快速增长，股价自2014年上市以来也翻了十几倍。品类的绝对刚需赋予了企业独特的优势。

再来看乳制品。乳制品是仅次于调味品的硬性刚需，过去40年，乳制品消费量增长了40倍，乳制品龙头企业伊利股份的股价已经上涨了10倍，并且连续保持利润的稳定增长。未来随着人们健康意识的逐步提高，我国的乳制品行业具有非常大的上升空间。

以上都是消费行业中非常优秀的细分子行业，消费的属性和特点决定了它未来依然是最赚钱的行业之一，消费类指数也是最适合长期持有的行业指数，只要在相对合理的位置买入相关产品，赚钱只是时间问题。

2. 医药：与科技结合的未来

从行业涨幅上看，在A股数十个行业中，医药行业长期收益排名第二，仅次于必需消费。不管在国内还是国外，医药行业的长期收益排名都是最靠前的。

医药行业还是一个能穿越牛熊的行业，无论经济形势好坏，其长期表现都非常优秀。我们可以看看医药行业在两种截然不同的经济环境中的表现。日本经济从20世纪90年代末开始经历了没落的二十年。在1992～2012年期间，日经指数不但没有上涨，反而下跌25.6%，同期医药指数上涨92%，医药成为经济危机中最具投资价值的板块。而在美股牛市过程中，医药板块同样表现强劲。在1989～2014年间，标普500指数涨幅达465%，同期标普医疗保健涨幅高达969%，即使在2018年的大熊市行情中，医疗板块也体现出超强的防御能力，标普500医疗保健等权和标普全球1200医疗保健指数均获得了正收益。近年来无论是美股还是A股，医药生物行业的整体涨幅都非常不错。整体来说，医药行业属于进攻和防守兼具型选手。

随着人口老龄化拐点的到来，未来的医药行业依然会不改长牛趋势。从时间节奏上看，65岁以上的老龄人口占比达到7%是一个关键的转折点，一旦占比超过7%，医疗卫生支出就会快速增长。到2020年，中国65岁以上的老龄人口占比已经达到13.5%，未来在健康领域的支出必定会大幅增加。目前美国人均医疗卫生支出超过 1 万美元，而我国人均医疗卫生支出还不到 1000 美元。随着需求的增加和人们收入水平的提高，未来我国的医药行业将会迎来长期的发展。

年轻时，我们要买房、结婚、吃喝玩乐；当我们老了，有个健康的身体就变成了最大的需求。在医药行业发展的过程中，我们投资优秀的个股或直接买入优秀的行业指数基金，从而分享行业上涨带来的收益。

医药是 A 股中包含细分行业范围最广的一个大行业，所以医药行业也被称为小 A 股。虽然同属医药，但是各个细分子行业的收益差距非常大，所以我们要搞清楚这些主流细分行业的风险收益特点，再进行选择。

简单来说，医药行业可以分为两大部分，偏医药的部分包含化学药、中药和生物药，偏医疗的部分包含医疗器械、医疗服务和医疗商业，见图 6-17。

医药行业的细分行业和指数非常多，看起来眼花缭乱，而在这里面我们最需要关注的是那些长期业绩优秀、发展空间广阔的细分子行业。我们分两块，先来看偏"药"的主要指数，后面再介绍偏"疗"的代表指数。

（1）主流医药指数

医药行业的几个主流指数如下。

中证医药卫生指数——从中证 800 指数样本中挑选医药公司。

中证全指医药卫生指数——从沪深两市 4000 多只个股里挑选医药公司。

中证医药 100 指数——从沪深两市选取日均总市值较高的 100 家大型医药公司，每只股票同比例买入。

这些指数都是围绕医药行业选股，主要区别在于选股范围以及个股在指数中的权重不同，其中最主流的是中证医药卫生指数。2021 年医药行业整体下跌，截至 2021 年 11 月 30 日，中证医药卫生指数近三年年化收益率达 15%。

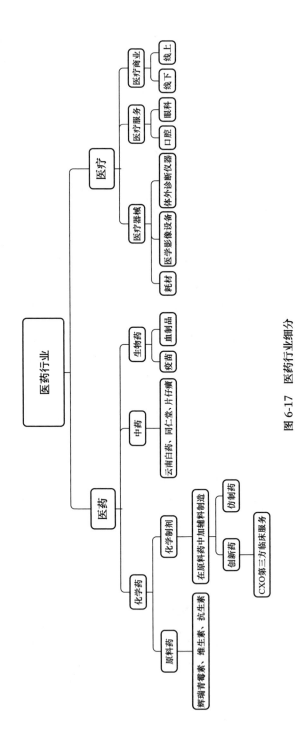

图6-17 医药行业细分

资料来源：上上学堂。

还有一只龙头指数——中证医药50指数（931140），该指数从沪深市场的医药卫生行业中选取规模大、经营质量好的50只龙头上市公司，以反映沪深市场医药行业内龙头上市公司证券的整体表现。和消费行业一样，医药行业的龙头效应也是越来越明显。截至2021年11月30日，中证医药50指数近三年年化收益率高于20%。未来具有强大研发能力和实力的企业将会是医药行业中的主流。

（2）创新药产业指数与CXO：医药领域中的最强黑马

以上是追踪医药行业的主流指数，但是在偏"药"的所有指数中，最具有发展前景的却是以下两位。——中证创新药产业指数和中证医药研发服务主题指数（CXO）

1）中证创新药产业指数

医药行业比较特别，既连接着消费，又融合了科技，在和科技逐步结合的过程中，诞生了一批非常具有投资价值的新细分赛道。

其中最典型的就是创新药，它是医药领域技术含量最高的赛道之一。一个创新药研制成功，往往能给公司未来很多年带来持续的收入。"宇宙第一大药厂"辉瑞制药，原本是美国第一大化工企业，后来因实现青霉素大量生产赚到一大桶金，1946年销售额达到了4300万美元；接着辉瑞制药又独立发现自己的第一个抗生素——土霉素，土霉素在两年里贡献了42%的营收，并在随后的十几年里为辉瑞制药带来大约5亿美元的销售收入。几十年来，无论是美股还是A股都诞生了多只创新药龙头。

创新药的代表指数是中证创新药产业指数（931152），该指数从沪深市场主营业务涉及创新药研发的上市公司证券中，选取不超过50只最具代表性上市公司证券作为指数样本，以反映沪深市场创新药产业上市公司证券的整体表现，表6-24展示了该指数部分权重股。截至2021年12月1日，该指数近三年年化收益率为21.59%，近五年年化收益率为 16.09%，长期收益高于中证医药卫生指数和中证医药 50 指数，在偏"药"的指数中属于长期收益非常优秀的。

表 6-24 中证创新药产业指数权重股（更新日期：2021-12-02）

证券代码	证券名称	中证行业分类	上市地	权重（%）
603259	药明康德	医药卫生	上海证券交易所	11.58
600276	恒瑞医药	医药卫生	上海证券交易所	8.56
300142	沃森生物	医药卫生	深圳证券交易所	7.26
300122	智飞生物	医药卫生	深圳证券交易所	7.08
000661	长春高新	医药卫生	深圳证券交易所	5.71
002821	凯莱英	医药卫生	深圳证券交易所	5.11
300347	泰格医药	医药卫生	深圳证券交易所	5.08
600196	复星医药	医药卫生	上海证券交易所	4.60

资料来源：中证指数官网。

2）中证医药研发服务主题指数（CXO）

创新药研发有一个"双十定律"，即研发一款新药至少需要投入 10 亿美元和 10 年的时间，这足以说明创新药研制的难度和不确定性，所以创新药企业都是具有强大研发实力的大厂。这里又衍生出医药行业另一个非常具有投资价值的细分赛道——CXO。CXO 俗称医药外包，主要分为 CRO（研发外包）、CMO（生产外包）和 CSO（销售外包）三个环节，医药外包不像服装行业的代工生产，做药物的研发生产需要非常强大的投研实力，近年来，CXO 领域也产生了多只大牛股。

CXO 的代表指数是中证医药研发服务主题指数（931750），该指数在沪深市场选取不超过 50 家为制药企业提供药物研究、开发和生产等服务的上市公司作为证券样本，以反映医药研发服务行业上市公司证券的整体表现。表 6-25 展示了该指数部分权重股。截至 2021 年 12 月 2 日，该指数近三年年化收益率为 57.61%，甚至远高于白酒。该指数在 2021 年 9

月成立,目前还没有跟踪它的指数基金产品,但是很多明星基金经理都非常青睐 CXO 板块,并重仓相关个股。

表 6-25　中证医药研发服务主题指数权重股(更新日期:2021-12-02)

证券代码	证券名称	中证行业分类	上市地	权重(%)
002821	凯莱英	医药卫生	深圳证券交易所	15.86
603259	药明康德	医药卫生	上海证券交易所	14.61
300347	泰格医药	医药卫生	深圳证券交易所	11.01
300759	康龙化成	医药卫生	深圳证券交易所	10.28
300363	博腾股份	医药卫生	深圳证券交易所	7.05
603456	九洲药业	医药卫生	上海证券交易所	5.81
000739	普洛药业	医药卫生	深圳证券交易所	5.57
603127	昭衍新药	医药卫生	上海证券交易所	5.22
300725	药石科技	医药卫生	深圳证券交易所	4.94

资料来源:中证指数官网。

以上就是大医药行业中偏"药"的主题指数。之所以把这几个指数一一列出详细分析,是希望大家能够对医药细分行业有更多详细的了解,同时明白每一个细分行业背后的发展逻辑和投资价值。通过中长期收益率的对比我们也会发现,都是医药类指数,但是收益相差极大。

行业指数和宽基指数不同,围绕一个行业会有很多细分子行业,而这些细分子行业的投资价值又相差很大,所以选择起来就更难。希望大家沿着前面讲医药行业的思路,在选择其他细分行业指数的时候,也能够深入分析,详细鉴别,精挑细选,不只选到优秀的行业,还能选到优秀行业中更加优秀的细分子行业,这样才能优中选优,获取更好的收益。

(3)医疗指数:医药行业的长牛

了解了医药行业中偏"药"的主流指数,我们再来看另一个非常具有投资价值的细分板块——医疗指数。

中证医疗指数（399989）从沪深市场选取业务涉及医疗器械、医疗服务、医疗信息化等医疗主题的医药卫生行业上市公司证券作为指数样本，主要包含医疗器械和医疗服务两大块。医疗器械领域主要包括耗材、医疗设备、体外诊断等几大类，从高端设备体外膜肺氧合（ECMO）到医院日常使用的针管、口罩，以及检查用到的各种诊断医疗设备，都属于医疗器械范畴。我国医疗行业正处于高速发展阶段，巨大的刚需预示着行业未来巨大的发展空间。同时国产设备逐步加速替代国外设备，也会给相关公司带来长期收益。

前面讲到，推动医疗卫生行业发展的重要因素之一就是人口老龄化的加速。随着老龄化率迈入 10% 的门槛，人们对医疗的需求在快速增加。随着收入的提升，越来越多的人愿意为自己的健康和美丽支出更多。因此，医疗行业将会是一个"有量又有价"持续景气的朝阳产业。

从历史上看，医疗也是一个出大牛股的行业。2019 年以来，中证医疗指数从最低 5800 点上涨到 2021 年 7 月的 19 992 点，涨幅高达 245%。截至 2021 年 11 月 30 日，该指数近三年年化收益率超过 30%。

长期来看，指数上涨背后的根本原因是行业内公司业绩的增长。过去十年，医药类指数高收益的背后是上市公司盈利的不断提升。像消费、医药这类永远都有需求且需求不断升级的优质行业，我们不用担心未来空间和长期收益，但是注意要在相对合理的位置买入，因为即使是优秀行业，长期上涨后也会下跌调整。比如中证医疗指数在 2015 年曾经上涨到 17 115 点，指数市盈率已经高达疯狂的 140 倍，随着大盘下跌和 2018 年的带量采购，指数最低跌到了 2019 年初的 5183 点，跌去了近 70%。所以优秀的行业也一定要找到合理的买入区间。进入 2022 年，中证医疗指数和中证生物科技主题指数等指数的估值一直在低估区间，此时就属于性价比较高的时间段。

除了以上几个特别值得关注的医药细分领域，我们也可以通过投资优秀的医药主动型基金，让基金经理帮我们取得超越指数的收益。

3. 科技：未来经济的最强推手

如果说消费和医药代表了现在，那么科技就代表了未来。20年前，我们是世界工厂，靠的是贸易全球化；后来我们大力发展房地产，靠的是基建投资；而现在，只有一条路可以走，就是科技创新。世界各国的发展经验告诉我们：要想实现经济转型发展，走出中等收入陷阱，必须要靠科技创新。每一次科技革命都带动了一国乃至全球经济的跨越和发展。

谁掌握了高端科技，谁就掌握了第一生产力。而且不仅仅是生产力，科技对于一国的安全也起到至关重要的作用。除了政治经济领域，我们的日常生活没有科技也寸步难行，现实中的我们早已和科技密不可分：随身不离的手机、随处不在的网络，你的吃饭、出行、工作、交友，几乎没有一样是能够完全和科技割裂开的。巨大的需求就会诞生巨大的投资机会，更会有大量的资金涌入，推动行业的增长以及估值的提升，所以我们看到近年来多只科技股的爆发。

科技和消费最大的不同，是科学技术的快速演进和更新换代，可能一个产品刚刚研发生产出来，就已经有更新的产品替代它，所以找到真正有价值的科技企业并不是一件容易的事，而通过基金来参与科技企业的投资是性价比更高的选择。参与科技板块的投资既可以选择泛科技的相关指数，也可以选择科技细分行业指数，但后者需要花更多的时间去研究。

（1）泛科技指数

目前主流的科技行业指数主要有中证科技50指数（931380）和中证科技100指数（931187）。

1）中证科技50指数

中证科技50指数由沪深两市科技相关行业中50只市值大、流动性好的龙头股组成。从行业构成上看，信息技术占比超过一半，其次是医药卫生、工业和电信业务（见图6-18）。重仓股多是科技行业中的大龙头，宁德时代占比超过17%（见表6-26）。截至2021年12月1日，该指数近三年年化收益率为34.87%，近五年年化收益率也接近20%，表现非常不错（见表6-27）。如果想要跟上科技行业的行情，获取行业平均收益，投资中证科技50指数相关产品是一个最简单直接的选择（见表6-28）。

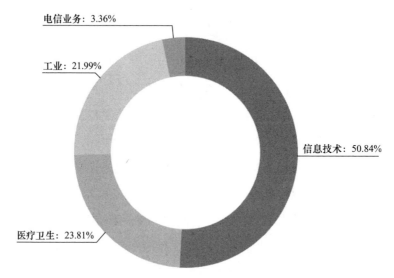

图6-18 中证科技50指数的行业构成（更新日期：2021-12-02）

资料来源：中证指数官网。

表6-26 中证科技50指数权重股（更新日期：2021-12-02）

证券代码	证券名称	中证行业分类	上市地	权重（%）
300750	宁德时代	工业	深圳证券交易所	17.58
002415	海康威视	信息技术	深圳证券交易所	5.88
600276	恒瑞医药	医药卫生	上海证券交易所	5.83
300760	迈瑞医疗	医药卫生	深圳证券交易所	5.57

（续）

证券代码	证券名称	中证行业分类	上市地	权重（%）
002475	立讯精密	信息技术	深圳证券交易所	5.01
300014	亿纬锂能	工业	深圳证券交易所	4.41
603501	韦尔股份	信息技术	上海证券交易所	4.06
000725	京东方A	信息技术	深圳证券交易所	3.86
002241	歌尔股份	信息技术	深圳证券交易所	3.32
300142	沃森生物	医药卫生	深圳证券交易所	2.68

资料来源：中证指数官网。

表 6-27　中证科技 50 指数收益率情况　　　　　　　　　　（%）

2021-12-02	阶段性收益率			年化收益率		
	近一月	近三月	年至今	近一年	近三年	近五年
科技 50	2.27	8.07	-2.95	8.84	34.87	19.43

资料来源：中证指数官网。

表 6-28　中证科技 50 指数相关产品（更新日期：2021-12-02）

产品名称	标的指数	资产类别	产品类型	市场覆盖	上市地	资产净值（亿元）	成立日期	管理人
00887 TT EquitySinoPac China CSI Technology 50 ETF	科技 50	股票	ETF	境内	台湾证券交易所	1.72	2021-03-23	永丰投信
159807 易方达中证科技 50 ETF	科技 50	股票	ETF	境内	深圳证券交易所	7.42	2020-03-16	易方达基金

资料来源：中证指数官网。

2）中证科技 100 指数

中证科技 100 指数从沪深市场的科技主题空间中选取 100 只研发强度高、盈利能力强且兼具成长性的科技龙头上市公司，和中证科技 50 指数的选股标准、行业构成、个股构成都很接近，最大的区别就是前者的选股范围更广，包含了更多中型市值的二线龙头，并且权重股分布更加分散，特别是在中小盘行情中表现可能更加占优。从前十大重仓股来看，中证科技 100 指数主要以科技股为主，科技属性更浓，不像中证科技 50 指数中有多只医药个股（见表 6-29）。截至 2021 年 12 月 1 日，中证科技 100 指数近一年年化收益率高于中证科技 50 指数，但是长期如 3～5 年的收益略低于后者（见表 6-30），其相关产品见表 6-31。

另外还有反映沪深两市科技领域内龙头上市公司证券整体表现的中证科技龙头指数（931087），该指数覆盖了沪深两市规模大、市占率高、成长能力强、研发投入高的 50 家科技类上市公司。

表 6-29 中证科技 100 指数权重股（更新日期：2021-12-02）

证券代码	证券名称	中证行业分类	上市地	权重（%）
300750	宁德时代	工业	深圳证券交易所	7.74
002241	歌尔股份	信息技术	深圳证券交易所	5.20
002230	科大讯飞	信息技术	深圳证券交易所	3.93
000063	中兴通讯	电信业务	深圳证券交易所	3.92
002129	中环股份	工业	深圳证券交易所	3.87
002415	海康威视	信息技术	深圳证券交易所	3.60
000100	TCL 科技	信息技术	深圳证券交易所	3.55
600089	特变电工	工业	上海证券交易所	3.43
000725	京东方 A	信息技术	深圳证券交易所	3.23
600570	恒生电子	信息技术	上海证券交易所	2.81

资料来源：中证指数官网。

表 6-30 中证科技 100 指数收益率情况 （%）

2021-12-02	阶段性收益率			年化收益率		
	近一月	近三月	年至今	近一年	近三年	近五年
科技 100	5.05	3.80	11.53	19.77	31.75	17.62

资料来源：中证指数官网。

表 6-31 中证科技 100 指数相关产品（更新日期：2021-12-02）

产品名称	标的指数	资产类别	产品类型	市场覆盖	上市地	资产净值（亿元）	成立日期	管理人
159853 南方中证科技 100 ETF	科技 100	股票	ETF	境内	深圳证券交易所	3.02	2021-09-29	南方基金
010202 天弘中证科技 100 指数增强发起式	科技 100	股票	指数增强	境内	—	3.27	2020-10-28	天弘基金
008399 华泰柏瑞中证科技 100 联接	科技 100	股票	联接基金	境内	—	3.32	2020-02-26	华泰柏瑞基金
515580 华泰柏瑞中证科技 100 ETF	科技 100	股票	ETF	境内	上海证券交易所	5.29	2019-09-27	华泰柏瑞基金

资料来源：中证指数官网。

图 6-19 对比了这几只主流科技指数从 2019 年末到 2021 年末的涨幅。

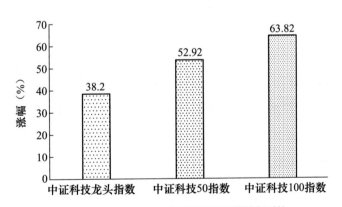

图 6-19　2019～2021 年主流科技指数涨幅对比

资料来源：上上学堂。

如果你看好科技行业未来的发展，可以通过跟踪以上几只泛科技指数获取科技行业上涨的平均收益。另外科技行业中还有一些细分领域，比如新能源车、光伏、储能、半导体等，这些细分指数在某些时间段的涨幅会远远大于泛科技指数，从而帮助你取得超额收益。

（2）新能源：未来最强投资主线

在科技板块中，如果说哪个细分领域最有投资价值，那我的答案是——新能源。我从2019年开始在喜马拉雅"一学就会的基金定投课"中讲解新能源车指数，在接下来两年的连续上涨行情中依然用多期节目反复讲解该行业的投资价值。

为什么这么看好它？趋势的力量！新能源取代化石能源是未来的必然趋势，能源革命将会给世界带来巨大变化。碳达峰、碳中和是未来几十年都离不开的主题，相关行业板块也会反复出现机会。

在新能源领域有两块是最具有投资价值的，一个是新能源车产业链，另一个是光伏风电等清洁能源。

1）新能源车

我们先来看新能源车。2008年巴菲特想要以5亿美元买下一家公司20%的股权，但是被这家公司的老板拒绝了，后来巴菲特把投资比例降到10%，对方才同意交易。这家公司就是比亚迪，它不仅打破了巴菲特不投汽车股的惯例，也是巴菲特目前唯一投资的中国企业。这也正代表了最讲究价值投资的巴菲特非常看好比亚迪以及新能源车未来的发展趋势。

从2019年以来，新能源车板块股价一直高一直涨，不仅因为相关公司的高业绩，更因为它是一个绝对的朝阳产业。2012年新能源汽车全球销量只有10万辆，2020年全球销量已经超过300万辆，2021年全球销量已经达到525万辆，2028年全球销量预计超过3000万辆，到2030年，全球新能源汽车的销量预计达到乘用车销量的 50%。

新能源车产业链可以分为三个环节，分别是上游原材料（包括锂钴等资源）、中游电池系统（包括正负极、隔膜、电解液材料）和下游整车制造。各个环节都有不同的特点，各个环节的涨跌也不同步，2019 年开始先是整车企业领涨，特斯拉涨了 8 倍，理想、小鹏、蔚来更是涨了 10 多倍；然后到了中游电池，宁德时代市值突破万亿元，成为创业板"一哥"；2021 年初，上游锂矿也开始了一轮快速拉升。

连续的上涨不断推高估值，板块总会在某个时间段进入下跌调整，之后再进入下一轮的上升。未来整个新能源车领域将会不断诞生新的机会，未来的趋势也不仅是新能源车代替燃油车，更远的方向是类似智能手机对传统手机的颠覆，汽车将从电动化走向智能化，成为我们又一个智能工具。

大家还记得智能手机革命吗？由于 4G 的兴起，网速的大幅提升，手机功能已经不再仅限于打电话、发信息，发生了巨大的变化。智能手机取代传统手机，风靡全球的诺基亚还没反应过来，就已经被苹果迅速占据了市场。之后围绕着苹果产业链，消费电子主题兴起，一大批 10 倍大牛股诞生。接下来各种应用软件被装进手机，现在我们出门基本拿着手机就够了。

在新能源车的硬件逐步完善之后，下一步就是智能化的新能源车。之前是围绕着苹果、华为产业链的消费电子，未来是围绕着特斯拉、比亚迪产业链的汽车电子。汽车能做的会越来越多，座舱的舒适化、配置的智能化、驾驶的自动化，都会一一实现。

按照这个方向，如果我们要参与新能源车的投资，有下面几个指数可以跟踪。

投资整个新能源车产业链的指数如中证新能源汽车指数（399976），该指数从沪深市场中选取涉及锂电池、充电桩、新能源整车等业务的上市公司，包含了新能源车上中下游较全面的企业，其权重股见表 6-32。截至 2021 年 12 月 2 日，该指数近一年年化收益率为 97%，近三年年化收益率高达 64%。

表 6-32 中证新能源汽车指数权重股（更新日期：2021-12-02）

证券代码	证券名称	中证行业分类	上市地	权重（%）
300750	宁德时代	工业	深圳证券交易所	11.61
002594	比亚迪	可选消费	深圳证券交易所	11.16
300014	亿纬锂能	工业	深圳证券交易所	8.36
002812	恩捷股份	原材料	深圳证券交易所	6.71
002460	赣锋锂业	原材料	深圳证券交易所	6.52
300124	汇川技术	工业	深圳证券交易所	5.10
002709	天赐材料	原材料	深圳证券交易所	3.90
300450	先导智能	工业	深圳证券交易所	3.86
002074	国轩高科	工业	深圳证券交易所	3.23
002340	格林美	工业	深圳证券交易所	2.61

资料来源：中证指数官网。

如果想要跟踪新能源车中游电池领域，可以直接跟踪中证新能源动力电池主题指数（931555），该指数从沪深市场选取 50 只业务涉及电芯电池组、电机电控、电池材料、锂电设备以及充电桩等新能源动力电池产业链的上市公司证券作为指数样本，以反映新能源动力电池主题上市公司证券的整体表现。截至 2021 年 12 月 2 日，该指数近一年年化收益率为 109%，近三年年化收益率高达 71%，近五年年化收益率接近 30%。

截至成稿时，市场上还没有跟踪这只指数的基金，但是这种热门指数很快就会有基金公司开发相应的产品，我们可以随时关注。

另外国证指数公司也开发了一只新能电池指数（980032），该指数前十大重仓股和整体收益与中证新能源动力电池主题指数非常接近，截至

2021年12月2日，该指数近一年年化收益率为112%，近三年年化收益率也有66%。目前已经有多只跟踪该指数的基金产品，见表6-33。

表6-33　新能电池指数相关产品（更新日期：2021-12-02）

产品名称	产品类型	上市地	资产净值（亿元）	成立日期
013179 广发国证新能源车电池ETF联接A	ETF联接	—	2.30	2021-08-16
159755 广发国证新能源车电池ETF	ETF	深圳证券交易所	15.56	2021-06-15
159757 景顺长城国证新能电池ETF	ETF	深圳证券交易所	3.08	2021-07-21
159767 兴银国证新能源车电池ETF	ETF	深圳证券交易所	1.09	2021-08-06
159840 工银瑞信国证新能源车电池ETF	ETF	深圳证券交易所	2.89	2021-08-05

资料来源：国证指数官网。

如果看好下一步汽车智能化的发展，可以关注中证智能汽车主题指数（930721），该指数包含了多只为智能汽车提供终端感知、平台应用的龙头个股，以及其他受益于智能汽车的代表性公司，其权重股见表6-34，收益率情况见表6-35，围绕该指数的多只基金产品见表6-36。

表6-34　中证智能汽车主题指数权重股（更新日期：2021-12-02）

证券代码	证券名称	中证行业分类	上市地	权重（%）
300496	中科创达	信息技术	深圳证券交易所	5.62
603501	韦尔股份	信息技术	上海证券交易所	5.27
600741	华域汽车	可选消费	上海证券交易所	5.09

(续)

证券代码	证券名称	中证行业分类	上市地	权重(%)
600885	宏发股份	工业	上海证券交易所	4.92
600745	闻泰科技	电信业务	上海证券交易所	4.92
002920	德赛西威	可选消费	深圳证券交易所	4.81
002475	立讯精密	信息技术	深圳证券交易所	4.74
601799	星宇股份	可选消费	上海证券交易所	4.61
002230	科大讯飞	信息技术	深圳证券交易所	4.43
601689	拓普集团	可选消费	上海证券交易所	4.24

资料来源：中证指数官网。

表 6-35　中证智能汽车主题指数收益率情况　　　　　　　(%)

2021-12-02	阶段性收益率			年化收益率		
	近一月	近三月	年至今	近一年	近三年	近五年
CS智汽车	8.09	17.00	16.28	15.90	39.42	13.53

资料来源：中证指数官网。

表 6-36　中证智能汽车主题指数相关产品（更新日期：2021-12-02）

产品名称	标的指数	资产类别	产品类型	市场覆盖	上市地	资产净值（亿元）	成立日期	管理人
159889 国泰中证智能汽车主题ETF	CS智汽车	股票	ETF	境内	深圳证券交易所	3.24	2021-09-01	国泰基金
159888 华夏中证智能汽车ETF	CS智汽车	股票	ETF	境内	深圳证券交易所	1.61	2021-05-13	华夏基金
516520 华泰柏瑞中证智能汽车ETF	CS智汽车	股票	ETF	境内	上海证券交易所	1.77	2021-02-09	华泰柏瑞基金

(续)

产品名称	标的指数	资产类别	产品类型	市场覆盖	上市地	资产净值（亿元）	成立日期	管理人
010955 天弘中证智能汽车指数发起式	CS智汽车	股票	指数基金	境内	—	4.52	2021-01-19	天弘基金
515250 富国中证智能汽车主题ETF	CS智汽车	股票	ETF	境内	上海证券交易所	2.79	2020-12-24	富国基金
161033 富国中证智能汽车（LOF）	CS智汽车	股票	LOF	境内	深圳证券交易所	2.82	2016-02-16	富国基金

资料来源：中证指数官网。

以上就是围绕新能源车产业链的各个细分指数，我们可以根据看好的细分领域、行业的发展阶段和指数的估值来进行挑选。

2）清洁能源

由于大量的二氧化碳被排放，导致气候环境恶化，地球上的物种在快速消失，越来越多的动植物我们现在已经看不见了。富含二氧化碳的大气层就像一个厚厚的毯子把地球盖住，让地球温度越来越高，如果再这样继续下去，几十年甚至上百年后，即使科技再发达人类也没有未来。

好在现在人们已经意识到了问题的严重性，开始了全球减碳行动。我国是碳排放第一大国，立下的"3060"目标可以说任务艰巨。2021年两会，碳达峰、碳中和首次被写入《政府工作报告》，这也代表了未来几十年，我们将会围绕"双碳"目标进行深层次的变革。

降低碳排放的方法有两种，要么多种树，从而有利于吸收二氧化碳；要么直接采用清洁能源，实现零排放。显然后者是从根源上解决问题的方法。清洁能源主要有风光水核四大类，见图6-20。

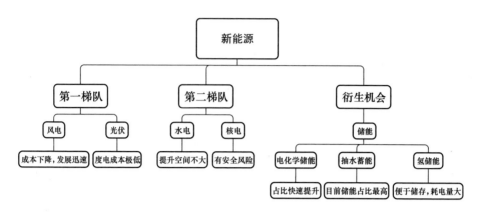

图 6-20 新能源分类

资料来源：上上学堂。

在这几项能源中，水电被开发得较早，但未来很难再有更大空间；核电本身就有安全性问题，德国从 2021 年起开始了去核化；太阳能和风能是未来发展空间最大的两个清洁能源，二者本身就是取之不尽的。

特别是利用太阳能的光伏，已经成为过去十年我国发展最快的可再生能源发电系统。首先，太阳能的开发建设比起其他几类能源要更容易；其次，经过多年的发展、技术的演进，光伏度电成本快速下降，目前已经和火电的度电成本持平，未来还有进一步的下降空间。建设难度低，成本不断降低，这些都是一类能源能够广泛铺开应用的重要前提。

光伏其实在 10 年前就已经开始兴起，不知道大家是否还记得当时的"光伏热"，因为政府补贴和政策支持，大量资金涌入行业造成产能过剩，同时当时原材料和技术等都是依靠国外，没有自己的产业链，经过惨烈的竞争淘汰，最后剩下的公司没有几家，这也是多数行业发展中都会有的一个野蛮生长、优胜劣汰的过程。而现在我国的光伏产业已经成熟，实现了光伏制造、装机量以及发电量的世界第一，我国光伏龙头厂商在全球都处于绝对优势地位。股价上涨的最根本因素就是上市公司业绩的增长，靠概念可能炒一波，但是长期增长一定是基于业绩。

看好光伏行业未来的发展可以直接跟踪中证光伏产业指数（931151），其包含了沪深市场主营业务涉及光伏产业链上、中、下游的最具代表性的上市公司，近三年年化收益率达55%（见表6-37），并有多只产品供我们挑选（见表6-38）。

表 6-37　中证光伏产业指数收益率情况　　　　　　　　　　（%）

2021-12-06	阶段性收益率			年化收益率		
	近一月	近三月	年至今	近一年	近三年	近五年
光伏产业	−2.84	−2.85	50.85	84.49	55.54	20.95

资料来源：中证指数官网。

表 6-38　中证光伏产业指数相关产品（更新日期：2021-12-06）

产品名称	标的指数	资产类别	产品类型	市场覆盖	上市地	资产净值（亿元）	成立日期	管理人
013816 汇添富中证光伏产业指数增强	光伏产业	股票	指数基金	境内	—	1.77	2021-10-26	汇添富基金
013601 国泰中证光伏产业ETF联接	光伏产业	股票	联接基金	境内	—	0.10	2021-10-20	国泰基金
013105 华安中证光伏产业指数发起式	光伏产业	股票	指数基金	境内	—	0.93	2021-09-01	华安基金
012885 华夏中证光伏产业指数发起式	光伏产业	股票	指数基金	境内	—	2.63	2021-08-17	华夏基金

资料来源：中证指数官网。

风能是目前仅次于太阳能的重要清洁能源。近两年风电发展在不断加速,特别是 2021 年海上风电多个项目报批。整个 2021 年,虽然新能源车、光伏、风电指数涨幅都不小,但是从估值上看,风电是几个新能源指数中估值最低的。

中证风电产业指数(931672)近一年年化收益率达 82%(见表 6-39)。该指数从沪深市场选取不超过 50 只业务涉及风电产业上游材料和零部件、中游风机及其他相关配套设备、下游建设与运营的上市公司,以反映风电产业上市公司证券的整体表现。2021 年 11 月,有多家公司密集上报跟踪该指数的风电 ETF,这些产品上市后能帮助大家去跟踪风电行业的发展(见表 6-40)。

表 6-39 中证风电产业指数收益率情况 (%)

2021-12-06	阶段性收益率			年化收益率		
	近一月	近三月	年至今	近一年	近三年	近五年
风电产业	-4.45	25.05	63.70	82.75	51.48	13.56

资料来源:中证指数官网。

表 6-40 中证风电产业指数相关产品上报情况

基金管理人	基金名称	基金类型 1	基金类型 2
华安基金管理有限公司	中证风电产业交易型开放式指数基金	指数	ETF
平安基金管理有限公司	中证风电产业指数基金型发起式	指数	股票指数
广发基金管理有限公司	中证风电产业交易型开放式指数基金	指数	ETF
天弘基金管理有限公司	中证风电产业交易型开放式指数基金	指数	ETF
招商基金管理有限公司	中证风电产业交易型开放式指数基金	指数	ETF
富国基金管理有限公司	中证风电产业交易型开放式指数基金	指数	ETF
汇添富基金管理股份有限公司	中证风电产业交易型开放式指数基金	指数	ETF

(续)

基金管理人	基金名称	基金类型 1	基金类型 2
嘉实基金管理有限公司	中证风电产业交易型开放式指数基金	指数	ETF
南方基金管理股份有限公司	中证风电产业交易型开放式指数基金	指数	ETF
华泰柏瑞基金管理有限公司	中证风电产业交易型开放式指数基金	指数	ETF

资料来源：财联社。

除了光伏和风电，还有一个板块值得我们关注，那就是储能。我国新能源在整体能源使用中占比很少，不是因为发电量低，中西部的风能和太阳能能够产生巨大的电量，但是如何运到东部地区，以及多余的电怎样储存起来才是问题关键。

电力运输需要特高压技术。特高压输电指交流电压等级在 1000kV 及以上、直流电压等级在 ±800kV 及以上的输电技术。特高压输送容量大，送电距离长，线路损耗低，占用土地少，被称为电力高速公路，是目前全球最先进的输电技术。从 2006 年试验阶段开始，经过十几年的摸索建设和巨量的资金投入，我国的特高压输电领域已经取得飞跃式发展，生产出来的电已经能够实现更低损耗、更长距离的运输。

储能可以说是新能源发展链条中的点睛一环，没有储能就解决不了新能源发电的波动性和随机性问题。储能能够在很大程度上解决新能源发电"看天吃饭"的问题，让太阳能和风能发出的电更方便可靠地并入常规电网；还可以把后半夜用电低谷时发出的电储存起来，削峰填谷，这也是新能源领域中重要的衍生机会。

储能领域也有自己的中证储能产业指数（931746），其包含了沪深市场中储能产业链上中下游相关行业的 50 家上市公司，其权重股见表 6-41。但是该指数相关的基金还没有成立，这种投资机会大、关注度高的指数，未来一定会出现追踪它的优秀产品。截至 2021 年 12 月 6 日，该指数近一年年化收益率超过 100%，近三年年化收益率为 68%，是所有行业指数中收益排名最靠前的（见表 6-42）。

表 6-41　中证储能产业指数权重股（更新日期：2021-12-06）

证券代码	证券名称	中证行业分类	上市地	权重（%）
300750	宁德时代	工业	深圳证券交易所	15.48
002594	比亚迪	可选消费	深圳证券交易所	11.11
300014	亿纬锂能	工业	深圳证券交易所	6.44
300274	阳光电源	工业	深圳证券交易所	6.22
002812	恩捷股份	原材料	深圳证券交易所	4.42
600438	通威股份	工业	上海证券交易所	4.36
002129	中环股份	工业	深圳证券交易所	3.77
601012	隆基股份	工业	上海证券交易所	3.72
600089	特变电工	工业	上海证券交易所	3.43

资料来源：中证指数官网。

表 6-42　中证储能产业指数收益率情况　　　　　　　　　　（%）

2021-12-06	阶段性收益率			年化收益率		
	近一月	近三月	年至今	近一年	近三年	近五年
储能产业	-1.99	5.45	62.85	101.62	68.56	28.03

资料来源：中证指数官网。

以上就是新能源领域中几个最值得长期关注的细分投资品种，能源革命是未来几十年的投资主线，不在一朝一夕。所以首先要长期保持关注，顺应趋势才能乘风而上，然后在短期涨幅过大、估值过高的时候及时止盈规避风险。记住：市场上永远不缺机会，缺的是钱！

(3) 半导体：国产替代仍需时日

如果问谁是科技领域中最硬核的赛道，也是未来我国要重点突破的领域，那一定是芯片，它是我国科技领域攻坚中最为重要也最难的一个环节。不得不做，是因为它几乎能卡住下游的所有产业；非常难做也是真的，从 12 纳米到 7 纳米，到 5 纳米，再到 3 纳米，每跨过一代，研发都需要几年的时间。如果把一个指甲盖大小的芯片放大，你会看到这小小一块芯片竟暗含一个世界，里面仿佛有街道有高楼，有山川有河流，小小的芯片竟由超过百亿个晶体管构成。所以有人问，做芯片还能比研究火箭更难？答案是肯定的。

其实早在 20 世纪 60 年代，我国第一块硅基数字集成电路就研制成功了。到了 20 世纪 80 年代，清华大学研制出了第四代投影光刻机，精度达到 3 微米，接近当时国际主流水平。但是随着舶来品大批进入中国市场，我国自主研发的一批项目就停滞了，其中既有汽车和大飞机，也有光刻机等高端科技品种。也是从这段时间开始，我们的集成电路和芯片等技术被国外拉开了距离，且距离越来越大。

目前，全球芯片几乎都被国外巨头垄断，特别是高端芯片国产化率很低，美国和韩国两个国家合计占据了全球近 80% 的市场份额。近年来随着美国的技术封锁加剧，我们也越来越意识到在这个领域自主研发的重要性。所以国家大力支持一批符合国家战略、在关键技术上攻关突破的公司，大力支持芯片行业的发展。整个芯片产业链包括上游设计、中游制造、下游封测，目前我们在前后端的设计和封测领域已经有多家企业逐步走出来，但是芯片的核心领域——制造领域我们还差得很远。

随着数字经济时代的到来，全球对芯片领域的重视程度都在急剧提升。不仅家用电器、地铁高铁、国防军工领域需要芯片，新能源车快速发展带来的汽车电子领域的芯片需求也越来越大。2021年汽车涨价、停产等都是由于"缺芯"。

全球各国都开始策划半导体产业振兴计划,以实现半导体产业"自主可控"。欧盟委员会公布《芯片法案》,提出要为半导体产业提供超过430亿欧元的资金支持;美国众议院通过了《2022年美国竞争法案》,提出要为半导体产业提供520亿美元的资金支持,用于半导体制造、汽车和电脑关键部件研究等;韩国计划于2030年内在国内构建全球最大规模的半导体产业供应链——"K-半导体产业带"。

我国也不例外,从成立科创板到设立"国家大基金",都是为了支持在重大领域突破瓶颈的科技企业,推动半导体芯片产业快速发展,攻克难关。截至2020年,国内半导体产业的自给率仅15%左右,未来具有极大的发展空间。未来的半导体芯片绝对是我国科技前进过程中最为重要的一个环节,但也是最难的一个环节。随着技术的突破和国产替代进程的推进,我国一定会诞生一批非常具有爆发力的企业。这样的特性也决定了半导体行业有爆发力、风险大、波动高,所以它并不是一个适合大部分人的投资品种,但是行业投资价值一定会随着时间逐步显现;其次,当收益不错的时候及时卖出止盈,一定程度上也能降低投资风险。

具体跟踪指数有中证全指半导体产品与设备指数,该指数由中证全指样本股中的半导体产品与设备行业股票组成,以反映该行业股票的整体表现。其权重股见表6-43,收益率情况见表6-44,相关产品见表6-45。

表6-43 中证全指半导体产品与设备指数权重股(更新日期:2021-12-07)

证券代码	证券名称	中证行业分类	上市地	权重(%)
603501	韦尔股份	信息技术	上海证券交易所	12.55

(续)

证券代码	证券名称	中证行业分类	上市地	权重（%）
002371	北方华创	信息技术	深圳证券交易所	7.75
002049	紫光国微	信息技术	深圳证券交易所	7.54
603986	兆易创新	信息技术	上海证券交易所	7.37
300782	卓胜微	信息技术	深圳证券交易所	6.77
300661	圣邦股份	信息技术	深圳证券交易所	4.23
600460	士兰微	信息技术	上海证券交易所	4.09
600584	长电科技	信息技术	上海证券交易所	3.29
688012	中微公司	信息技术	上海证券交易所	2.97
688008	澜起科技	信息技术	上海证券交易所	2.69

资料来源：中证指数官网。

表 6-44　中证全指半导体产品与设备指数收益率情况　　　　（%）

2021-12-07	阶段性收益率			年化收益率		
	近一月	近三月	年至今	近一年	近三年	近五年
半导体	2.16	4.32	28.48	20.51	51.22	20.47

资料来源：中证指数官网。

表 6-45　中证全指半导体产品与设备指数相关产品（更新日期：2021-12-07）

产品名称	标的指数	资产类别	产品类型	市场覆盖	上市地	资产净值（亿元）	成立日期	管理人
007300 国联安中证全指半导体ETF联接	半导体	股票	联接基金	境内	—	34.42	2019-06-26	国联安基金
512480 国联安中证全指半导体ETF	半导体	股票	ETF	境内	上海证券交易所	90.63	2019-05-08	国联安基金

资料来源：中证指数官网。

此外还有反映芯片产业上市公司证券整体表现的中证芯片产业指数（H30007），其权重股见表6-46，收益率情况见表6-47，相关产品见表6-48。

表6-46 中证芯片产业指数权重股（更新日期：2021-12-07）

证券代码	证券名称	中证行业分类	上市地	权重（%）
603501	韦尔股份	信息技术	上海证券交易所	8.41
002371	北方华创	信息技术	深圳证券交易所	6.56
002049	紫光国微	信息技术	深圳证券交易所	6.38
603986	兆易创新	信息技术	上海证券交易所	6.24
002129	中环股份	工业	深圳证券交易所	6.10
300782	卓胜微	信息技术	深圳证券交易所	5.73
600745	闻泰科技	信息技术	上海证券交易所	5.50
600703	三安光电	信息技术	上海证券交易所	4.54
300661	圣邦股份	信息技术	深圳证券交易所	3.58
600460	士兰微	信息技术	上海证券交易所	3.46

资料来源：中证指数官网。

表6-47 中证芯片产业指数收益率情况 （%）

2021-12-07	阶段性收益率			年化收益率		
	近一月	近三月	年至今	近一年	近三年	近五年
芯片产业	−0.31	2.55	33.22	27.95	—	—

资料来源：中证指数官网。

表6-48 中证芯片产业指数相关产品（更新日期：2021-12-07）

产品名称	标的指数	资产类别	产品类型	市场覆盖	上市地	资产净值（亿元）	成立日期	管理人
013445 西藏东财中证芯片产业指数发起式	芯片产业	股票	指数基金	境内	—	3.15	2021-09-16	西藏东财基金

(续)

产品名称	标的指数	资产类别	产品类型	市场覆盖	上市地	资产净值（亿元）	成立日期	管理人
014776 富国中证芯片产业 ETF	芯片产业	股票	联接基金	境内	—	6.14	2021-08-19	富国基金
014193 汇添富中证芯片产业 ETF	芯片产业	股票	指数增强	境内	—	5.12	2021-07-21	汇添富基金

资料来源：中证指数官网。

大家会发现，这两个指数的前十大重仓股是有重合的，它们的区别是什么？半导体、集成电路、芯片，这三者又是什么关系？一句话解释，芯片就是用半导体材料制成的集成电路的集合。半导体是基础原材料，集成电路是这些原材料的半成品，而芯片是最终产品，广泛运用到手机、汽车以及我们生活中的方方面面，所以这两个指数的风险收益特点相近，前十大重仓股也有多只重合。前一个指数更偏前端的半导体材料设备，后一个指数更偏后端芯片设计制造等全产业链。

以上就是各类主流指数的介绍，通过这部分的学习，相信大家对各类指数，包括宽基指数、策略指数、行业指数都有了一定的认知和了解，对于行业指数中细分领域的投资价值和逻辑也更加清晰。接下来我们就进入下一步，具体指数基金的选择。

手把手带你挑选最优指数基金

1. 跟踪同一指数，为什么收益差距那么大

了解了宽基指数、策略指数和行业指数的不同分类和各自的风险收

益特点，接下来我们就一起用工具选出跟踪该指数的最优秀的一组基金产品。

围绕着同一个指数，会有多家基金公司开发相关产品，比如主流的沪深 300 指数和中证 500 指数，都有 100 多只指数基金产品跟踪，而这些产品的业绩相差很大。很多同学可能有一个问题，都是跟踪同一个指数，为什么首尾业绩能差那么多？

我们知道，指数基金直接跟踪指数去买入规定好的个股。如果是单纯跟踪指数，各只基金收益差距不会很大，真正拉开差距的是增强型指数基金。如果看跟踪同一指数的基金收益排名，你会发现靠前的基本都是增强型指数基金。打开前面给大家介绍过的基金工具同花顺 i 问财，搜索"中证 500 指数基金 近三年收益排名靠前 规模大于 1 亿"，结果如表 6-49 所示。

增强型指数基金在 80% 比例复制指数的基础上，有 20% 左右的比例由基金经理主动操作以增强收益。基金经理可以买入指数以外的个股，可以参与打新，可以运用量化交易等手段，具体收益多少全看基金经理的本事，这个过程中基金的收益就会大大拉开。有操作好的，也有操作差的，多数增强型指数基金能跑赢原指数，但是也有少部分增强型指数基金产品连原指数的涨幅都跟不上。

我们会看到，那些规模小的基金往往净值增长会特别快，很大的一个原因就是基金经理的策略能够更加充分地体现在业绩中，比如同样是打新获得的收益，买入一只大牛股的收益，1 个亿的规模和 10 个亿的规模收益肯定不同，就像一块蛋糕，5 个人分和 50 个人分是完全不一样的。

即使是完全跟踪指数的基金产品，收益也会有差距。个股的具体买入比例、买卖时间点的把握、费用的不同，长期都会对收益造成影响，所以基金指标中会有一个因素，叫作跟踪误差。

表 6-49　增强型指数基金表现亮眼（最新净值日期：2021-12-07）

序号	基金代码	基金简称	最新净值（元）	日增长率（%）	区间涨跌幅场外（%）（2018.12.07~2021.12.07）	区间涨跌幅排名（2018.12.07~2021.12.07）	区间涨跌幅排名名次（2018.12.07~2021.12.07）	基金规模（亿元）（2021.12.06）
1	502000	西部利得中证500指数增强（LOF）A	1.8572	-0.93	157.84	796/14875	796	22.60
2	005994	国投瑞银中证500指数量化增强A	2.3592	-0.52	138.04	1076/14875	1076	5.53
3	003986	申万菱信中证500指数优选A	2.0552	-0.48	127.92	1238/14875	1238	16.34
4	002510	申万菱信中证500指数增强A	1.8057	-1.20	123.62	1311/14875	1311	4.74
5	003016	中金中证500A	1.8854	-0.46	120.21	1361/14875	1361	2.56
6	004945	长信中证500指数增强A	1.6963	-1.11	117.06	1423/14875	1423	2.59
7	003578	中金中证500C	1.8739	-0.47	117.01	1424/14875	1424	1.68
8	006048	长城中证500A	1.7296	-0.64	107.56	1602/14875	1602	2.02
9	165511	中信保诚中证500指数（LOF）A	1.8396	-0.40	106.00	1629/14875	1629	2.41
10	162216	泰达宏利中证500指数增强（LOF）	1.5756	-0.61	103.79	1675/14875	1675	5.63
11	160616	鹏华中证500指数（LOF）A	1.9160	-0.42	98.34	1792/14875	1792	3.62
12	512510	华泰柏瑞中证500ETF	1.8320	-0.45	95.27	1851/14875	1851	5.85
13	002311	创金合信中证500增强A	1.3180	-0.90	91.68	1925/14875	1925	5.08
14	002316	创金合信中证500增强C	1.3185	-0.89	90.86	1943/14875	1943	4.02

资料来源：同花顺 i 问时。

我们在选好指数之后，面对众多跟踪指数的基金产品，要学会运用一些标准和方法去找到表现最优秀的一组选手。

2. 选择优秀基金的五大标准

从基金挑选的角度，一个适合长期投资的基金是这样的：长期收益稳定，交易费用低，规模较大，成立时间长，正规安全。

下面我们将从五个维度来介绍怎样挑选优秀的基金产品。

（1）规模：规模较大的基金较稳定

不同指数基金产品规模差距非常大，小到几百万元，大到上百亿元。首先不要选规模太小的产品，比如长期在1亿元以下，规模太小可能会有清盘的风险。基金公司赚的是申购、赎回、管理费，规模越大的基金收到的费用就越多，如果一只基金规模太小，费用还不够整个团队的开销，就可能直接清盘。市场上每年都会有几十到上百只基金清盘。当然清盘不是说你的钱没了，而是根据清盘当日的基金净值结算，扣去费用后将剩余资金退还用户。

其次也不是规模越大越好。对于主动型基金来讲，100亿元的规模就是考验基金经理的分水岭，有很多基金经理管理几亿元或几十亿元规模时收益非常不错，一旦上百亿元就支撑不住了，毕竟规模越大选择的个股就要越多，管理难度就会更大。相对来说，指数基金不像主动型基金对规模那么敏感。

（2）成立时间：成立时间长的基金运行稳定、收益透明

基金成立时间越长，可观察数据越多，越有利于我们去做长期的收益对比。所以更推荐大家选择成立时间三年以上且运行良好的基金。同时也建议大家选择正规安全，尽量是大品牌的基金公司。

（3）业绩排名：过去三年业绩排名比较稳定的更适合投资

在选择产品时我们会综合对比各家基金公司的收益率，很多基金公司喜欢用近期业绩说话，这样产品会比较好卖。但是我们一定要综合对比各个时间段的收益率，特别要看中长期收益，如果1年、2年、3年的收益都在同类同期产品中排名靠前，例如排名前30%，那就是非常优秀的业绩了。

（4）跟踪误差：跟踪误差越小越接近指数

购买指数基金的目的是尽可能贴合指数的收益，所以误差数值较小时，说明这只基金的运营风格较为严谨。跟踪误差数值一般不超过1%，把同类指数基金做横向对比更能说明问题。

（5）费率：不同基金不同购买渠道费率有差别，选择费率低的

指数基金是长期投资，费率对于最后的收益有很大的影响。在银行购买费用最高，第三方平台申购费打一折，基金公司直销最便宜。

如果把这五个指标按照优先原则排序应该是这样的：业绩排名、规模、成立时间、跟踪误差、费率。所以挑选时也可以按照这个顺序来，先按长期业绩对基金进行排序，排序之后再比较一下，看它们的规模、成立时间、跟踪误差和费率是否符合我们的标准。

有的同学说，是不是能把以上五个指标同时进行排名筛选，包括收益排名、规模排名、成立时间排名、跟踪误差排名、费率排名？用这个方法很难挑选到好基金，更会错过一些优秀的产品。因为第一标准是不同时间段的收益，特别是长期收益表现，另外四个指标都是第二标准。

当然过去收益好，不代表未来一定收益好。但是不同时间段，特别是中长期排名都能靠前是基金公司和基金经理实力的证明。如果历史表现一直都很差，也很难让人期待它未来会有特别突出的表现。同时指数基金和主动型基金不同，不会像主动型基金因为换了基金经理收益差别巨大，

指数基金整体稳定性会更强。

按照以上方式能够帮助我们筛选出最优秀的一组产品，这也是最简单、直接、高效的一个方法。

3. 如何用工具帮我们选到最优秀的产品

接下来我们学习如何用工具选到跟踪同一指数的最优秀的一组产品。这里有几个工具可以供我们选择。

（1）天天基金网

先来学习天天基金网的使用方法。搜索天天基金网，进入首页找到"基金筛选"选项，见图6-21。

图 6-21　天天基金网——基金筛选

资料来源：天天基金网。

点击进入"基金筛选"，比如基金类型选"指数型"，基金公司选"不限"，基金业绩选"不限"，更多分类选"更多"，见图6-22。

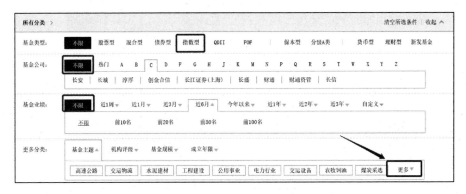

图 6-22 进行基金筛选

资料来源：天天基金网。

在"更多"分类中，选择我们想要挑选的指数或行业，比如你想挑选跟踪证券行业的指数基金产品，就点选"证券"及"券商概念"选项，见图 6-23。

图 6-23 筛选更多基金主题

资料来源：天天基金网。

将显示出的基金按近三年收益排名,接下来进入具体选择。在符合要求的产品前面的方框中打钩,进入对比页面,分别比较不同时间段的收益,长期收益的重要性要大于短期表现,见图 6-24。

对比	基金名称/代码	基金类型	净值/日增长率	近1周	近1月	近3月	近6月	今年来	近1年	近2年	近3年	成立来	手续费	购买起点	操作
☑	长盛中证全指证券指数(LOF) 502053	指数型-股票	0.9854 (-0.43%) 日期:03-02	-2.32%	-4.54%	-8.54%	-11.97%	-12.11%	-0.12%	14.41%	12.58%	11.24%	0.12% 1.20%	10元	购买
☑	华安中证全指证券公司指数 160419	指数型-股票	1.0559 (-0.44%) 日期:03-02	-2.30%	-4.47%	-8.95%	-12.94%	-12.12%	-1.92%	7.96%	10.60%	-28.89%	0.12% 1.20%	10元	购买
☑	易方达中证全指证券公司指数(LOF) A 502010	指数型-股票	1.1762 (-0.43%) 日期:03-02	-2.46%	-4.67%	-9.31%	-13.22%	-12.39%	-3.01%	6.92%	8.96%	-19.56%	0.10% 1.00%	10元	购买
☑	鹏华券商A 160633	指数型-股票	1.0420 (-0.38%) 日期:03-02	-2.34%	-4.49%	-8.92%	-13.02%	-12.07%	-3.52%	3.97%	8.68%	-36.70%	0.12% 1.20%	10元	购买
☑	南方中证全指证券公司ETF联接A 004069	指数型-股票	1.0795 (-0.43%) 日期:03-02	-2.33%	-4.51%	-9.02%	-13.22%	-12.14%	-4.20%	2.79%	6.06%	7.95%	0.12% 1.20%	10元	购买

图 6-24 对比符合要求的产品

资料来源:天天基金网。

该工具可以同时对比 10 只产品,我们选择前 10 只产品作为样本进行对比基本也够了,见图 6-25。

我们再进一步从中选出 3 ~ 5 只在各时间段收益表现优秀的产品,见图 6-26。

接下来再把其他各项指标进行对比,包括成立时间、规模、跟踪误差、费率等。

通过对比,我们发现下述 4 只产品成立时间都已经超过 6 年;易方达规模最大,博时次之,另外两只相对较小;跟踪误差易方达最小,为 0.09%;管理费和托管费其他三家是 1.22%/ 年,博时更低 0.6%/ 年。通过以上指标并结合自己的风险偏好,综合对比选出最适合自己的产品。

第六章　如何挑选指数基金　153

你还可以按照这个方法依次打开其他看好的产品，查看具体详情，综合比较。

阶段收益	160516 博时中证全指	501047 汇添富中证全指	161027 富国中证全指	501016 中证电子	006098 华宝券商ETF	502053 长盛中证券指	160419 华安中证全指	502010 易方达中证指	160633 鹏华券商A	004069 南方中证全指
成立日期	2015-05-19	2017-12-04	2015-03-27	2017-04-27	2018-06-27	2015-08-13	2015-06-09	2015-07-08	2015-05-06	2017-03-08
今年来	-11.98%	-12.24%	-12.26%	-11.97%	-12.07%	-12.11%	-12.12%	-12.39%	-12.07%	-12.14%
近1周	-2.32%	-2.30%	-2.41%	-2.29%	-2.28%	-2.32%	-2.30%	-2.46%	-2.34%	-2.33%
近1月	-4.48%	-4.83%	-4.61%	-4.48%	-4.48%	-4.54%	-4.47%	-4.67%	-4.49%	-4.51%
近3月	-8.56%	-9.11%	-9.07%	-8.75%	-8.93%	-8.54%	-8.95%	-9.31%	-8.92%	-9.02%
近6月	-12.49%	-13.43%	-13.36%	-12.67%	-13.14%	-11.97%	-12.94%	-13.22%	-13.02%	-13.22%
近1年	-0.13%	-5.42%	-4.04%	-2.72%	-4.61%	-0.12%	-1.92%	-3.01%	-3.52%	-4.20%
近2年	6.12%	0.39%	0.82%	-0.08%	0.50%	14.41%	7.96%	6.92%	3.97%	2.79%
近3年	5.28%	4.44%	3.43%	3.15%	3.01%	12.58%	10.60%	8.96%	8.88%	6.06%
近5年	21.62%		1.14%			7.25%	5.85%	9.16%	3.60%	
成立来	-13.89%	5.85%	-38.45%	9.41%	43.24%	11.24%	-28.89%	-19.56%	-36.70%	7.95%
基金评级(3年期)	博时中证指	汇添富中证指	富国中证指	中证电子	华宝券商ETF	长盛中证券指	华安中证指	易方达中证指	鹏华券商A	南方中证全指
海通证券	暂无评级	暂无评级	暂无评级	暂无评级	暂无评级	暂无评级	暂无评级	暂无评级	暂无评级	暂无评级
招商证券	★★★	★★★	暂无评级	暂无评级	暂无评级	暂无评级	★★★	★★★	暂无评级	★★★
上海证券	暂无评级	暂无评级	暂无评级	暂无评级	暂无评级	暂无评级	暂无评级	暂无评级	暂无评级	暂无评级
济安金信	★★★	★★	★★	★★	暂无评级	★★★	★★★	★★★	★★	暂无评级

图 6-25　产品对比结果

资料来源：天天基金网。

图 6-26　进一步详细对比

资料来源：天天基金网。

以上就是通过天天基金网筛选跟踪同一个指数的优秀产品的方法，各行业都可以依据这个流程和方法进行。

（2）同花顺 i 问财

如果在天天基金网上查找不到某个行业，我们还可以结合第二个工具——同花顺 i 问财来进行筛选。

搜索同花顺 i 问财或直接输入网址 www.iwencai.com，打开进入首页。下拉点击基金选项，输入你要搜索的指数名称，比如中证 500，见图 6-27。

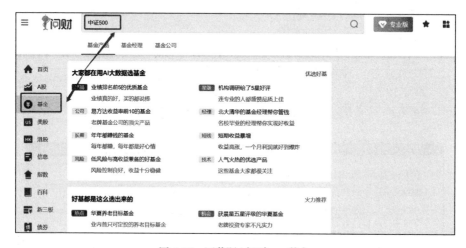

图 6-27　同花顺 i 问财——基金

资料来源：同花顺 i 问财。

找到跟踪中证 500 指数的基金产品 158 只，见图 6-28。

我们继续增加搜索条件，输入"中证 500 指数基金 按近三年收益排名 规模大于 1 亿 成立时间大于 3 年"，这样就能初选出跟踪中证 500 指数中长期收益较好、规模符合标准、成立时间较长的一组产品，把产品数量进一步缩小到了 47 只，见图 6-29。

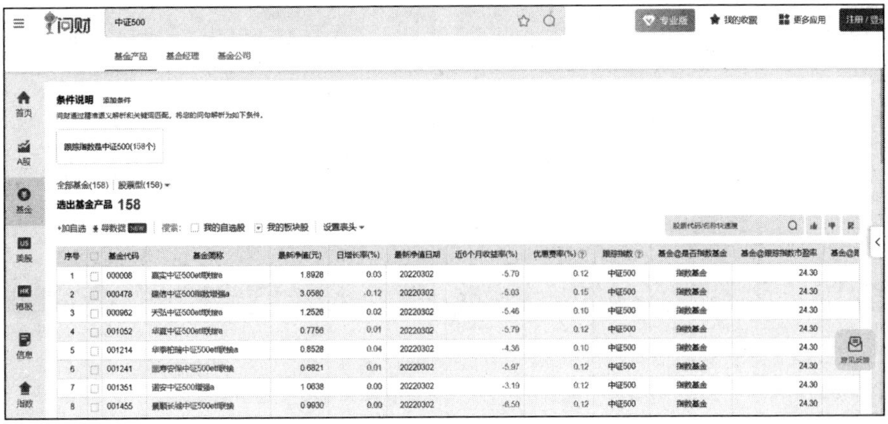

图 6-28 选出基金产品

资料来源：同花顺 i 问财。

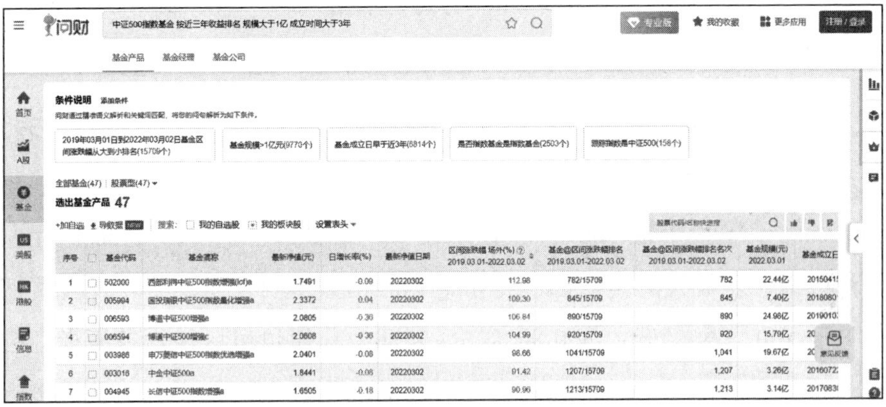

图 6-29 初选基金产品

资料来源：同花顺 i 问财。

接下来再把其他指标进行对比。这时候可以结合使用天天基金网，天天基金网的页面展示更简明易懂，见图 6-30。每个工具都有自己的优缺点，我们要做的就是灵活运用各个工具，从而更高效地找到投资标的。

图 6-30　结合天天基金网对比产品

资料来源：天天基金网。

通过图 6-30 的对比我们可以看到，西部利得中证 500 指数增强和申万菱信中证 500 指数优选增强 2 只产品的成立时间都在 5 年以上；规模上，除了国投中证 500 指数量化增强，其他 3 只规模都在 20 亿元左右；跟踪误差最大的是西部利得中证 500 指数增强；管理费和托管费博道中证 500 增强最低，为 0.85%。另外基金公司也可以作为参考指标中的一项。当然，以上只是选取了几只产品举例，你可以再多选几只进行综合比较。

天天基金网和同花顺 i 问财各有优势，前者的页面更加简明清晰，更适合对比；后者的数据更全面，而且可以自定义设置你想要的各项指标，搜索出的产品针对性更强。

（3）晨星网

还有一个网站也值得参考，目前最好的基金评级网站——晨星网（网址 https://www.morningstar.cn/）。

晨星是世界著名的证券评估公司，不仅评价基金，也评价股票，目前在国内的业务主要集中在基金上。比起其他券商的评级，晨星的评级是最权威的。

晨星网中有基金筛选器，还可以看基金公司、基金经理以及基金对比，评估角度和天天基金网以及同花顺i问财有区别，也是非常值得我们参考的。

晨星网两个最主要的功能如下。

1）晨星评级

晨星每月初会发布一个评级报告，现阶段为具备三年或三年以上业绩数据的国内开放式基金提供评级。评级结果分为1～5颗星，5星最好。

晨星在综合考虑业绩和风险的基础上对同类基金进行排序。同样收益的基金，当然风险越小越有吸引力。晨星有一套复杂的算法把风险折算成负收益，然后从正收益中扣除，进行风险调整，风险调整后收益排名前10%的被评为5星，其后22.5%的基金被评为4星，中间35%被评为3星，随后22.5%被评为2星，最后10%被评为1星。同时还有3年、5年评级，如果不同阶段都是5星评级，说明产品整体质地不错。

2）基金投资风格箱

基金投资风格箱是个3×3的矩阵，横轴描绘基金持有的股票的价值-成长特性，分为价值型、平衡型、成长型；纵轴描绘基金持有的股票的市值规模大小，分为大盘、中盘、小盘。

价值型基金的投资理念一般是长期价值投资，以追求中长期稳定收益为基本目标，选择个股注重低市盈率和安全边际，很少追逐市场热点。

国外价值型投资的典型代表是巴菲特的老师——格雷厄姆，国内的典型代表是中欧曹名长、广发林英睿、嘉实谭丽等。

成长型基金主要投资成长股，即通常我们所说的"新经济"、新兴行业，这些行业多集中在信息科技、生物医药、新材料、新能源、高端制造、人工智能等领域。这类公司成长性好，但是多数时间市盈率也较高。判断成长型的核心指标是企业盈利增速。国外成长型投资的代表人物是费雪，国内典型基金经理代表是信达澳银冯明远、广发刘格菘等。

平衡型基金的投资风格重在讲究平衡，这类基金同时投资于价值股、成长股，投资分布在多个行业。核心指标为 PEG⊖，除了注重估值，同时也注重企业的盈利增速。国外代表人物如彼得·林奇，国内基金经理的典型代表如兴全谢志宇、广发傅友兴等。

所谓大盘、中盘、小盘的概念，是根据上市公司的市值或流通股本来划分的。一般把市值 500 亿元以上的股票看作大盘股，200 亿～500 亿元之间的看作中盘股，其余的是小盘股。在基金持仓组合中，如果一只基金投资的股票多是大盘股，那么可以认为它就是一只"大盘风格"的基金，如果投资的股票是小盘股，就视为"小盘风格"基金。对于具体某只基金属于大盘还是小盘风格，与基金本身的规模无关。比如，一只 100 亿元规模的基金可能是小盘基金，而某只 10 亿元规模的基金也可能是大盘基金。

一般来讲，风险收益由大到小为：成长＞平衡＞价值，小盘＞中盘＞大盘。当然，风险与收益是相伴而生的，风险大的品种可能收益会更高，但并不绝对，要结合不同的市场环境、市场风格以及估值区间来综合判断。

⊖ PEG 指标（市盈率相对盈利增长比率）：公司市盈率除以公司的盈利增长速度。

如图 6-31，该基金是一只大盘成长型基金，结合基金投资风格箱，我们可以很方便地查看某只基金的投资风格。

图 6-31　基金投资风格箱

以上就是挑选好基金的工具和方法，无论挑选哪一类指数下的基金都可以运用以上原则和标准。

对于已选出的一组产品中具体哪只是最好的，没有标准答案，也没有必要太过纠结。在上百只跟踪同一指数的基金产品中，收益的首尾差距的确非常大，但是通过各项指标，我们把范围从上百只缩小到了几只，筛选出的一组选手已经是"尖子生"，区别可能是规模大的更稳定，规模小的进攻性更强，我们结合自己的风格去选就好，没必要也不可能找到未来收益确定最高的那一只。这也是投资的特性和魅力——永远没有标准答案。我们能够把握住模糊的正确，赚到趋势的钱，在投资中就已经算是高手了。

4. 如何查看一只基金的基本信息

我们打开一只基金的"简历"时，会看到很多指标。这些指标都代表了什么？具体怎么去分析？下面我们来学习怎样具体去查看一只基金的基本信息。

打开天天基金网，在首页输入想要查询的基金代码，然后会出现基本信息页面，见图 6-32，下方包括基金概况、持仓明细、行业配置、基金公告等在内的基金档案模块。

实战篇：手把手教你选到好基金

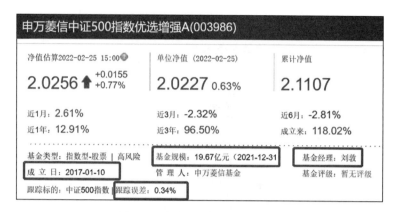

图6-32　查看一只基金的基本信息

资料来源：天天基金网。

（1）跟踪误差

跟踪指数的基金和该指数的涨跌不可能是完全同步的，跟踪误差就是用来描述这两者之间的跟踪差值。都是跟踪一只指数，买入指数中规定的个股，但是各家基金公司的产品收益会有差距。原因是各只基金在操作过程中，无论是股票和留有现金占比、个股买入比例，还是买卖时机的把握，以及各只基金费用的不同，长期累积起来都会产生收益差距。而跟踪误差值越小，说明基金跟踪指数的效果越好，所以这个数值应该是越小越好。

（2）单位净值

单位净值＝基金总资产／总份额，简单理解就是你买入一份基金的价格。有一点需要注意的是，场外基金交易在下单时看到的单位净值并不是你买入的价格。如果你在当天收盘前申购，基金公司会在收盘后根据当天的数据计算出净值，在晚上7点到10点更新净值，这个更新后的净值才是你买入的价格。

(3) 累计净值

累计净值=单位净值+累计分红。我们知道上市公司会分红，持有这些股票的基金也会不定期进行分红。比如某只基金显示：单位净值1.8233元，而累计净值3.7233元。累计净值反映的是基金成立以来的历史收益，是单位净值和累计分红之和。单位净值的高低并不能代表基金质地的好坏，不要看到单位净值1元的基金就觉得比单位净值3元的更合算。

(4) 净值估算

净值估算是平台根据大盘行业走势，以及基金的各项数据，估算第二天可能的基金净值。各平台评价标准不同，本身也是估算，所以这个数据意义不大。现在各家平台的净值估算都不再直接显示，而是先提示风险并需要手动点击打开，这种估算基本没有实际意义，因为市场走势根本无法预计。

(5) 基金概况

基金概况包含了基金最基本的各项信息，如基金代码、成立日期、基金管理人、基金托管人，以及各类费用，像管理费率、托管费率、最高申购费率、最高赎回费率等，见图6-33。

(6) 基金持仓及行业配置

见图6-34和图6-35，通过持仓和行业配置，我们可以对这只基金投资的行业和投资风格有一个大致的了解，然后可以结合自己对未来行业的观点综合判断。

(7) 基金公告

有的同学在投资过程中会发现，有的基金不能买卖了。这些信息都可以查询基金公告，里面都会有详细说明，见图6-36。

基本概况		其他基金基本概况查询：	请输入基金代码、名称或简拼
基金全称	申万菱信中证500指数优选增强型证券投资基金	基金简称	申万菱信中证500指数优选增强A
基金代码	003986（前端）	基金类型	指数型-股票
发行日期	2016年12月23日	成立日期/规模	2017年01月10日 / 2.157亿份
资产规模	19.67亿元（截至：2021年12月31日）	份额规模	9.4196亿份（截至：2021年12月31日）
基金管理人	申万菱信基金	基金托管人	农业银行
基金经理人	刘敦	成立来分红	每份累计0.09元（2次）
管理费率	1.00%（每年）	托管费率	0.20%（每年）
销售服务费率	0.10%（每年）	最高认购费率	1.00%（前端） 天天基金优惠费率：0.10%（前端）
最高申购费率	1.20%（前端） 天天基金优惠费率：0.12%（前端）	最高赎回费率	1.50%（前端）
业绩比较基准	中证500指数收益率*95%+银行活期存款利率(税后)*5%	跟踪标的	中证500指数

图 6-33　基金概况

资料来源：天天基金网。

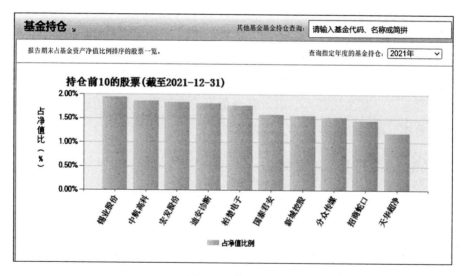

图 6-34　基金持仓

资料来源：天天基金网。

图 6-35 行业配置

资料来源：天天基金网。

标题	公告类型	公告日期
申万菱信基金管理有限公司基金行业高级管理人员变更公告	其他公告	2022-02-25
申万菱信基金管理有限公司关于旗下部分基金新增创金启富为代销机构、开通相关业务及开展费率优惠活动的公告	基金销售	2022-02-24
申万菱信基金管理有限公司关于旗下部分基金新增乌鲁木齐银行为代销机构、开通相关业务及开展费率优惠活动的公告	基金销售	2022-02-22
申万菱信基金管理有限公司关于旗下部分基金新增广发证券为代销机构的公告	基金销售	2022-01-26
申万菱信中证500指数优选增强型证券投资基金2021年第4季度报告	定期报告	2022-01-24
申万菱信基金管理有限公司旗下部分基金季度报告提示性公告	其他公告	2022-01-24
申万菱信基金管理有限公司关于旗下基金参加兴业银行开展的费率优惠活动的公告	基金销售	2022-01-13

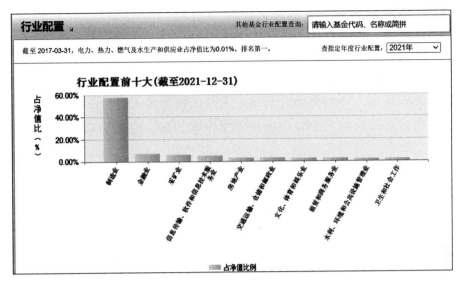

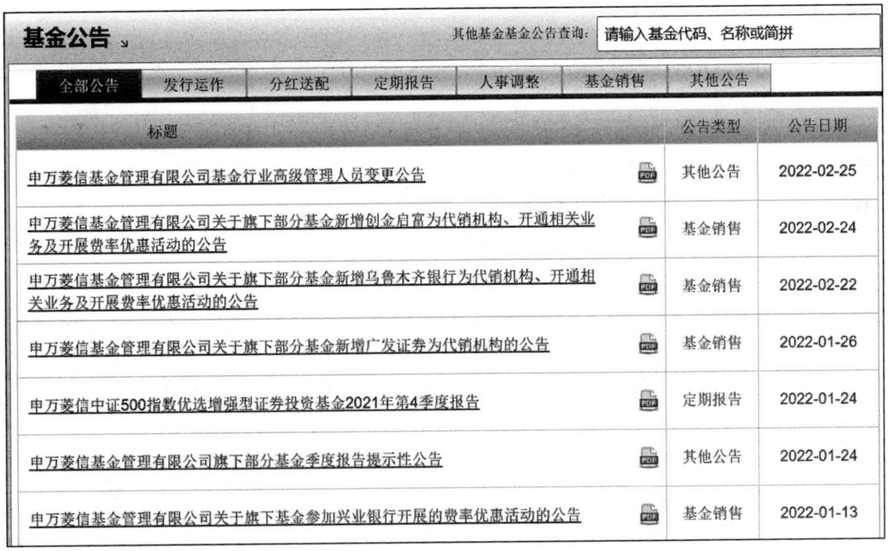

图 6-36 基金公告

资料来源：天天基金网。

5. 详解各类基金名称和类型

有一些基金的名字很长，很多初学者不明白是什么意思。比如指数基金后面的 A、B、C 代表了什么，ETF 和 LOF 有什么区别，什么是场内基金，什么是场外基金，场外联接基金又是什么，该不该买增强型基金等。接下来我们就来解决这些问题，把各类基金看得清楚明白。

（1）指数基金后面的 A、B、C

我们申购基金是要交申购费和赎回费的，简单理解就是买卖的费用。A、B、C 三个字母代表了三种不同的收费方式。A 类为前端收费，申购时直接扣除申购费，前端收费模式也是目前市场上最常用的基金收费模式；B 类为后端收费，在申购基金时不扣费，等到赎回时再扣，根据持有时间不同收取不等的费用。A 类和 B 类的赎回费用都随着持有期限的延长而降低，基本上 2 年以上免赎回费。两种收费方式的差异有点类似于快递的寄方付费和收后付费的区别。现在的产品基本都采用 A 类前端收费方式，B 类后端收费方式已经淡出市场。

C 类收费方式与以上两种有很大不同，免申购费和赎回费，即买卖都不收费，而是按日提取销售服务费（一般是 0.2%/ 年）。C 类产品更适合持有时间不确定，或者做短期波段的投资者。

那投资者具体选哪类买入呢？这主要由持有时间长短决定，2 年是一个分水岭，如果投资时间在 2 年以上，就直接选择 A 类产品；如果是做短线波段操作，持有时间少于 2 年，选择 C 产品更加合算。

（2）增强型基金和优选基金

无论是增强还是优选，其实都是在跟踪指数的基础上加入了人为操作，力求在控制风险的同时获取超越原指数的收益。这两类产品的操作方式可能是对成分股进行一定程度的增持、减持，去买指数成分股以外的个股，或者进行量化交易等。数据统计，有超过半数的增强型基金收益是超越原指数的，当然也有一些增强型基金的表现还不如原指数。

（3）ETF 和 LOF

ETF 是典型的场内基金，需要用股票账户才可以交易。LOF 介于场内基金和场外基金之间，既可以在场内买，也可以在场外买。

为了让没有股票账户的场外投资者也能买到场内基金，于是有了投资于场内的联接基金，如 ETF 联接基金。

（4）场内基金和场外基金

场外基金通过支付宝、天天基金等第三方平台进行交易，也是目前我们大部分投资者选择的投资品种。场外基金交易的称呼不是买卖，而叫作申购和赎回，因为我们是在和基金公司做交易，用钱去申购基金公司发行的基金，盈利了把基金归还给基金公司，再赎回自己的钱。

场内基金除了可以被申购和赎回之外，其份额还可以被放在证券交易所和其他投资者处交易，这就有点类似于既可以在房地产商那里买一手房，也可以从其他人手中买二手房。但前提是你需要有股票账户，用股票账户来操作场内基金。

场内基金和场外基金的具体区别体现在以下几个方面。

交易渠道：场内基金交易是用证券公司的交易软件，场外基金申购赎回是通过银行、第三方平台和基金公司网站。

交易对象：场内能购买 ETF 和 LOF，场外购买的是普通开放式基金。

交易费率：场外基金通过基金公司的平台或第三方平台交易，申购费通常是一折，如 0.15% 左右，赎回费不打折，基本上是 0.5%，持有两年以上基本可以免赎回费；场内基金的交易费用遵从所在券商的佣金规定，经过不断降费，现在多家券商已经可以给到单边万一，即 0.01%，买卖一共0.02%，单笔交易费用比场外更低，另外场内基金的交易免收印花税。

确认及到账时间：场内购买基金后立即确认，可以在第二个交易日卖出；场外申购基金后，第二个交易日确认基金份额，再下一个交易日才可以赎回。

交易价格：场内基金价格每15秒刷新一次，报价与股票类似，场内撮合价成交；场外基金是未知价格，以当天收盘后基金净值进行交易。

跟踪指数效果：ETF跟踪指数效果更好，非常透明，而且股票持仓仓位更高，资金利用率几乎为100%；普通开放式基金或指数基金的股票仓位最高为95%，还有5%的资金要按合同要求做流动性管理，以应对客户的赎回。

那我们到底应该选择场内基金还是场外基金呢？

根据上面的对比可以看出，ETF几乎可以完全复制指数的走势，而这一点恰恰是投资指数基金最重要的考量因素之一。同时由于ETF近乎满仓的股票仓位，从长期来看，收益会略高于场外基金。如果跟踪同样的指数，ETF比场外基金平均每年可能会高1%左右的收益，时间拉长的话对于投资收益还是有一定的影响的。

ETF在国内成立时间不是很长，很多投资者对它还不是很了解，但是由于具有投资逻辑简单、成本低、流动性好、资产配置效率高的优点，ETF在国外成熟资本市场是最受欢迎的金融产品之一。

如果你刚刚入市没什么经验，平时上班也很忙，没有时间看市场行情，或者很容易受到市场情绪的影响，那么直接选择简单、方便、易操作的场外基金。因为场内价格波动等干扰因素较多，多数场内投资者很难管住自己的手，投资基金最后变成了炒股，每天追涨杀跌，那还不如老老实实场外定投。

对于想要了解场内操作的投资者，我们以新能源车 ETF 为例，讲一下 ETF 的买卖操作。具体操作上，ETF 的买卖与股票买卖基本一致。

首先在你的股票账户中（如利用恒泰九点半 App）输入要购买的 ETF 代码，比如输入 515030 就会出现新能源车 ETF 的具体交易页面，和股票一样，ETF 也有买卖的 5 档行情。然后在下方填写你选择的购买价格和买入数量，点击"买入"进入确认页面，点击"确认买入"就算是委托下单成功，之后等待撮合成交就行了，整体成交模式和股票相同。要查看你是否已经买入成功和成本价格等信息，可以点击"持仓"，这里会显示你目前持有的股票基金份额及盈亏（见图 6-37）。

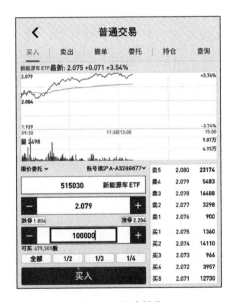

图 6-37　场内操作

以上就是场内基金的操作方法，非常简单，各个券商软件功能基本类似，只是具体操作方法有些微区别。如果遇到问题也可以直接给券商客服打电话询问，现在各家券商的服务都越来越方便了。

本章小结

本章是全书中内容最多、难点最多的一章，建议读者多花一点时间学习。把这章掌握住，就解决了绝大部分选择指数基金的问题。本章内容主要包含两大块，即怎么选指数和怎么选基金。

因为指数基金都是跟踪复制对应指数的走势，所以要选基金，先选指数，搞清楚各类指数的概念和风险收益特点是指数基金投资的第一步。

指数一共分为以下三类。

（1）宽基指数

这类指数的选股不限于某个行业，能够帮助我们跟上整个市场的平均收益。如果未来A股能走出长牛慢牛的行情，我们直接买宽基指数就能取得不错的收益。这类指数主要有代表大盘的上证50指数和沪深300指数，代表中小盘的中证500指数和中证1000指数，以及代表新经济成长性的创业板指数、科创板指数及双创50指数。如果想投美股指数，有主流的标普500指数和科技类的纳斯达克指数。

（2）策略指数

策略指数主要有三个品种：分红多的红利指数、波动小的低波动指数、综合素质高的基本面指数。这类指数在宽基指数的基础上再加入不同的策略选股，风险收益特点和宽基指数类似，业绩更加体现在长期，比如三年、五年这类时间段中。另外在市场整体涨幅较大、估值较高的时候，策略指数更加凸显投资价值。

虽然都是策略指数，但是其中的细分指数因为选股范围、所处行业等的不同，收益差距非常大。比如上证红利指数在2021年表现非常优秀，因为其成分股所处行业有很大部分是周期性行业，包括钢铁、煤炭、大金融，这几个行业在2021年都有不错的涨幅。但是如果看长期收益，上证红利指数比起另外几个红利指数要差很多。中证红利指数选股较为分散，深证红利指数更集中在消费行业，标普中国 A 股红利机会指数则相对偏重材料这类传统高股息板块。我们要根据对不同行业的倾向去选择对应的细分指数，而不是看哪个短期涨幅高就追谁。

（3）行业指数

行业指数相比以上两类指数更加复杂。从长期收益来看，消费、医药、科技等行业的指数是最适合普通投资者长期定投的。因为它们长期趋势向上，下跌之后依然能够走出低谷，再创新高。而行业指数的特殊性在于一个行业会有多个细分指数，不同细分指数风险收益差别巨大，这就更需要我们精挑细选。总体来看，大消费、创新药、新能源、半导体等都是未来具有广阔前景的投资方向。另外像周期行业中的券商、基建等行业也都有自己的指数，这类周期品种不适合长期持有，但在某些特定时间段买入也能取得不错的阶段收益。

确定了指数，下一步就是选择跟踪指数的具体基金了。虽然都是跟踪同一指数，但由于现金占比、买入比例、买卖时间点、费用的不同，基金间的收益差距非常大。特别是增强型指数基金，因为在 80% 左右跟踪原指数的基础上，再加入 20% 左右基金经理的主动操作，与常规指数基金的收益差距就会更大。所以我们更要仔细选择。

如何挑选基金，五大标准要记牢：长期收益、成立时间、基金规模、跟踪误差、费率。在选择基金的时候用这五大标准去套一套，看产品符不符合要求。另外还要善用工具，像天天基金网、同花顺 i 问财、晨星网等，都是帮助我们筛选基金非常有用的工具。

投资最大的特点就是它的不确定性，没有任何一个工具或程序能够帮助我们选到一定能够赚钱的产品。但是运用正确的方法和工具可以帮助我们在众多指数基金中进行筛选，不断缩小范围，选到表现最优秀的一组选手，我们再结合不同产品的特点以及自己的风险偏好去选择对应的产品，就能在茫茫"基海"中提高胜率。

基金的挑选是决定最终收益的最重要因素，在选择之前花再多时间，用再多精力，更换修改再多次都不为过。只有经过认真筛选这个过程，我们才能对自己选到的产品更有信心，有信心才能有耐心，才能在市场波动中更加笃定。

CHAPTER 7 ◀ 第七章

如何挑选主动型基金

主动型基金的初试和复试

很多投资者都有这样的经历：在挑选基金的时候，看到各种热销基金或者爆款基金的展示推荐，以及各种布局、策略、热门概念等，一时间很难选择。再看收益率更是让人心动，各种基金动辄近6个月收益50%、近1年收益100%，近1年收益30%都算表现不好的，简直是妥妥的高收益产品。这么好的赚钱机会当然必须跟进，赶紧下单购买。可是等把基金买到手以后，这些产品要么增长慢吞吞，要么反倒跌了，投资者就是等不到期待的高收益。

这就是典型的被各种基金营销给套路了，但这确实是很多基金投资者的真实写照。只有宣传高收益、维持高热度才能吸引投资者的目光。那么怎样才能不被套路呢？或者说，怎样才能判断一只基金是不是值得入手的好基金呢？

这一节我们来学习如何挑选一只主动型基金。

我们把挑选主动型基金的过程分为初试和复试两个环节。

就像招聘面试一样，初试就是先了解一下基金的大致情况，包括基金详细名称、成立时间、基金规模、费率、基金管理人（也就是基金公司）、投资方向、投资理念、投资目标等信息，从而对基金有一个初步印象。

复试就是初试通过以后，进入认真评估阶段，包括基金经理是否值得信赖，真实的历史业绩到底怎么样，投资的方向是否和自己预期相符合，持仓与策略是否一致，是否言行合一等。

接下来我们就来走一遍基金面试流程。

1. 选择主动型基金的初试标准

打开天天基金网搜索基金名称，查看基金概况。

基金概况就相当于一只基金的简历，我们要挑重点内容关注，比如基金公司、基金规模、成立时间、业绩比较基准、投资理念、投资策略。

（1）基金公司

优秀的基金公司是诞生好基金的重要基础，优秀的基金公司有着优秀的基金管理团队、强大的投研支持，这是一只基金取得优秀业绩非常重要的后勤保障。如果你选择的基金来自优秀的基金公司，相当于它系出名门。当然不是说只要是优秀基金公司的产品就都好，就像从排名靠前的大学毕业的不一定都是优等生，但这也算是一个重要门槛。如果一家基金公司你连名字都没有听说过，它的规模又很小，那你就要仔细甄别一下，要更加严格地从其他维度来判断这只产品是否值得投资。

（2）基金规模

基金规模也是要考量的重要因素。主动型基金规模并不是越大越好。有一句话说"基金规模是业绩的天敌"，规模过大必然会增加基金经理管理难度。规模越大，就必然要买入市值更大的公司股票，同时也要买入更多只个股。公募基金中的"双十规则"规定一只基金持有同一股票市值不得超过基金资产的10%，一个基金公司旗下所有基金持有同一只股票不得超过该股票市值的10%。考虑股票流动性的问题，规模较大的基金就需要分散到更多的股票之中。

比如一只规模10亿元的基金可能配置20只股票就够了，100亿元规模可能就需要配置100只甚至更多只股票。而A股市场优质的股票还是比较稀缺的，并且基金经理能跟踪的股票数量也有限。基金的体量越大，对基金经理的自身能力和水平的挑战越大。100亿元往往是基金规模的分水岭。很多基金经理在规模较小时能够取得超额收益，一旦规模迅速扩大，问题就显现出来了。

同时如果规模过大，优秀个股对基金收益的贡献也会被稀释。比如有一只优秀的标的股票收益翻倍，对应10个亿和100个亿的基金规模，收益肯定会相差很多，大盘子必定会稀释单只个股上涨带来的收益。所以我们会发现，市场上规模小的基金更容易产生黑马。一般比较容易创造出超额收益的基金规模在2亿到20亿元。

（3）成立时间

基金的成立时间也是需要考虑的因素，新基金、次新基金和成熟基金有很大区别。一般新基金会有3个月的封闭期，在这3个月的建仓过程中，基金经理会逐步买入看好的个股，这个阶段股票仓位往往不高，如果市场行情正好，新基金有可能跟不上市场节奏，对于资金的使用效率就是一种浪费。而且这只新基金没有经过市场的检验，也没有既往数据可以观察，唯一能看的就是基金经理了。所以除非你特别看好这个基金经理，否则还是选择运行 3 年以上的成熟基金更合适。

市场中还有一句话：牛市买老，熊市买新。就是因为在牛市中高仓位运行的基金不会错过上涨的行情，而在熊市里新基金刚建仓，仓位较低，反而可以躲过下跌。

（4）业绩比较基准

这个指标主要是衡量基金业绩的相对回报，经常被视为基金业绩的"合格线"，如某只基金的业绩比较基准为"沪深 300 指数收益率 ×70%+中证全债指数收益率 ×30%"。通过基金业绩与业绩比较基准的收益率比较，可以在一定程度上判断基金经理的管理水平以及基金的盈利能力。不同类型的基金，业绩比较基准对象不同。通过这个指标，还能够基本判断基金的风险等级和投资风格，看看是否符合自己的偏好。

（5）投资理念

如果某只基金的投资理念提到该基金"投资具有较强竞争优势的消费行业上市公司"，则说明这只基金的投资行业主要集中在大消费，这样我们就清晰了它的投资方向。

（6）投资策略

很多人都不愿意看冗长枯燥的投资策略，但是投资策略正是一只基金区别于其他基金最重要的部分。通过阅读投资策略的描述，我们可以看到基金经理将要购买哪些行业的股票，以及一些基本策略思路。只要认真读过三五只基金的投资策略，再看其他基金的策略时我们只需要看差异部分就可以了。

从上述六个方面进行初步判断后，如果是优秀基金公司的产品，基金规模适中，成立时间在 3 年以上，一直跑赢业绩比较基准，我们对其投资策略比较认可，那么这只基金的初试就算通过了，就可以进行下一轮的复试。如果初试中的某一方面或者几方面都不能符合要求，那这只基金就可以直接筛选掉了。

2. 复试主动型基金的几大维度

一只基金经过初试，如果基本符合自己的要求，那它算是及格了。接下来主要从四个维度来深入地研究它值不值得长期投资：基金经理、历史业绩、风险控制、基金持仓。

（1）基金经理

我们之所以要投资主动型基金，就是因为希望找到更优秀的跑赢市场的基金产品，能够取得超过指数的收益。最终能否取得理想的收益，最关键的因素就是人，也就是基金经理，基金经理可以说是一只基金的灵魂。因为每一只主动型基金的投资组合和投资策略都是由基金经理决定的，他是我们资金的受托人。我们之所以不自己炒股，是因为相信专业的人做专业的事，把钱交给基金经理来帮我们操作赚取收益。

从某种意义上来说，基金经理对于基金公司的作用，就像 CEO 对于一家公司的价值。每一只在市场上叫得响的优秀基金都有一位大名鼎鼎的基金经理，比如富国天惠成长混合的朱少醒、易方达蓝筹的张坤、景顺长城鼎益混合的刘彦春，等等。大多数投资者都听过他们的名字。

截至 2021 年年底，我国的公募基金行业拥有超过 3000 位基金经理，那么如何来判断一个基金经理是否值得托付呢？挑选基金经理其实也是一门专门的学问，我们考察一个基金经理可以从年龄、从业年限、工作履历、任期收益还有投资理念及特长等几个维度分别来看。

年龄：一般情况下应该在 35 岁以上。因为基金经理这个职业依赖于专业、经验和一定的天赋，过于年轻的基金经理至少在经验上还是有欠缺的。

从业年限：至少要在基金经理这个岗位上从业 3 年，这样才有可能找到自己的投资风格，形成比较稳定的资产配置能力，更有可能挖掘到有潜力的个股。当然，最好的情况是完整经历过一轮牛熊的基金经理，这样他的投资风格能够经过不同市场的验证。

工作履历：最好有相关的产业背景和研究背景，与其管理的基金应该有一定的匹配度。比如专门投资于医药行业的基金经理，如果本身是医学相关专业出身；或者投资于半导体芯片领域的基金经理，在相关产业有深入研究或从业经验，这类专业型基金经理对于行业的认知会更加深刻，选股上也会更有经验。

任期收益：考察基金经理的任期收益，主要是看其取得投资回报的能力，以及与同类的比较。要特别注意基金收益与现任基金经理的关系。如果这只基金长期收益不错，但现任基金经理任职时间比较短，那这个业绩与现任基金经理关系不大。

投资理念及特长：这个是最重要的，基金经理的投资理念、擅长领域和市场风格的契合度直接影响着基金的业绩。每只主动型基金都会有自己的投资理念，一般来说，基金的投资理念是明确且稳定的。

那么从哪里知道基金经理的投资理念和擅长领域呢？最直接的就是查询这只基金过往的投资行业、重仓个股、仓位控制等。同时在网上找基金经理相关的文章，包括报告、采访以及对市场的相关评论等，从中了解该基金经理的投资理念以及专注研究的领域，看你自己是否认可，只有和你的投资理念相吻合，才是你应该去投资的产品。

如果正在投资的产品基金经理发生变更，也要高度重视，新任基金经理的理念可能有很大不同，仔细观察后决定是否要继续持有。

（2）历史业绩

基金的历史业绩也非常重要，虽然我们常说"历史业绩不代表将来"，但是长期业绩稳定的基金，至少证明了基金经理选股和操作的能力。如果历史业绩一直都表现不佳，甚至在整个市场行情都不错的情况下，基金表现依然很一般，那么它的未来很难让人信任。

选择主动型基金一要看阶段业绩，比如近 1 年、近 2 年、近 3 年甚至近 5 年；二要看年度业绩，也就是基金在不同年份的收益，比如 2019 年、2020 年、2021 年等，单年度收益也很重要。不要只看短期收益，不要被基金的"运气"迷惑。

阶段业绩主要关注近 1 年、近 2 年、近 3 年、近 5 年的业绩（有很多基金成立时间较短，最长只有 3 年业绩，这样要把同时间段收益进行对比），看这几个阶段的业绩是不是都比较优秀，即在同类基金排名中是否靠前。这里有一个原则：时间越长，排名要求越高。对于最近 3 个月、半年的业绩可以适当放宽要求。图 7-1 为某基金阶段业绩。

阶段涨幅	季度涨幅	年度涨幅		下载天天基金手机版，随时查看阶段涨幅		截至 2022-03-03		更多>
	近1周	近1月	近3月	近6月	今年来	近1年	近2年	近3年
阶段涨幅	0.08%	2.78%	-14.77%	-6.75%	-7.45%	30.13%	134.32%	247.31%
同类平均	0.06%	-0.14%	-7.77%	-5.04%	-7.30%	-0.63%	32.68%	69.83%
沪深300	0.49%	-0.27%	-7.13%	-6.02%	-7.87%	-16.52%	11.25%	21.39%
同类排名	960|2089	207|2071	1641|2042	1256|2016	1052|2059	56|1938	15|1810	15|1717
四分位排名	良好	优秀	不佳	一般	一般	优秀	优秀	优秀

图 7-1 某基金阶段业绩

资料来源：天天基金网。

常用的基金四分位排名包括优秀、良好、一般、不佳，基金在同类型基金中排名前 25%，就是"优秀"，排名前 25%～50% 就是"良好"，排名前 50%～75% 就是"一般"，排名后 25%，就是"不佳"。如果基金连续多个考察区间内排名都是"一般"或者"不佳"，就要注意了。

一般人很少注意到基金的年度业绩，这也是一个需要重点关注的指标。阶段业绩的问题是，如果其中有1年的业绩特别好，很可能让近1年、近2年、近3年的业绩看起来都很靓丽。考察年度业绩，能够按照整年看其业绩表现以及稳定性，比如和同类平均走势相比它的表现如何，每年的排名是否能比较稳定地排在前25%，每年是否能稳定地跑赢沪深300指数，因此从这个指标可以考察这只基金业绩的稳定性（见图7-2）。

阶段涨幅 季度涨幅 **年度涨幅**								
	2021年度	2020年度	2019年度	2018年度	2017年度	2016年度	2015年度	2014年度
阶段涨幅	40.20%	110.76%	48.06%	-25.41%	13.36%	-5.88%	--	--
同类平均	8.18%	41.00%	33.57%	-13.93%	10.54%	-7.23%	--	--
沪深300	-5.20%	27.21%	36.07%	-25.31%	21.78%	-11.28%	--	--
同类排名	93|2125	19|2031	359|1886	1281|1778	310|1524	484|720	--|--	--|--
四分位排名	优秀	优秀	优秀	一般	优秀	一般		

图7-2　年度业绩

资料来源：天天基金网。

（3）风险控制

我们判断一只基金的好坏，一方面要看不同时间段的业绩，特别是中长期收益；另一方面要看基金的风险控制水平怎么样，这一点非常重要！

优秀的基金经理不仅让基金在牛市跟得上涨幅，关键在熊市"抗跌"，跌幅小，亏得少，这样才能获得较高的长期收益。举个极端的例子，比如基金在第一年收益率100%，第二年收益率-50%，那么两年下来基金的收益率是0。

考察基金的风险控制水平，主要看3个指标：波动率、夏普比率、最大回撤。

波动率，表示收益率变化程度的指标，波动率越大说明风险越高。波动率指标越小越好。

夏普比率，表示每承受一单位的风险，预期能获得多少超额收益。一份风险一份收益和一份风险两份收益，我们肯定会选后者，夏普比率指标越高越好。

最大回撤，表示历史上基金净值从最高到最低的下降幅度，反映了基金经理的风控能力。最大回撤绝对值越小越好。

以上指标在天天基金 App 的特色数据中都能查到（见图 7-3）。

图 7-3　风险控制指标

资料来源：天天基金 App。

（4）基金持仓

我们要特别关注基金持仓，包括投资范围、与市场风格的匹配度、股票占比、仓位、持仓风格等。

基金合同中会明确规定基金的投资范围，我们需要知道我们购买的基金产品的底层资产和投资方向是什么。有时候从基金的名字就能看出来，比如说某消费行业股票基金、某医药行业混合基金、某科技主题基金，等等。

同一只优秀的基金，放在不同的时间段，表现差异会非常大，主要在于基金主题是否与当下市场风格相符合。比如 2019 年和 2020 年是消费、医药等蓝筹股的天下，这类行业主题的主动型基金表现大多不错，但是进入 2021 年，这些行业几乎跌了一整年，相关主题基金有很多当年收益为负值。所以在投资一只主动型基金之前，我们要了解它的投资主题和方向，如果你判断这些行业连续上涨估值已经太高，或者不符合当下的市场趋势，那么就要考虑是否现在买入这只产品。并不能单纯看基金经理的光环和基金的过去收益就直接下单。

主动型基金还要关注股票占比，可能很多人不知道自己买的是股票型基金、混合型基金还是债券型基金，它们很重要的区分点就是契约中规定的股票资产仓位。股票型基金的股票资产仓位要在 80% 以上，混合型基金的灵活性较高，具体可以查询基金合同。

仓位是影响基金风险和收益的一个重要因素，简单理解就是如果你想买 1 万元的基金，现在已经买进了 3000 元，那你目前的仓位是 30%；如果已经买入了 7000 元，那仓位就上升到了 70%；如果 1 万元全买进了，那你就已经满仓。实际上好的基金经理也是靠仓位和选股的变化来增强盈利和降低波动的，就像开车，好司机不会一脚油门一脚刹车，大多数时候是根据前方情况，靠着油门松紧就能控制车速。如果是偏股混合型基金，股票的仓位这个月是 30%，下个月是 90%，下下个月又变成了 60%，这就很不稳定，最好是选择仓位较为稳定的基金。同时我们也可以根据仓位判断基金经理对于接下来市场的看好程度。

另外就是避免挂羊头卖狗肉，名字和实际持仓不符。比如叫某某消费行业基金，一看前十大重仓股都是银行保险和能源基建。在选择基金的时候一定要关注持仓，不能被基金的名字和简介误导了。

持仓风格非常重要，有的基金经理偏好周期股，比如银行、地产、有色等，有的基金经理喜欢消费和医药，有的基金经理偏爱高端制造，有的喜欢重仓押宝一个行业，有的持股非常分散，这些我们都可以通过持仓来了解。

以上就是基金复试的四大重要维度。挑选基金是一个非常慎重的事情，就像前面说的，在买入之前你多么详细地筛选比较都不为过，这样在接下来长期的持有中你才有信心拿得住。

3. 基金评级

在经过以上的初试、复试之后，还有一个指标——基金评级可以参考。就像现在人们要去餐厅吃饭，都会打开大众点评看一看，看大家给出的评价，看餐厅的总体评分，如果评分太低，就有可能直接否了。

基金评级类似于基金行业的大众点评，只不过大众点评是由普通消费者打分，而基金评级则是由符合条件的专业机构评定。根据定义，基金评级是指基金评级机构收集有关信息，通过科学定性、定量分析，依据一定的标准，对投资者投资于某一种基金后所需要承担的风险，以及能够获得的回报进行预期，并根据收益和风险的预期对基金进行排序。

根据中国证券投资基金业协会的规定，目前可以从事基金评级业务的机构有七家，可分为两大类。第一类为独立评级机构，这类机构以著名的外资评级机构晨星为代表，此外还有国内的天相投顾、济安金信。第二类为证券公司的基金研究部，包括银河证券、海通证券、上海证券、招商证券四家。

不同的基金评级机构的评价方法会有一些差别。但是总的来说，相比个人投资者，评级机构的评选更加专业，筛选的方式会综合更多的因素。其中，晨星的五星级评价体系在国内的基金评级中比较具有权威性，已经成为整个行业的标杆，它的评级标准比较成熟，并且数据都免费开放。

查看基金评级的方式主要有两种。第一种是通过评级机构官网查询，比如晨星评级，就可以通过登录晨星中国官网来查看；第二种是登录第三方基金销售平台或财经网站，比如天天基金网等。经过初试、复试的基金如果在各评级机构长期评级中都被评为五星或者四星，那就又多了一层保障。

那么，我们选基金能完全依赖基金评级吗？答案是不能。因为基金评级虽然能在一定程度上反映基金的运行状况，但都是基于过去的数据进行的分析，不能完全代表未来的情况。即使是专业的基金评级，仍然会有一些不足。

比如，基金评级在中国还不太成熟。公募基金是发展时间比较短的一个行业，国内的基金经理更换频率远高于成熟市场，一只基金可能在几年里就更换了几个基金经理。对于主动型基金来说，基金经理就是产品的灵魂。如果一只基金刚更换了基金经理，而基金评级没有随之改变，那么当前的评价结果可能只是反映了前任基金经理的业绩。在这种情况下，参考基金评级的结果就是不合理的。

就像晨星对外所称的："晨星星级评价是以基金以往业绩为基础的定量评价，旨在为投资人提供一个简化筛选基金过程的工具，是对基金进一步研究的起点，而不应视作买卖基金的建议。基金具有高的星级，并不等于该基金未来就能继续取得良好的业绩。"

因此，对于基金评级的使用，我们需要注意以下几点。

第一，不同类型基金之间的星级比较没有意义。基金的评级排名只针对同类型的基金进行排名。假如拿一只股票型基金和货币型基金比较，这两个不同类型的基金之间是没有可比性的。

第二，优先考虑权威机构。

第三，基金评级在某些层面上，的确可以作为挑选基金的参考，比如一只基金在过去的 3 年或者 5 年甚至更长时间里，获得的评级都是 5 星，那么这只基金过往的业绩是值得肯定的，这只基金也是相对更值得信赖的。

第四，基金评级仅作为筛选的参考之一，过去的表现好，不代表未来的收益一定高。

不同的偏好，不同的选基方法

1. 广撒网海选

在经历了 20 余年的发展之后，目前的基金市场已经呈现出百花争艳的盛况，基金数量已经比 A 股市场的股票数量还要多一倍，此时选择一只理想的基金就好像大海捞针。

在这种情况之下必须借助一定的工具才能实现选到理想基金的目标。如果你既没有明确的主题倾向，又对基金公司、基金经理没有特别明显的偏好，就是想选一只各方面综合条件还不错、符合自己要求的基金产品，可以先采用海选的方式来筛选，这也是一种非常粗略的选择方式。

在前面的章节中，我们提到了天天基金网和同花顺 i 问财两个工具网站。本节我们用同花顺 i 问财工具尝试进行主动型基金的筛选。

进入同花顺 i 问财的页面，点击左侧"基金"之后，就可以在搜索框中输入自己设定的筛选基金的条件。比如，我们想挑选一只成立 3 年以上的混合型基金，希望最近 3 年的收益能排在前 25%，也就是四分位排名达到"优秀"级别，规模不能太小要在 10 亿元以上。根据自己设想的标准，只需要在搜索框中输入简单的几个词作为条件：混合型、成立 3 年以上、近 3 年收益排名靠前、规模 10 亿元以上、评级五星。系统经过快速计算搜索之后，就会给出搜索结果。

通过这个工具我们可以按照自己设定的各个标准，初步筛选出一部分基金产品。但是海选工具的作用是帮助我们选出在某类市场风格或同一类型产品中表现最优秀的品种，当这类风格涨幅过大或市场风格整体发生转换时，那些曾经表现优秀的产品也会进入调整期，因此我们绝不能只看业绩排名就做决定。就像没有任何一个单独指标能决定股票未来的涨跌，我们必须要结合多个因素做出最终决定。

2. 有特定的主题或策略目标

利用同花顺i问财这个工具在几千只基金中海选，这是没有特定目标时的一个粗略的筛选方式，也是四大选基方法中的一种，另外三种选基方法为特定主题选基、特定基金公司选基、特定基金经理选基。

除了海选法没有特定场景之外，另外三种方法都是特定的场景之下选择基金的方法和过程，具体场景包括：如果有特定的主题或行业方向，适用特定主题选基；如果有自己喜欢的基金公司，适用特定基金公司选基；如果有自己喜欢的基金经理，适用特定基金经理选基。

（1）特定主题选基

根据看好的主题来选择基金，这里的主题可以是行业、概念、地区，也可以是某种风格主题、策略主题等。比如你看好的行业——消费、医药、科技、高端制造、金融地产等。

2019年和2020年是消费大年，大盘蓝筹股表现非常好，多只优秀的消费医药类主题基金都走出了翻倍行情，如果你在这段时间持有消费医药行业的主动型基金，收益就会相当不错。

经过连续两年多的上涨，估值极高的消费行业主题基金在2021年春节后开始了一年多的调整。但正是这年，高端制造板块大幅上涨，新能源车光伏指数涨幅超过了60%，当年涨幅排名靠前的都是这类主题基金。

还有些周期性行业，比如钢铁煤炭，因为上游原材料上涨，在2021年走出了一波不错的行情。但是这类行业的特点就是周期性极强，暴涨后很有可能陷入长时间的沉寂。上一轮钢铁煤炭大涨还是 2015 年那波牛市，之后连续下跌了五年，跌幅超过 50%，这样长时间、大跌幅几乎没有人能够熬得下去。

选择主动型基金时，主题和行业方向是非常重要的。即使是优秀的基金公司、优秀的基金经理出品的基金产品，也会在某些年份上涨，某些年份下跌，在选择一只基金前，你必须要考虑产品的投资风格和方向是否与你的未来预期一致。你需要考虑哪些行业会是长牛，哪些行业是未来的发展重点，哪些行业会得到政策和资金的大力支持，哪些行业只是短期炒作。结合主题和行业方向，基金公司和基金经理才会起到更好地帮你选股组合的作用。

这两年市场上有一位非常火的基金经理，毕业于科大少年班，毕业后还从事了一段时间的半导体产业研究，可以说是一位对行业有着深入了解的专业基金经理。当行业风起基金大涨时他被称为"蔡经理"，当半导体行业下跌基金大幅回撤时被称为"经理蔡"。这对于基金经理其实并不公平。因为优秀的基金经理能够帮助我们选到更优质的公司，但是没有人能决定行业的涨跌节奏，所有的行业都有自己的运行周期。行业下跌的时候，投资这个行业主题的主动型基金大概率也是亏损的。所以如果你买的基金亏了，别急着去骂人，先想想自己是否对这个行业足够了解。

那么如何了解具体的基金主题呢？

在天天基金网的热点主题中，有很多长期热门或紧跟市场的主题。比如你长期看好消费的持续增长，可以选择"消费"主题，如果喜欢医药行业的增长空间，可以选择"医药"主题，如果对科技、智能制造有兴趣，有类似的"工业 4.0""电子信息""新能源"等主题可以选择。进入你喜欢的主题之后，能看到与该主题有关的一系列基金列表，再根据好基金的标准，一一筛查，选出自己满意的基金。

比如打开天天基金网，在首页中找到热门主题，点击"更多"，然后下方就会出现不同时间段的热门主题索引。假如你看好锂电池主题，直接点开"锂电池"，相关主题基金就会在下方出现，这样我们就可以轻松找出一个主题下的代表基金产品了（见图7-4和图7-5）。

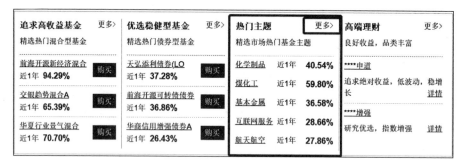

图7-4　特定主题选基

资料来源：天天基金网。

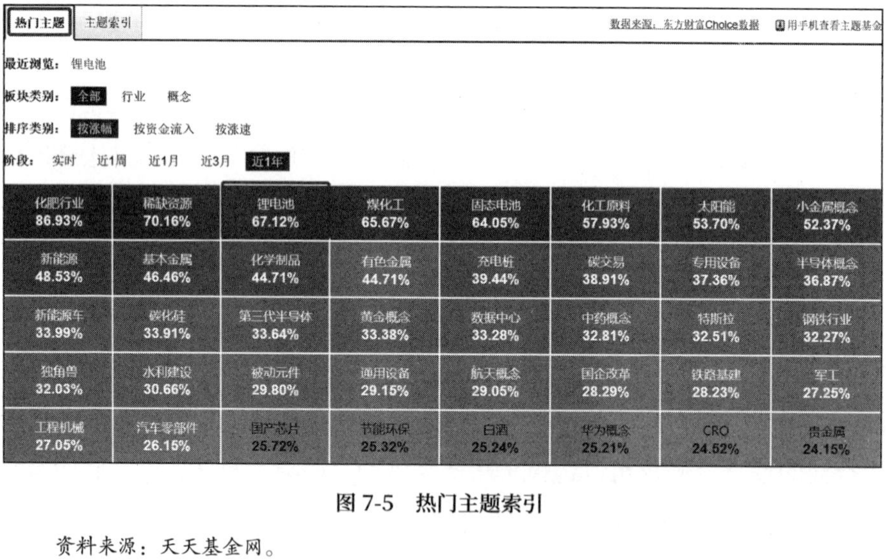

图7-5　热门主题索引

资料来源：天天基金网。

另外还可以找到主题索引（见图7-6），更加全面的行业主题都会在页面中呈现，点开具体的主题，下方也会列出相关主题基金。

图 7-6 主题索引

行业									
交运设备	农牧饲渔	食品饮料	互联网服务	通信设备	房地产开发	塑料制品	家电行业	电子元件	化学制药
证券	保险	银行	有色金属	钢铁行业	航天航空	汽车零部件	化学原料	通用设备	医疗服务
环保行业	化肥行业	贵金属	计算机设备	软件开发	工程机械	专用设备			

概念									
军工	煤化工	新能源	节能环保	网络游戏	化工原料	稀缺资源	黄金概念	生物疫苗	机构重仓
物联网	基本金属	预盈预增	锂电池	云计算	太阳能	铁路基建	水利建设	参股新三板	中药概念
北斗导航	大数据	创业成份	智能穿戴	手游概念	特斯拉	网络安全	苹果概念	国家安防	医疗器械概
智能家居	国企改革	基因测序	小金属概念	国产软件	充电桩	券商概念	5G概念	人工智能	精准医疗
军民融合	大飞机	MSCI中国	养老金	区块链	工业互联	独角兽	OLED	冷链物流	电子竞技
华为概念	光刻胶	国产芯片	无线耳机	白酒	CRO	新能源车	云游戏	传感器	氮化镓
半导体概念	数据中心	第三代半导	无线充电	航天概念	碳交易	固态电池	汽车芯片	被动元件	碳化硅

资料来源：天天基金网。

利用这个工具，我们可以看到感兴趣的主题概念在一段时间内的涨跌，同时也能方便地查询到各主题下的基金产品。主题选基的好处是可以帮助我们直奔主题，避免大海捞针，并且一旦主题飞起，通常会给我们带来超越市场的收益。但是主题概念基金在投资标的选择上不像普通宽基指数基金或者其他主动型基金那么广泛，而是会集中在特定主题或概念的相关个股中，相对来说持股集中度比较高，受单一主题行情的影响较大，更加考验我们的投资能力。

所谓选择主题概念，并不是去盲目地追热点炒概念，而是需要一定的专业判断能力，所以这类基金不太适合比较初级的基金投资者或者理财小白，更适合有一定风险承受能力和一定经验的投资者。

由于主题概念的上述特点，如果选对了主题，就可能获得远超市场平均水平的收益，但如果选错了，也有可能遭受比较大的损失。因此，有一定经验的同学在选择主题概念基金时要十分慎重，以下几个方面需要特别考虑和注意。

第一，关注国家政策以及资金重点支持方向。一般来说，与国家政策相关的投资主题和热点，会被市场反复炒作，因而有很大的升值空间。但要注意国家政策的持续性，比如碳达峰、碳中和、绿色能源、高端制造这样的主题，国家相关政策在相当长时间内都会是非常支持的态度，就值得我们长期关注，但是前段时间热炒的所谓"地摊概念"，显然就不可能是一个长期持续的政策。这方面需要我们通过新闻联播还有各个财经资讯门户等渠道，关注上层政策，并且理解政策的底层逻辑。

第二，对于行业的把握，一是行业是不是有巨大发展空间的朝阳行业，另一个是我们对于该行业是否熟悉。比如新能源汽车以及光伏风电行业，无论从全球还是我国的发展形势来看，都是将来有着巨大发展空间和发展潜力的行业，未来产值都是数万亿元的规模，而且这种趋势不可阻挡，这值得我们长期关注。再比如有些行业可能空间很大，但对于你自己来说，由于自己所处行业的差异和认知范围的不同，可能比较难理解，那也不要轻易去下手投资，比如军工、半导体等这些热门行业。连巴菲特这样顶级聪明的世界级"股神"都认为自己看不懂科技，错过了科技股的投资机会，所以坚守自己的能力圈很重要。对于自己所在的行业，或者与日常生活密切相关容易理解的行业反而可以多关注，比如说大家都熟悉的消费、医药、新能源车等。

第三，入场的节奏。优秀的行业也有涨跌的节奏。涨多了就会跌，跌到合理位置又会再次上涨。即使是朝阳行业，如果总是在热度很高、涨幅很大之后再买入，也有可能要承受长时间的下跌调整。所以这些优秀行业，只要连续下跌幅度很大，或者估值到了合理区间就可以开始定投；如果估值百分位已经极高，未来的业绩增速也不再确定，那就要注意及时止盈卖出。估值和止盈对于我们的投资收益也有极为重要的作用，在后面的章节都会给大家详细地讲解。

第四，整体比例。对于大部分投资者来说，单一行业主题在整体资产配置中占比不应该超过20%，如果单一行业占比过高，当行业进入下跌调整时投资者会很难承受。

（2）特定基金公司选基

我们前面讲了，优秀的基金公司更容易产生优秀的基金产品。所以，在不知道怎么选基金时，可以先选一家靠谱的基金公司。选择的维度既可以是管理基金规模、公司评级、基金数量，也可以是基金经理数量及质量、擅长的基金类型（比如擅长股票型还是债券型、指数型）、获奖情况，或者综合考量，选择一家自己喜欢的或靠谱的基金公司。

我们可以在天天基金网找到基金公司的相关数据，比如打开易方达消费行业股票这只基金，找到基金公司（见图7-7）。

图7-7 基金公司

资料来源：天天基金网。

我们可以查看基金公司规模、成立时间、规模变动、同类排名等信息，还能够找到这家基金公司旗下的所有产品（见图7-8）。

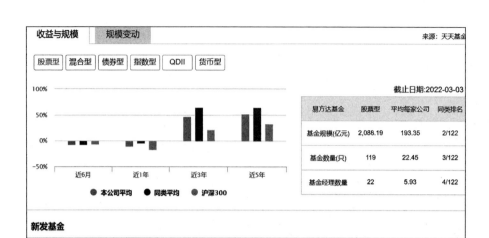

图 7-8 基金公司信息

资料来源：天天基金网。

页面往下拉，就可以看到这家基金公司的所有产品排名（见图 7-9），同时也可以通过基金公司的官网查看旗下所有的基金情况，非常方便对比选择，而且有的基金公司在官网申购基金还有免申购费的优惠。然后，再根据好基金的十大标准进行选择，选出自己心仪的基金。

（3）特定基金经理选基

既然我们认可基金经理的能力，也可以直接找到自己最喜欢、最认可的基金经理，然后再选择具体产品。这也是大部分投资者选择主动型基金的方法，专门奔着基金经理去。专业的事交给专业的人做，优秀的基金经理在选股上的确比我们普通投资者强太多。无论是宏观策略、行业趋势、信息来源还是数据分析，基金公司和基金经理都有着天然的优势。

开放式基金	基金净值	**基金排行**			每个交易日16:00-21:00更新当日开放式基金净值						
全部	股票型	混合型	债券型	指数型	QDII						
基金名称 代码	链接	日期	近1周	近1月	近3月	近6月	近1年	近2年	今年来	成立来 ↓	手续费	操作
易方达平稳增长混合 110001	吧 档案	03-03	0.50%	-0.25%	-9.56%	-4.91%	7.91%	43.47%	-9.83%	1,252.31%	0.15%	购买
易方达积极成长混合 110005	吧 档案	03-03	1.15%	-2.68%	-14.75%	-9.30%	9.58%	49.51%	-16.07%	989.49%	0.15%	购买
易方达科翔混合 110013	吧 档案	03-03	0.85%	0.90%	-10.91%	-5.81%	8.83%	60.99%	-11.11%	822.90%	0.15%	购买
易方达策略成长混合 110002	吧 档案	03-03	-0.35%	-1.11%	-11.24%	-6.43%	6.69%	25.15%	-13.33%	789.53%	0.15%	购买
易方达价值精选混合 110009	吧 档案	03-03	-0.64%	-1.08%	-11.94%	-3.50%	-4.34%	68.50%	-11.52%	722.71%	0.15%	购买
易方达行业领先混合 110015	吧 档案	03-03	0.05%	-1.21%	-9.98%	-2.53%	-9.33%	59.42%	-11.24%	472.13%	0.15%	购买

图 7-9 基金排行

资料来源：天天基金网。

找到基金经理之后，再选择基金就相对容易很多。一般建议选择基金经理的代表性基金进行投资。所谓代表性基金，指的是该基金经理的"成名作"，这只基金的优秀业绩让这位基金经理一战成名。一般情况下，即使该基金经理同时管理多只基金，也会重点关注这只代表基金，因为他要靠这只基金维护自己在基金行业的地位以及在投资者心目中的分量。

但如果代表性基金规模过大或者其他方面不符合自己的要求，也可以从他管理的其他基金中选择，最好选择基金经理自己管理的基金，而不要选择只是他挂名、几个基金经理同时管理的产品。

用这种方法选基一定注意不要只看明星基金经理头顶的光环，要重点研究基金经理的投资风格和投资方向是否和你一致。每个基金经理都有自己的特色和能力圈，他是价值型，还是成长型，或者是均衡型基金经理？他投资的行业非常分散，还是专注于某一行业？你自己又是哪种风格，是更注重收益的进攻型还是稳定型？这些问题都是在选择一只产品前你需要想清楚的。如果你选中的基金经理和你的风格完全不搭，那么很难获取好的收益。除了业绩，你必须要找到真正和你相投的基金经理。

此外，还有几个与基金风格有关的知识点需要掌握。

1)"自下而上"与"自上而下"的选股方法。

所谓"自下而上"的选股方法，主要是从公司层面进行选择。只要通过深度研究发现好的公司，并且价格还相对比较便宜，就会买入并且中长期持有，而不要太理会市场短期的波动。

我们所熟悉的世界级"股神"巴菲特的选股方法就是"自下而上"的方式。"自下而上"的选股方法看重公司的基本面，包括公司的业务模式、发展空间、核心竞争力（也就是平时所说的"护城河"）以及公司的管理团队等。从财务指标上，则主要分析上市公司的毛利率、净资产收益率（ROE）、收入利润增长率、市盈率（PE）等。这种选股方法更符合价值投资者的操作思路。

"自上而下"的选股方法主要从分析宏观经济着手，通过整体市场周期和行业的特征分析，来进行投资标的选择。这种选择方法不是简单地选择上市公司，更为重要的是选择优秀的行业，也就是先选行业，再选公司。另外还会考虑进场的仓位和时间点。如果通过分析认为市场风险很大，即使找到好公司也不买，坚持轻仓策略。这种选股方法更符合趋势投资者的操作思路。

2)价值型风格和成长型风格的区别。

对于价值型投资者而言，买入一只股票或基金的原因，是因为觉得现在公司的价值被严重低估，本身的价格已经处于很低的位置，买入已经是占到了便宜。价值型产品买入时，本身花的价钱已经低于企业的价值，或者说买入之时，本身就已经具备了赚钱的条件，比如花了3元买入了价值 10 元的股票。所以价值型投资的确定性更强，只需要花时间等待市场发现这种低估，等股价恢复到正常状态时，价值投资者就赚到钱了。尽管有时候要等待相当长的一段时间，但根据"均值回归"理论，市场总是会修正自己的错误。

对于成长型投资者，买入股票的理由通常是，看好公司的未来。尽管现在的价格并不太便宜，但是他们认为未来公司的发展会更好，会赚更多的钱，股票价格会更高，以这样的方式来实现盈利。换句话说，虽然目前股票或基金估值比较高，价格比较贵，但是他们认为公司和行业会有很好的成长，未来的成长能消化掉高估值，股价还能创出新高。

这两类风格的产品表现差异会非常大。价值型产品估值是很低很便宜，但是有可能你买入之后还需要在低位徘徊一段时间才会上涨，这个过程会很磨人，很多投资者没有等到上涨就已经卖掉了；如果是成长型产品，估值一直高但是一直涨，不买心痒痒，买了还担心，一旦调整幅度比较大，容易追涨杀跌。所以在投资开始之前，你要先想好，自己是哪类投资者。一旦确定，就要坚持自己的风格，不要买了价值型的眼热成长型涨幅大，也不要买了成长型的一调整就后悔追高。投资中最忌讳风格不断偏移。

怎样查看基金定期报告

按照相关法规，基金产品一年要出六次定期报告，也就是四次季报、一次半年报、一次年报。了解一家基金公司和一个基金经理最重要的窗口就是定期报告。基金报告会展示基金投资策略和运作分析、对未来的展望，反映了基金持有人对过去一段时间赚钱或赔钱的原因分析，怎么看目前的市场，以及下一步应该怎么办。

其中年报是最全面的，通常在一年结束后的 90 个工作日内发布，包含了对全年情况的总结，也包含了大家最关心的基金持股；半年报是在半年结束后 60 个工作日发布；季报是在季度结束后 15 个工作日发布，是我们能够查到的最近期的信息。

这些数据都可以在基金具体页面的基金公告——定期报告（见图 7-10）中查询。

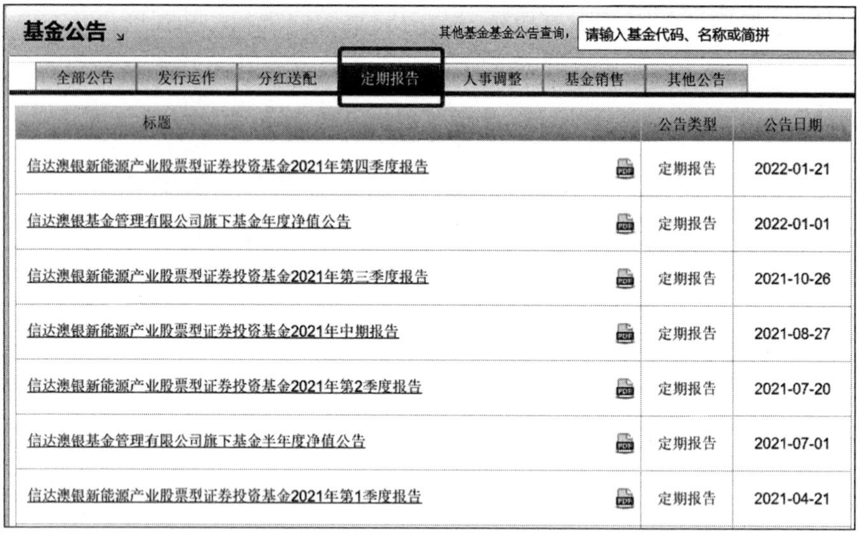

基金公告　其他基金基金公告查询：请输入基金代码、名称或简拼

全部公告　发行运作　分红送配　定期报告　人事调整　基金销售　其他公告

标题	公告类型	公告日期
信达澳银新能源产业股票型证券投资基金2021年第四季度报告	定期报告	2022-01-21
信达澳银基金管理有限公司旗下基金年度净值公告	定期报告	2022-01-01
信达澳银新能源产业股票型证券投资基金2021年第三季度报告	定期报告	2021-10-26
信达澳银新能源产业股票型证券投资基金2021年中期报告	定期报告	2021-08-27
信达澳银新能源产业股票型证券投资基金2021年第2季度报告	定期报告	2021-07-20
信达澳银基金管理有限公司旗下基金半年度净值公告	定期报告	2021-07-01
信达澳银新能源产业股票型证券投资基金2021年第1季度报告	定期报告	2021-04-21

图 7-10　基金公告——定期报告

资料来源：天天基金网。

基金定期报告需要关注哪些重点内容，我们以“信达澳银新能源产业股票”这只基金 2021 年的四季报为例分析。

1. 基金的收益

首先我们最关注的基金的收益可以通过净值增长率去了解，正值盈利，负值亏损。如果这个净值增长率能够长期跑赢业绩比较基准，那就比较理想（见图 7-11）。

图 7-11 信达澳银新能源产业股票型证券投资基金累计净值增长率与业绩比较基准收益率历史走势对比（2015.7.31～2021.12.31）

资料来源：天天基金网。

2. 股票债券的配置比例

股票仓位占比较大说明对于市场看好，更注重攻势，如表 7-1 所示。

表 7-1 报告期末基金资产组合情况

序号	项目	金额（元）	占基金总资产的比例（%）
1	权益投资	16 513 814 758.87	93.29
	其中：股票	16 513 814 758.87	93.29
2	基金投资	—	—
3	固定收益投资	11 281 985.65	0.06
	其中：债券	11 281 985.65	0.06

注：表中"—"表示数据缺失。

资料来源：天天基金网。

3. 基金投资的行业和前十大重仓股

这个指标非常重要，能够帮助我们了解这只基金的风格特征。通过投资的行业和前十大重仓股，可以看出该基金产品主要的投向和偏重的行业，通过对比你也能发现这只产品是否和你看好的方向相一致（见表 7-2、表 7-3）。

表 7-2　报告期末按行业分类的境内股票投资组合

代码	行业类别	公允价值（元）	占基金资产净值比例（%）
A	农、林、牧、渔业	9 501 708.48	0.05
B	采矿业	88 947 760.27	0.51
C	制造业	14 254 479 667.14	81.56
D	电力、热力、燃气及水生产和供应业	550 703 207.37	3.15
E	建筑业	287 333 535.14	1.64
F	批发和零售业	59 718 049.41	0.34
G	交通运输、仓储和邮政业	158 907 271.52	0.91
H	住宿和餐饮业	4 608.00	0.00
I	信息传输、软件和信息技术服务业	541 662 583.05	3.10
J	金融业	108 684 600.79	0.62
K	房地产业	100 255 228.12	0.57
L	租赁和商务服务业	20 942 903.91	0.12
M	科学研究和技术服务业	2 297 221.16	0.01
N	水利、环境和公共设施管理业	67 230 269.72	0.38
O	居民服务、修理和其他服务业	—	—
P	教育	—	—
Q	卫生和社会工作	18 161.78	0.00
R	文化、体育和娱乐业	37 906.44	0.00
S	综合	263 090 076.57	1.51
	合计	16 513 814 758.87	94.49

资料来源：天天基金网。

表 7-3　报告期末按公允价值占基金资产净值比例大小排序的前十名股票投资明细

序号	股票代码	股票名称	数量（股）	公允价值（元）	占基金资产净值比例（%）
1	603659	璞泰来	3 868 437	621 309 666.57	3.55
2	000063	中兴通讯	11 849 131	396 945 888.50	2.27
3	002466	天齐锂业	3 083 345	329 917 915.00	1.89
4	600563	法拉电子	1 298 419	301 752 575.60	1.73
5	600673	东阳光	29 588 594	262 746 714.72	1.50
6	300750	宁德时代	439 183	258 239 604.00	1.48
7	300207	欣旺达	6 058 850	255 441 116.00	1.46
8	002876	三利谱	3 839 662	239 902 081.76	1.37
9	300035	中科电气	7 535 626	227 952 686.50	1.30
10	600516	方大炭素	20 946 675	226 643 023.50	1.30

资料来源：天天基金网。

以上几点就是基金定期报告中的要点，也是我们简单阅读一份基金定期报告必须要掌握的内容。

基金交易中可能遇到的问题

学会了选择基金的方法，在实际交易过程中你可能还会遇到一些比较困惑的概念，本节我们来总结一下常见的概念和问题。

1. 机构占比大的基金更好吗

不管是个人比例高，还是机构比例高，跟基金的运作并没有太大关系。投资群体对于基金收益并没有直接影响。基金持有人结构中如果机构占比很高，说明专业机构对基金的认可。机构投资的特性也更有利于基金经理进行长期布局操作。但如果单一持有者占比过高，比如当机构出现大笔减持，就会导致其他投资者收益受损。如果基金规模较小，还要注意大

2. 换手率高低能否代表基金质地好坏

基金换手率衡量基金投资组合变化的频率，也是投资基金要关注的重要指标，一般做价值投资的基金经理换手率很低，倾向于长期投资，大多数年换手率在 100% 以下。所以如果一只基金持仓一直变动、换手率很高，说明基金经理的调仓非常频繁，不断地买卖股票。一般来讲，换手率超过 400% 就过高了。如果你认真观察，会发现市场上有的基金换手率超过 1000%，频繁买卖已经超过散户。

那么换手率高的基金好还是换手率低的好呢？从数据上看，换手率并不是决定基金收益的因素，有的时间段换手率高的基金收益更好，有的时间段则是换手率低的基金收益更好。所以选择哪类还是要结合你的个人风格，如果你是高风险投资者，愿意用更高风险博取更好收益，那么选择换手率高的产品也未尝不可；如果你是价值投资者，希望长期获得更加稳定的收益，而不是大涨大跌，那么低换手率的基金会更加适合你。你会发现一些风格稳定的老牌基金经理换手率都很低，基本都在 100% 以下。

表 7-4 展示了两只主动型基金的换手率，我们能清楚看出这两只产品的换手率相差很大。但从长期表现上看，这两只基金都是长期收益不错的产品。

表 7-4 基金换手率

报告期	基金换手率（%）	
	景顺长城鼎益混合	银河创新成长混合 A
2021-06-30	76.07	179.44
2020-12-31	42.43	370.23
2020-06-30	63.72	390.20
2019-12-31	74.88	209.47

资料来源：天天基金网。

3. 持股集中度高好还是低好

有机构统计，前十大持股集中度高的基金长期收益率表现好于同类基金，毕竟敢于重仓某几只股票，说明基金经理也是做过深度研究的，精力也会更加聚焦。虽然结果不绝对，但是从风格上讲，持股集中度较高的产品进攻性会高于持股集中度低的基金。这也很好理解，提升持股数量本身也是分散风险的一种方式。如果前十大重仓股过于集中，也会有一个问题，如果重仓股出现"黑天鹅"就会导致基金净值下降过快。

4. 分红的基金赚钱能力更强

分红可能是很多投资基金的人都特别开心的事儿，甚至有人一听说基金要分红，就蜂拥而至地去购买。因为他们认为分红代表着基金赚钱多，其实这是错误的解读。

基金分红是把基金收益的一部分发给投资人，这部分收益原本就是基金单位净值的一部分。

我们来举个例子：假设你以1.2元的净值买了10 000份某基金，那你的总资产就是1.2万元。基金每份额分红0.2元，分红后的基金净值是1.2-0.2=1（元），那基金现在的价值是1×10 000=10 000（元），分红是0.2×10 000=2000（元）。你持有的基金由原先的12 000元，拆成了10 000元的基金份额和2000元的分红，总资产还是1.2万元。

分红前后的基金总资产是一样的。分红的意义在于对基金净值增长的兑现，起到落袋为安的作用。

不过也不是所有的基金都能分红，基金是否分红取决于相关规定和基金合同的约定，要满足三个条件：

1）基金投资获得收益，当年收益弥补上一年度亏损后才能进行收益分配；

2）收益分配后每份基金净值不得低于面值；

3）如果基金当年出现亏损，就不能进行收益分配。

5. 主动基金要定投吗

我们知道定投是一种投资方法，用来平摊成本和分散风险。不只指数基金可以定投，主动型基金也可以定投。特别是当市场已经涨幅较大，或者相关行业估值较高的时候，就可以用定投或者是分批买入的方式。

当然，在整个市场比较低估的时候，如果你特别看好市场或者某个行业的未来发展，又特别看好某个基金经理的基金产品，也可以选择一次性买入主动型基金。数据显示，在低位一次性买入优秀基金并长期持有的收益要高于定投的收益。这个逻辑也比较好理解，定投的最主要作用是平滑成本和降低风险，而不是提高收益。

6. 主动型基金要止盈吗

好的主动型基金可以穿越牛熊，我们看到有很多优秀的主动型基金长期收益是非常不错的。但是股票型基金大部分仓位投资于个股，而且有80%的仓位要求，如果市场上涨到高位区间没有止盈，等到下跌你的收益自然会回吐。所以主动型基金也要在高位止盈。只是因为有优秀的基金经理把握，可以把这个止盈点定得更高。

另外混合型基金对投资品种没有仓位要求，所以如果你想要长期投资一只基金，混合型基金会更加灵活，在市场下跌的时候，基金经理可以把仓位降下来，将收益通过分红的方式发放给投资者，同时也可以加大债券等其他资产的配置来控制整体风险，在不同的市场环境中采用不同的品种搭配，实现长期收益穿越牛熊。当然一切的基础还是基金经理。

7. 指数基金和主动型基金选哪个

之前我们讲过，指数基金会成为未来更多人的选择。对于大多数投资者来说，学好指数基金的投资并做好合理配置已经能够取得不错的收益了。投资宽基指数基金，获得跟上市场上涨的平均收益；投资行业指数基金，跟踪未来发展确定性强的好行业，获得超过市场平均水平的收益。

但是由于成立时间短，我国资本市场改革还在进行中，同时结构以散户投资者为主，所以整个市场的有效性较低。正是这样的市场环境为主动型基金提供了施展的机会。所以从目前阶段来看，优秀的主动型基金还是有能够超越指数基金取得超额收益的机会。主动型基金与指数基金最大的区别之一，就是基金经理发挥了极其重要的能动作用。在过去的十几年时间里，涌现出了一批优秀的基金经理，他们执掌的主动型基金大幅跑赢了市场。

但是我们要注意主动型基金之间的差异是非常大的，有相当一部分主动型基金没有跑赢指数。优秀的基金经理也需要时间的验证，需要市场风格的配合。你不能确保基金经理能够连续多年抽到"上上签"，市场的风格永远都在变化，而基金经理的能力圈确实是有限的。选择主动型基金的难度肯定要远大于指数基金。

如果你长期看好未来市场的发展，直接买沪深300、中证500这类宽基指数基金获得整体市场的平均收益；如果看好优秀行业的未来前景，可以直接投资于行业指数基金。在市场风起的时候，跟踪行业的指数基金收益甚至会高于大多数行业主动型基金。

但是如果把时间拉长，像消费、医药、科技这类行业，优秀基金经理的选股能力就会得到更充分的体现，帮助我们赚取更长期的超额收益；而一些顺周期行业像银行、钢铁、煤炭类，直接追踪指数就好。

本章小结

继上一章选择指数基金后，本章我们着重讲了如何选到优秀的主动型基金。从历史上看，市场上有多只优秀的主动型基金能够穿越牛熊，取得超额收益。主动型基金是我们投资组合取得长期收益非常重要的配置之一。但是它的选择难度肯定大于指数基金，因为有人为因素的存在，变量就会增加。

在选择标准上，我们用初试和复试来初步判断一只主动型基金的质地。初试的标准比较简单，先简单认识了解一下基金的大致情况：包括基金公司、成立时间、基金规模、业绩比较基准、投资理念、投资策略等。

初试通过之后，复试的考察维度就要进一步深入：决定一只主动型基金收益最关键的因素就是基金经理。选择哪只股票买入，重仓股占比多少，什么时候买卖，仓位的高低，无论是选股还是择时都依靠基金经理的决断。

判断基金经理也有相应的指标，包括年龄要求一般在 35 岁以上，至少要在基金经理这个岗位上有 3 年的经验，虽然有一些年轻的基金经理管理的产品短期收益排名非常靠前，但是毕竟没有经过不同市场环境的考验，甚至有人出道即巅峰。而且对于专门投资于某些行业的主动型基金，基金经理最好有相关的从业背景和研究背景，这样对行业内公司的判断会有更强的专业性。

同时还有一个重要指标就是基金经理取得的中长期收益，虽然历史业绩不代表将来，但是长期不同市场环境中业绩稳定的基金，至少证明了基金经理选股和操作的能力。除了收益，风险控制也是关键一环。一年 3 倍不难，三年 1 倍却不多。投资不仅要看涨时赚得多，还要看跌时亏得少，这样才能体现长期收益。风险控制着重看三个指标：夏普比率、最大回撤、波动率。

最为关键的还有基金经理的投资理念及特长。基金经理所擅长的领域和市场风格的契合度直接影响着基金的业绩。如果你看好消费医药，这位基金经理擅长银行地产，那么你们就不是一路人。另外即使消费这类长牛行业也有春夏秋冬，不是买入后就一直会上涨，很多风格稳定的基金经理不赚择时的钱，他们认定好的股票长期上涨就会一直持有，遇上行业调整跌上一两年甚至更长也有可能。所以在选择之前这些我们都要考虑到。

具体选择基金的方法有四种：广撒网海选、特定基金公司选基、特定基金经理选基和特定主题选基。这几个方法都不是孤立存在的，一个好的产品必然是几项结合选出的最优秀的结果。所以不要只看业绩选基金，更不能只看基金经理选基金，要结合几项因素以及自己的投资风格，从而选出一个最适合你的基金产品。

基金本身就是一个长期投资品种，选择之前你可以花很多时间去认识、了解、筛选，选定之后你就要给它更多的时间和耐心，等待它结出果实。而大部分投资者正好做反了，买之前什么都不看，只听说过去收益高就投入全部资产，买入后几个月看它不涨直接割肉跑了。这也是为什么很多基金长期收益不错，而大部分投资者都在亏损。

第八章 ▶ CHAPTER 8

如何挑选债券型基金

债券也有各种分类

前面的章节我们讲了，历史经验表明，股票型基金和债券型基金是为我们钱生钱，跑赢通货膨胀最重要的工具。股票型基金进攻性非常强，是让我们的资产升值的最大利器，但是因为股市的波动性，也决定了它的高风险性。这时收益处于股票型基金和货币型基金中间的债券基金在资产配置中的重要性就更加体现出来。这一章我们来专门讲一下债券型基金的投资方法。

债券简单来说就是向你借钱，给你利息。当政府、企业、金融机构向社会筹措资金时，会向投资者发行有价证券，承诺到期按一定利率支付给你利息并偿还本金。

债券包括国债、地方债、金融机构债和企业债等，其中国债风险最低，收益也最低；企业债收益最高，风险也最高。

债券的交易场所一般是两大交易所和银行间市场，而且规模都非常大，并不适合我们普通投资者，因此出现了债券基金，把投资者的钱集中在一起去买各类债券，专门帮助中小投资者去投资债券市场。

由此可见，债券型基金就是主要投资于国债、金融债和企业债的投资品种，相对于偏股型基金，具有收益稳定、风险较低的特点。

债券基金分类方法很多，根据投资方向可以分为纯债基金、混合债券基金以及可转债基金。

纯债基金就是所有资金都投资于债券，由于购买资产都是债券，所以到了一定期限就会还本付息，比银行的利息要高一些。纯债基金的优势是风险低，收益率稳定。

混合债券基金里的混合，意味着它除了投资比例80%是债券之外，还可以投资20%左右的股票。其中又分为一级债基和二级债基，所谓一级债基，就是除了投资债券以外，还参与股票打新的债券基金。打新股严格来说算是一级市场投资，所以叫一级债基。二级债基，是既投资债券，也投资精选的股票，同时还可以参与打新股的债券基金。因为可以参与二级市场投资，所以叫二级债基。

可转债基金的投资标的更多是可转债。可转债在特定条件下，可以将债券转换为股票，如果股票跌了，就拿债券的利息；如果股票涨了，就可以按照约定价格转换为股票，享受股价上涨的收益。

债券型基金的名称里也常常带有"债券"两个字，比如鹏华丰盈债券（003741）是一只典型的纯债基金，截至2021年12月31日，该基金无股票持仓，前五大债券持仓占比23.81%（见图8-1）。

图 8-1　鹏华丰盈债券股票及债券持仓

资料来源：天天基金网。

债券持仓中的债券名称是什么意思呢？债券的命名方式一般是年份+××债+期数，例如 21 国开 08，指的就是国家开发银行 2021 年发行的第 8 期债券。也存在 ××债+年份+期数的情况，国开 2104 指的就是国家开发银行 2021 年发行的第 4 期债券。

通过基金持仓，我们可以知道基金持有的债券是哪个机构哪年发行的第几期债券，就好像我们知道股票型基金持有的是哪些股票一样。债券的详细信息，可以在银行间市场交易中心和证券交易所的网站上查到。

债券型基金的配置方法

与股票指数的牛短熊长、波动巨大不同，中证全债指数的历史走势呈现出三大特征：牛长熊短、有坑必填、长期向上。所以它也是我们资产组合中平滑市场波动和风险的最佳搭配工具。

债券型基金的长期收益可以跑赢通货膨胀，而且与股票的相关性比较低。因此在大部分的资产配置中，债券型基金都是不可少的。在资产配置模型中，稳健型投资者更倾向于长期持有债券，并进行再平衡。也就是说，当其他资产（如股票、房地产）涨幅达到一定程度，就卖出该类资产买入债券，保持债券在资产组合中的一定比例。

从长期来说，我们主要投资的品种，应该是股票类权益资产，这也是我们投资收益的主要来源。但是，当股票过度高估时，债券基金就成为一个不错的选择。长期来看，债券基金的收益大致在 5%～6%，但胜在亏损概率低。

债券价格和银行利率呈反方向变动。如果利率下降，债券价格会上升，这时债券基金的回报会更好；如果利率上升，债券价格会下降，这时债券基金的回报会变差。原因很简单，银行利率代表着资金使用成本，银行利率上升时，债券收益率同步调高才会维持投资者对该债券的配置预期。而现实中，由于发债一方早已提前规定了债券收益率，因此银行利率上升时，债券价格已经不具备收益率比较优势，这就意味着债券价格存在下跌预期。反之，银行利率下调，债券的投资价值凸显，债券价格提升，债券基金的投资价值也会更高。

2014～2016 年，我国多次下调了人民币存款和贷款基准利率，这也掀起了国内债券的一轮牛市。债券基金在 2014～2016 年表现非常不错，很多债券基金都取得了 10% 以上的年化收益率。但是 2016 年下半年，国内利率出现了一波快速上涨，从 2016 年到 2017 年第一季度，债券基金普遍收益都不太好。这就是利率对债券基金的影响。

整体来看，债券基金是稳健型投资者的优选。负责债券投资的部门在基金公司内部被称为固定收益团队，这在一定程度上也说明了债券基金的特点：相对稳定，收益不算高，但可以跑赢通货膨胀，也远超一般银行理财产品，如果持有时间超过 2 年，亏损的概率非常低。

（1）投资债券型基金的"三大风险"

债券型基金属于低风险投资品种。但是也没有只涨不跌的保底之说。多数年份债券型基金都是正收益，有的年份甚至会超过10%，但是也会在个别年份收益为负。通常来说，债券型基金的最大回撤在10%以内，除非极个别基金踩雷。

千万不要以为买了债券型基金就会一直涨，遇到特殊年份这类低风险品种也可能亏损。债券型基金也有自己的牛熊市，只是相比于股票市场的"牛短熊长"，债券型基金市场是"熊短牛长"。

那么，投资债券型基金要注意哪些风险呢？

一是利率风险。在利率上行期，比如2011年、2013年，投资债券型基金收益会很低，低于货币型基金，甚至有一半的可能会出现亏损。

二是信用风险。信用风险指的是债券违约的风险。以前国内的债券基本是不存在违约的，因为多数企业债都是大国企发债。但是自2019年以来，债券市场也开始发生违约事件。比如2019年12月初，号称"中国最大校企"的方正集团发行的20亿元超短期融资债券发生违约，未能按时兑付本息。投资债券的信用风险上升。

三是管理人风险。国内绝大多数债券型基金都是主动型基金，因此，基金经理的投资能力就尤为关键。如果遇到水平很差的基金经理，亏钱也是可能的。

（2）债券型基金的投资方式

很多同学可能会问：债券型基金能不能定投？由于债券型基金的波动性相对较小，定投平滑成本的效果不明显，我们一般选择一次性买入的方式。如果从来没有投资过债券型基金，对这类产品的特点不太了解，或者希望用每月工资结余的一部分来投资，当然也可以采用定投的方式。

对于各类债券型基金的配置时机，可以参考股票市场的表现和利率变化情况。当股市处于低位的时候，投资股票的性价比较高，可以优先考虑股票型基金，或者混合债基金，既有债券打底，又有股票提高收益；而当股市处于高位的时候，则可以主要考虑纯债基金。

如果在我们的资产组合中已经配置了很多股票型基金，那么在配置债券型基金时就可以直接投资收益相对稳定的纯债基金，作为股票型基金的补充。因为股票型基金中大部分投资股票，搭配纯债基金风险就会更小。特别是在市场不好的时候，股票型基金收益一般，就会更加凸显债券型基金的投资价值，合理配置也会让你的整体资产组合收益更加平衡。

四大原则优选债券型基金

相比股票型基金来说，债券型基金的选择要容易很多。一般来说，掌握好下面"四大原则"，基本就可以选到比较靠谱的债券型基金。

原则一：尽量选择大型基金公司。

大型基金公司的综合实力往往更强一些，我们也知道基金行业竞争激烈，小基金公司的竞争力较弱，生存压力大。大型基金公司研究能力强，经验比较丰富，一般都设有专门的固收团队，投资水平相对比较稳定。另外，大型基金公司的产品线也比较丰富，能够选择的债券型基金种类也更多。

原则二：尽量选择长期业绩优异且稳定的基金经理。

单只债券型基金也存在暴雷的风险，所以我们要优选强实力的固收团队，帮我们深入研究和把控风险。好的债券型基金的基金经理，最好是做固定收益出身的，有专门的债券研究背景。长期（大于5年）业绩优秀的基金经理，未来业绩大概率也会是比较优秀的。

债券投资是一个需要长期积累经验的领域。这些年来，一些明星债券产品的基金经理，很多都是各基金公司固定收益部的负责人或者投资总监。比如获得晨星（中国）2019年度基金奖的几只基金，对应的基金经理大多是固定收益投资部门的高管。

原则三：关注成立时间和规模。

成立时间太短我们没办法评估产品的表现，除非是债券型基金市场上特别优秀的老舵手掌舵；另外债券型基金规模太小也存在清盘的风险，1亿元以下的债券型基金尽量不参与。

原则四：关注收益与回撤。

和股票型基金一样，过去不同时间的收益和回撤也是考量一只债券型基金的重要参考指标。下面我们用"晨星网"工具来举例，如何挑选债券型基金。

债券型基金因为投资品种集中在收益更加稳定的债券，所以波动相比股票型基金要小很多，我们在挑选的时候要更加注重长期收益优秀且稳定的品种。债券型基金也分为纯债基金、混合债基、可转债等，首先你要明确自己要选哪类产品。

对于大多数普通投资者，如果想要取得更高收益，可以选择混合债基，股债混合型基金允许基金经理更为灵活地调整大类资产配置仓位，使得投资人可以吃到大类资产轮动配置的超额收益。这类产品业绩弹性更高，但是回撤也不容易控制，如果股债择时没做好，很可能既跑不赢沪深300指数，也跑不赢中证全债指数。

确定好选哪类债基，然后就可以开始选择具体产品了。登录晨星网，打开基金工具——基金筛选器，勾选"纯债基金"，三年和五年评级选择3星以上（包括3星），这样可以大致划出一个高评级的债券型基金名单（见图8-2）。

接下来可结合天天基金网，从成立时间、基金规模、基金公司、基金经理、收益情况等其他几项指标判断债券型基金的质地。

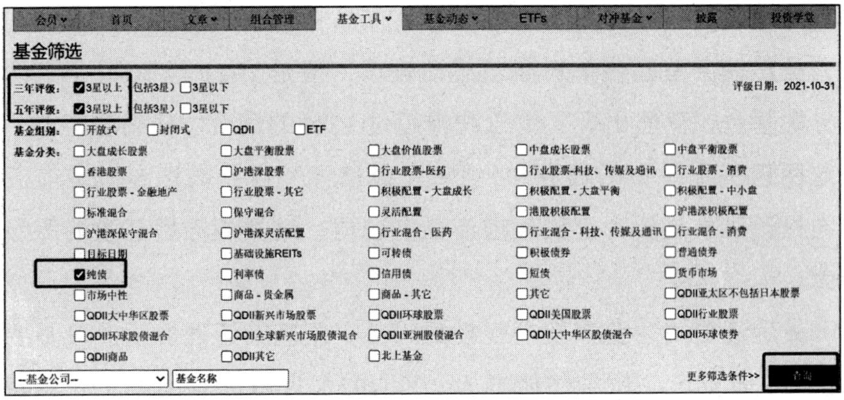

图 8-2 晨星网 - 基金筛选器

资料来源：晨星网。

另外还要关注持仓债券的风险大小。我们已经了解了各类债券的风险收益特点，企业债券的风险大于金融债大于国债。所以我们下一步还要通过持仓来观察一下这只债基的特点。如图 8-3 所示，这只基金持仓以金融债为主，企业债券占比 11.50%，还有大部分的企业短期融资券和中期票据这类低风险品种。综合来看，这只基金在纯债基金中属于风险适中的。

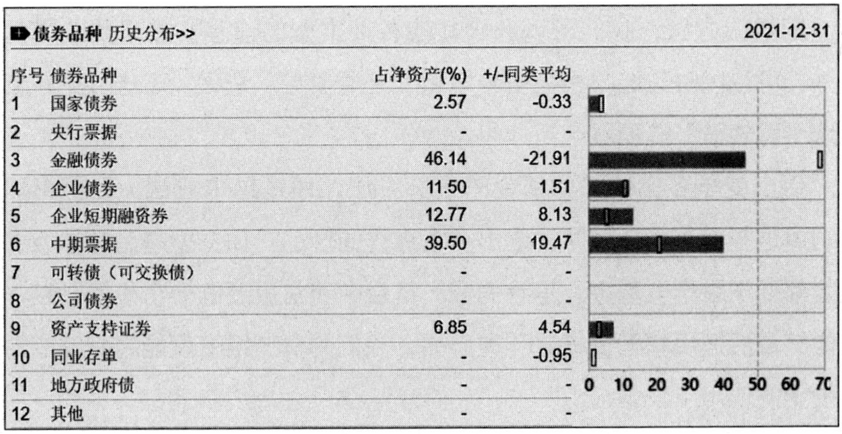

债券品种 历史分布>> 2021-12-31

序号	债券品种	占净资产(%)	+/-同类平均
1	国家债券	2.57	-0.33
2	央行票据	-	-
3	金融债券	46.14	-21.91
4	企业债券	11.50	1.51
5	企业短期融资券	12.77	8.13
6	中期票据	39.50	19.47
7	可转债（可交换债）	-	-
8	公司债券	-	-
9	资产支持证券	6.85	4.54
10	同业存单	-	-0.95
11	地方政府债	-	-
12	其他	-	-

图 8-3 某债券型基金持仓情况

资料来源：晨星网。

仔细观察债券型基金所持有的具体品种是我们必须重点关注的一项，虽然债券型基金单日净值波动较小，但是 2021 年 10 月，某两只债券型基金，竟然出现了单日跌幅超过 17% 的情况。仔细看持仓，原来这两只基金投资的债券中，"未评级债券"占比高达 54%，前五大债券投资对象主要为港股房地产上市公司，这类债券型基金的风险就极大。

最后还要关注费率及检视投后产品。债基的管理费相对股基要便宜许多，比如，工银纯债债券 A（000402）管理费是 0.3%，托管费是 0.1%，最高申购费是 0.8%，最高赎回费是 1.5%，2 年以后赎回，没有赎回费用。

当然，投资完了以后，还应该定期回顾产品表现，阅读管理人报告，决定持续持有还是赎回。比如通过前期的分析，我们已经对产品的净值表现有了一定的预期，那就应该定期检视自己持仓的实际表现和预期的偏差，如果偏差过大，应该详细分析原因，决定下一步投资决策。如果产品更换了基金经理，更要对现任基金经理进行观察，判断是否还要继续持有这只产品。

同样的方法，我们可以选出其他各种类型的债基。如果要选择混合债基，可以同时勾选"积极债券"和"普通债券"选项，若选择可转债可以选"可转债"选项。

以上就是各类债券型基金的选择方法，通过这个方法，我们可以充分利用这些工具在任何时候选出一组优秀的产品。债券型基金整体收益和风险都低于股票型基金，是我们资产组合中非常重要的一个投资品种，如果能够灵活运用并配置好这几类产品，我们的资产组合就能起到家庭财富保护伞的作用了。

"薅羊毛"神器：可转债打新

1. 要不要试试这个"薅羊毛"神器

债券中有一个比较特别的品种——可转债。它的全名是可转换债券，是由上市公司发行，在一定条件下可以转换成股票的债券。从名字上我们就能够看出它的基本属性是债券，但是和债券不同的地方是"可转"，也就是说可以转成股票。它既可以是债券，到期后返本付息，市场不好的时候有保底，也可以是股票，在上涨的时候享受股票的收益，收益上不封顶。

在大多数市场环境中，和股票、基金等权益资产相比，可转债的收益率并不算高。加上可转债溢价率往往较高，真正持有可转债等待转股，从而长期持有的投资者寥寥无几，同时可转债还有强制赎回等规则，因此就可转债本身的投资价值而言，并不是很大。但是可转债打新却是一个"薅羊毛"的好方法。在市场行情不错的时候打新，半个月到一个月的时间上市卖出，风险低，收益高，而且不用花费太多的时间和精力。

打新就是参与新股或新债的申购。股民都知道，市场行情不错时，新股上市是一定要参与的，如果幸运中签，一般短期收益巨大。市场行情不错的时候很多新股上市后都是连续涨停，甚至几个、十几个涨停板。有的新股中一签能赚 10 万元甚至 20 万元，性价比非常高。但是想要申购新股是需要持仓时间和持仓市值的。这个要求也很好理解，要给已持股的投资者更多机会。同样，即将上市的新债我们也是可以参与申购的。和新股申购不同的是，新债申购不需要持仓市值，而且是中签之后再交钱。

2. 一分钟完成可转债打新操作

首先你要有一个股票账户，在交易日的 9:30～15:00 进入账户首页就会有新股申购和新债申购的具体选项，直接点击进入。有的券商软件在新股和新债上市的时候，还会在打开页面的时候自动提示，用户可以一键申购。

进入新债申购页面就可以开始填写具体内容了。方法很简单，就和申购新股一样，以恒泰九点半 App 为例，输入可转债代码，比如弘亚发债——072833，申购价显示 100 元，可转债的发行面值都是 100 元；"数量"处填写申购数量，最大为 10 000 张；填写完点击下方"申购"（见图 8-4）。

图 8-4　新债申购

资料来源：恒泰九点半 App。

T+1 日（申购之后第二天），每个人会自动获得配号参与抽签。T+2 日（申购之后第三天）可以查询抽签结果，"当前申购"中会显示是否中签，"历史申购"中会显示你所有申购过的新债以及抽签结果。中签后证券公司会有短信通知，并提示中签当日下午 4 点前保证账户中有足够的余额，否则视为自动放弃资格。T+3 日（申购之后第四天）如果你中签后足额缴款，你的可转债此时就在你的持仓之中了。接下来就是等待上市交易。一般时间在半个月到一个月。至此，可转债的申购流程就结束了（见图 8-5）。

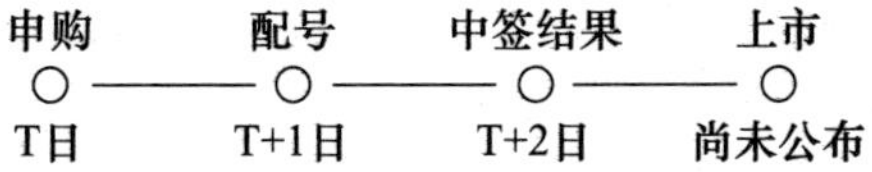

```
申购        配号       中签结果      上市
 ○─────────○─────────○─────────○
 T日        T+1日      T+2日      尚未公布
```

图 8-5　申购流程

要注意的是，如果你连续 12 个月内累计中签 3 次却都没有足额缴款，那么第 3 次未足额缴款的第二天起，6 个月内不得参与网上新股、可转债、可交换债申购。

除了打新，还有一种参与方式是配售，也就是只要在股权登记日之前买入并持有正股，便能以老股东身份获得配售。比如之前发行的东财转债，如果你持有东方财富的股票，就可以按比例获得新债配售，不用等中签，直接就能获得一部分新债。配售比例每家证券公司都有差别，具体要关注可转债募集说明书。

简单易操作，中签率高于股票。只要你有股票账户，每天看一下是否有新债发行，花上 1 分钟填写提交，接下来就是等待中签缴款上市了。"薅羊毛"的性价比还是非常高的。

有的同学问，可转债打新是稳赚不赔吗？之前听过的"破发"是什么意思呢？

可转债打新是否盈利最主要取决于市场环境。如果行情好，上市公司的股票都在上涨，它发行的可转债自然也会随之上涨。2020 年 1 月前半的时间里，A 股市场有 18 只可转债上市且无一破发，累计涨幅超过 20% 的多达 8 只，超 30% 的也有 3 只。像 1 月 10 日上市的至纯转债开盘就报价 127.03 元，较发行价上涨 27.03%，因涨幅过大，超过临停阈值，被交易所临时停牌（上交所规定，可转债盘中交易价格首次上涨或下跌超过 20% 要临时停牌）。

当市场行情不好的时候，可转债破发比例会大幅增加。破发的意思是，一上市就跌破发行价格 100 元。如果股市震荡下跌，市场环境不好，那么可转债破发的概率就会增加。所以在市场行情较好的情况下，大家可以抓紧机会参与打新。

3. 可转债打新中你可能遇到的问题

（1）申购新债必须要有股票账户吗

很多做基金投资的同学问，是否可以在支付宝、天天基金网这类平台参与打新。答案是不可以。必须要有股票账户才能参与新债申购。所以打新第一步，就是先去开通一个股票账户。

（2）开通账户多久才能申购新债

开通账户后第二天可以开始进行申购交易。

（3）新债申购数量填写多少

可填写的最小数额是 10 张，100 元的面额就是 1000 元；最大数额 10 000 张。有的同学会想自己的资金量不大，就填写 10 张吧。即使你填写最大数额 10 000 张，中签的概率和数量都极低，大概率的中签数量是 10 张也就是 1000 元。为了提高中签概率，我们可以填写最大数额申购。

（4）中签新债概率有多大

没有绝对数值，在不同年份中签的概率也有差别。在 2019 年年底的市场中，基本申请 4 只能中 1 只，后来中签率就越来越低。申请的人越多，中签率就越低。未来随着申购人数的增加，中签概率可能还会进一步降低。

（5）一个人只能申购一次吗

是的，一个人只能申购一次，即使你个人有多个股票账户也是如此。

（6）在哪里查询新债发行信息

在股票账户的"新债申购"中可以查询，只要有新债发行都能查询到，很多软件还会自动跳出新股和新债申购信息。如果想要综合查询新债发行计划和可转债信息，可以在东方财富网—数据中心—转债申购中查询。

（7）新债中签后多久上市

我们在中签缴款后是不能立刻进行交易的，需要等待转债上市。上市时间一般在半个月到一个月，但是也有例外，快的一周，慢的超过一个月。

（8）可转债中签后多久卖出

打新讲究的是低风险快速获利，提高资金的使用效率，所以上市第一天就可以直接卖出。同时新债上市的快速上涨会透支未来上升空间，除非你对正股非常看好可以继续持有。

（9）打新债能赚多少亏多少

有的同学看到近期多只可转债上市涨幅都超过了20%，就算了一笔账：如果我中了10万元的可转债，那么半个多月时间就能赚2万元啊！你想多了，可转债打新中签概率低，比例更低，基本上也就10张×100元面值=1000元，也就是1000元能赚200元。如果破发出现亏损，同样亏损也会很少。

（10）停牌规则是什么

有的同学发现持有的可转债临时停牌了，这是怎么回事，不能交易了吗？是的，停牌是不能进行交易的。上交所可转债涨跌幅第一次超过20%就会临时停牌半小时，接下来如果继续涨停，会在14:57分开放交易。深交所无限制。

本章小结

继指数基金、主动型基金之后，本章我们一起学习了如何优选债券型基金。很多投资者认为债券型基金收益低，赚钱慢，性价比不高。其实作为家庭资产配置的一个重要环节，持有债券型基金是非常必要的。

首先债券型基金是应对股市波动，帮助我们平滑资产组合风险的重要工具。当股市涨幅过大或者遇上熊市的时候，如果只配置了股票或股票型基金，整体收益亏损幅度可能会很大。但是因为和股市呈负相关性，债市这时的优势就显示出来了。不同于股市的牛短熊长，债市的特点是熊短牛长、波动较小、长期上涨。从历史上看，股票和债券是能够跑赢通胀的最好工具。

投资时间越久你越会发现：赚钱多少并不是看你赚了多少，而是看下跌时亏了多少。我们要做的就是在上涨时多赚点，下跌时少亏点，这就已经能够超过市场上80%的投资者了。所以在组合配置中一定要注意这类低风险收益品种的功能，特别是低风险投资者，选择一些债券型基金更有必要。

具体如何选择债券型基金有几大标准，包括基金公司、基金经理、收益和回撤、成立时间和规模。特别是基金经理，大家不要觉得债券型基金经理比股票型基金经理更轻松。在机构中，固定收益部的基金经理会要求更多的从业经验和稳定的投资收益，因为能够长期取得稳定的收益并不是一件容易的事。工具"晨星网"可以帮助我们按照债券型基金的类型选定大致范围，包括纯债基金、偏股基金、偏债基金、长债短债、可转债等基金类型。

可转债这个品种并不适合投资者直接去买卖获取差价，性价比最高的"薅羊毛"方式就是可转债打新，只要有股票账户就可以，因为中签数量很少，所以上市卖出赚得不多，亏损也会很少。

策略篇

运用策略在基金投资中取得更好收益

第九章　持有基金过程中最重要的：止盈与止损

第十章　定投PLUS：爬楼法轻松提高收益

第十一章　最重要却最容易被忽略的：资产配置

第十二章　不同人群如何配置基金

第十三章　投资终极战：心态

第九章 ▶ CHAPTER 9

持有基金过程中最重要的：止盈与止损

基民亏钱的常见原因

经过前面章节内容的学习，相信大家已经能够掌握基金投资的整体逻辑和方法了。整体来看，只要掌握了正确的方法，选到优秀的基金产品，做好组合配置，并且能够坚持长期投资，其实基金投资并不难。

但是和股票市场一样，大部分基民还是亏钱的，这是为什么呢？我们来看以下几个常见原因，我们在投资中也要尽量规避这些问题。

1. 基金选择不合适

虽然指数基金都是追踪指数表现，但是不同公司的产品收益差距还是很大的。比如同样是追踪沪深300指数的基金，收益排名靠前的产品近 3 年收益率可能接近 50%，排名靠后的收益可能还不到 10%。如果你选到的是这类产品，表现甚至还跟不上指数，中长期收益一直很差，那就必须要考虑换一只了。我们一直说基金止盈不止损，前提是这是一只好产品。

2. 没信心中途停止

和没选到好产品不同，接下来的原因更多来自主观因素。在和同学们交流的过程中，我总会讲基金投资是一个适时播种、之后等待开花结果的过程。但很多人都是在应该收获的时候播种，该播种的时候睡觉。

基金投资必须要以年为投资单位。你要用至少 3 年不用的闲钱来投资，这样无论面对什么样的市场环境，都能够等待行情好转。道理都懂，但是在基金投资中，真正能够长期坚持的人还真的不多。大部分人还是更愿意看到即时收益，一旦遇上连续下跌，看到越买越亏，就放弃了。在买入之前我们一定要做好充分的准备，投资的方向是否看好，目前的位置是否合适，投资周期设置多久等，做好计划之后就没必要太过关注市场的短期涨跌。趋势决定方向，资金决定节奏，只要方向正确、位置合理，剩下的就是耐心播种等待收获季节的到来。

3. 初期亏损

很多从股民转成基民的投资者会认为基金的风险远远小于股票。的确，基金因为投资于多只股票，能够帮助我们分散投资单只个股带来的风险。但是我们要明白，股票型基金不是存款也不是固收产品，投资的底层资产仍然是股票，只要是股票市场，风险波动就会一直存在，一定会有面临亏损的可能。如果你定投开始时正好赶上大盘下跌，就会非常考验心态。定投正是在下跌过程中帮助我们积累筹码降低成本的最好方法，如果看到亏损就割肉，那么很有可能错过未来的收益。

割肉的投资方法不适合指数基金定投，市场是波动的，只要你选到的是一只好产品，即使初期面临亏损，随着定投逐步摊平成本，未来市场好起来之后，收益一定会超过平均成本。投资的机会是跌出来的，我们要珍惜下跌，越是下跌越是给我们低位收集筹码的机会。这是基金定投跟股票投资最大的不同。如果是投资股票，也用这种越跌越补仓的方法，有可能遇到股价一路下跌，甚至最后退市。而对于指数基金来说，特别是宽基指数。只要整个国家的经济没有崩溃，下跌后总能涨回来。这样涨也开心，跌也不慌。

一位定投达人讲述他的一次投资经历，一共定投22个月，前20个月都是亏损的，就是最后两个月的上涨，让她的投资总回报率达到46%。

4. 没有及时止盈

另外还有一个非常重要的原因，就是没有及时止盈。傻傻地投不是傻傻地等，定投的收益和大环境是紧密相连的，如果你定投了好几年，但是在2015年5000多点的黄金时期没有止盈，到了2016年市场下跌到2600点，本来已经到手的收益就会大幅缩水。基金定投相比于个股，对于退出时机不那么敏感，但并不代表不需加以判断。基金投资也要及时止盈。

对于大部分投资者来说，要做的就是选到一只好产品，设置定投计划，做好资产配置，注意控制单个行业占比以及总体仓位，剩下就交给时间。对你选择的基金或基金经理多点信心、多点耐心，在市场下跌的时候有继续定投的勇气。频繁交易追涨杀跌是大忌，长期投资赚趋势的钱才是最明确的选择。

当你已经做好所有准备工作，在持有过程中最重要的就是止盈了，赚来的钱要及时揣进兜里。这样才不会在波动的市场里频繁地坐过山车，不仅让收益更高，持有体验也会更好。

会卖的是师傅，具体的止盈方法

止盈是基金投资者的必修课。虽然说基金要长期投资，但是投资不是僵化的，要跟随市场及时做出反应。

想象一下，如果你正好在 2014 年初进入市场，到了 2015 年你的收益已经翻倍，要不要卖出？既然说基金是长期投资，那是不是应该继续多拿几年再卖？拿五年一定比拿一年赚的钱要多吧？结果我们都看到了，大涨后市场连续下跌了三年，如果没有及时止盈，上涨的只是数字而已。长期投资不代表僵化持有，市场在变化，赚钱了需要及时止盈。前面的工作是画龙，而止盈这一步才是点睛，只有止盈卖出了，钱进了你的口袋，收益才真正属于你。

我们用个真实的数据来举例：如果我们从 2016 年第一个交易日开始，按月定投"嘉实基本面 120 指数"，持有至 2020 年最后一个交易日，5 年下来的收益率为 52.46%；而如果我们在 2018 年 1 月止盈，当时的收益率为 35.88%，再继续从 2018 年 1 月定投到 2020 年最后一个交易日，这段时间的收益率为 38.71%，两段加起来收益率接近 75%，比一直持有的收益率高很多！既然止盈这么重要，该怎样发现止盈点呢？首先我们需要了解，止盈是有方法的，而且是一个动态的过程，各种方法有各自的优缺点，我们在自己风格的基础上结合使用，效果才会更好。同时止盈是一件个性化的事，每个人的止盈点设置都不相同。

我们来看常见的四种方法。

1. 最简单直接的目标收益率止盈法

无论市场什么环境，都给自己设定一个目标值，比如收益率 30%，到了就卖出止盈。现在的软件如支付宝和天天基金 App 等都有止盈点提醒设置，大家可以提前在软件上设置好，一旦达到目标，就可以手动止盈。

这种止盈方法的难点在于收益率比率较难确定。在震荡市中，可能很长一段时间都达不到 30% 的收益率，而牛市里很短时间就能达到。像 2019 年和 2020 年，基础指数沪深 300 累计收益率超过 60%，中证 500 指数累计收益率也超过 50%，更别提一些优秀行业如消费、医药，两年间都是涨幅翻倍。在这种情况下，如果你赚到 30% 止盈了，但市场还在继续上涨，接下来就很尴尬；而进入 2021 年，之前表现优秀的消费、白酒等行业基金的近一年收益还是负值，要想在 30% 止盈根本没有机会。

所以这个止盈点的设置，要综合考虑市场所处位置以及你个人的风险偏好。如果你害怕市场大幅波动，不愿意来回坐过山车，那么可以直接设置一个基础止盈点，比如 30%；如果遇上 2021 年这种市场比较难赚钱的环境，可以适当降低止盈点，比如设置 20%。设定较低的止盈点会降低被套的风险，持有期也大大缩短，适合收益率预期不高或波段投资。

如果你想要做一个长期投资者，希望在熊市攒筹码，等待牛市赚收益，不翻倍不卖出，要等到 100% 的收益止盈，那就需要等待下一波行情的到来，这个波动的过程很难熬，但长期收益率更高。如果能够等来一波大的行情，我们手中的指数基金收益翻倍，或者达到 150%、200% 都是有可能的。更高的止盈点需要更长的时间以及更多的耐心。

止盈点的设置和收益率呈正相关。根据历史经验，A 股三年一小牛、七年一大牛，涨起来时间很短，涨幅凶猛，跌起来也是滋味绵长。投资者大部分时间都是在等待和煎熬，可能要很长的时间才能看到收益。其实投资中 90% 以上的收益就在那不到 10% 的时间里获得，不要被市场裹挟，不要频繁操作，保持耐心。

这种止盈方法不仅适用于指数基金，同样适用于主动型基金。指数基金跟踪复制指数，除了留存 5% 左右的现金应对赎回，基本上所有资金都会买成股票，一旦市场下跌，基金净值下降得也会很快。但是主动型基金的基金经理可以通过增减仓位，帮助投资者规避一定的风险，同时也会根据市场风格的变化调整个股的买入和比例，所以可以把止盈点设置得更高一些。

2. 根据"价格"的估值止盈法

估值止盈法，又叫 PE 止盈法，就是通过估值的高低来判断价格是高还是低，低估买入，正常持有，高估卖出。这也是价值投资的方法：在低位买入优秀的投资品种，价格高了就卖出。这种方法优点是相对安全，避免买进就被挂在"山顶"，但是也有一个问题，就是可能会错过那些一直处于上升趋势的行业。采用这种方法时，大家最需要关注的是 PE 和 PE 百分位这两个数值。一般来说，PE 百分位 20% 以内是低估，20%～70% 是合理区间，70% 以上是高估。

我们先来简单了解一下估值，无论是在股票还是基金投资中，估值都是一个非常重要的指标。其实在日常生活中，我们都在不自觉地进行着估值。比如我们去买白菜，最近几年白菜最低曾卖到每斤 1 角，最高卖到每斤 1 元。如果赶上过年期间，我们估计价格会比较高，大概会卖到每斤 8 角，一看标价每斤 0.65 元，我们会觉得还不算贵；如果白菜已经卖到每斤 1.2 元，那价格就偏高了。

这其实就是一个估值的过程：通过纵向比较投资品种的当前价格和历史价格，判断目前是贵还是便宜，从而做出是否投资的决策。虽然股价总在涨涨跌跌，但是价格的涨跌总有一个依据，那就是价值！价格永远会围绕价值上下波动。就像著名的"遛狗理论"：小狗有时候会跑到主人前面，有时候又会落后于主人，但是最后总要和主人回家。对应到投资中，当价格低于价值时可能会上涨，价格高于价值时可能会下跌。我们要找的就是那些当下落后于主人的小狗，也就是那些价格低于价值的投资品种。好东西只有在价格更低的时候才更具有投资价值，或者说未来的上升空间才会更大。

利用目前估值和历史区间做比较就能得出估值百分位了。估值百分位的方法也很简单。还是刚才的例子，白菜在过去十年间的价格是每斤1角～1元，现在价格是每斤3角，那么估值百分位就在30%附近，如果卖到每斤7角，估值百分位就是70%左右。

放在指数基金估值中也是同样的方法，比如中证消费，目前PE（市盈率）为55.25倍，PE百分位是99.8%，意味着现在的价格比过去99%的时间都高，处于历史估值最高位区间；中证500现在PE（市盈率）为20.24倍，PE百分位是4.51%，意味着现在的价格只比过去4%的时间高，也就是现在处于低估区间（见表9-1）。

表9-1 估值表（截至2021-12-16）

指数	点位（昨收）	PE	PE百分位	PB	ROE
000015 红利指数	2743.24	5.1	0.02%	0.54	10.53%
000905 中证500	7314.26	20.24	4.51%	1.94	9.58%
931087 科技龙头	4766.45	35.97	12.59%	5.75	15.98%
399989 中证医疗	14012.87	41.75	12.62%	9.13	21.88%
000688 科创50	1424.9	73.76	18.77%	6.92	9.38%
hkhstech 恒生科技	5795.44	35.27	18.79%	3.36	9.52%
h30533 中国互联50	8232.3	41.01	26.32%	3.18	7.75%
399971 中证传媒	1259.66	34.6	29.58%	2.5	7.42%
930651 中证计算机	8914.71	50.63	32.11%	5.57	10.99%
hkhsi 恒生指数	23420.76	10.81	37.66%	1.1	10.21%
399812 养老产业	8103.3	22.53	42.72%	3.16	14.09%
399324 深证红利	11580.89	15.71	43.34%	2.23	14.20%
399394 国证医药	14376.03	36.14	44.93%	5.85	16.20%
000016 上证50	3318.98	11.67	50.15%	1.37	12.05%
000300 沪深300	5005.9	14.29	56.87%	1.58	11.23%
000933 中证医药	13150.57	34.86	58.43%	5.55	15.92%
930997 中证新能源车	4165.7	117.49	76.05%	10.76	9.16%
399330 深证100	7006.62	31.09	82.95%	4.45	14.32%
399701 深证F60	9477.85	22.43	84.42%	2.89	12.87%
931068 消费龙头	18573.13	34.43	85.10%	7.34	21.31%
500 标普500	4709.85	25.94	86.30%	4.74	18.27%
ndx 纳指100	15565.58	33.42	86.53%	9.5	28.43%
399997 中证白酒	19166.57	50.63	90.52%	12.6	24.89%
000827 中证环保	2926.96	46.98	95.35%	5.3	11.29%
000949 中证农业	7216.48	50.21	98.84%	3.81	7.58%
000932 中证消费	25608.77	55.25	99.80%	8.27	14.97%

资料来源：上上学堂。

价值投资的精髓就是：好股票，低价格。基金投资也一样，选择一个好指数，并且在低价买入，肯定能够进一步提高收益，并且降低风险。

运用这种方法，当估值过高我们就要及时止盈。比如中证白酒指数市盈率目前是 50 倍，估值百分位在 90% 位置，位于高估区间，就要考虑及时止盈卖出。

估值数据直观可量化，是我们评价一个指数目前位置高低的重要参考标准。如果一个优秀行业进入低估区间我们就可以更加放心地买入；当一个行业长期上涨，连续位于高估区间，我们就要注意风险了。比如中证医疗指数在 2018 年由于带量采购政策，半年时间从 8856 点下跌到 5803 点，跌幅超过 30%，市盈率已经跌至 30 倍，进入低估区间。这就符合我们说的"一个优秀行业进入低估区间"的标准，之后的 2 年，中证医疗指数上涨了 3 倍多。

但有的投资者发现，当买进了低估品种之后，产品没有上涨反而下跌了，于是他就对价值投资产生了怀疑。我们都希望买在最低、卖在最高，希望买进之后立刻就能上涨，但即使一个行业已经估值极低、跌无可跌，由于市场情绪等因素，股价还有可能再创新低，当把所有人的信心都打散之后再慢慢重新回归上涨。这种下跌变化的是价格，不变的是价值。没有人能找到最低或最高的那个"点"，只要能够把握相对高或低的那个"段"就已经足够了。低位买入优秀的指数或行业基金，赚钱只是时间问题。我们要记住价值投资的永恒标准：好东西加上好价格。

需要注意的是，投资中没有唯一确定的标准，市场涨跌是各个因素此消彼长综合作用的结果。估值的高低并不能决定股价的涨跌，也就是说，估值高了不见得立刻就跌，低估也不见得很快就会上涨。如果单纯只看估值数据可能会错过一些连续上涨的优秀行业，反之也可能会陷入低市盈率陷阱。比如银行类指数连续多年估值百分位一直是个位数，但是如果你在 2019 年买入银行指数，3 年时间收益可能还没超过沪深 300、中证 500 等基础宽基指数。而一些优秀行业，比如新能源类指数，即使估值百分位超过 70%，也不代表未来没有上升空间。除了估值百分位，还要综合行业趋势、业绩表现、国家政策、市场环境等因素来综合观察得出答案。

接下来解答关于估值的几个常见问题。

数据查询：估值数据在支付宝、天天基金网，以及各类金融类公众号都能查询到，因为数据来源不同，估值数据会略有差别，选择一个你最信赖的平台就好。

更新频率：一般来说各交易平台都是每天更新数据。但在大盘没有大波动的情况下，估值数据变化不会太大，不需要我们每天盯着估值看，一周左右看一下就可以。

估值范围：只有股票和指数基金有估值，主动型基金是没有估值的。为什么呢？指数基金是买入固定的一篮子股票，通过指数包含的股票估值可以计算出指数的估值；而主动型基金是由基金经理买入多只股票，而且可能随时调仓，没有办法计算估值。那我们购买的主动型基金应该怎么判断估值高低呢？这里有一个方法，可以参考主动型基金主投行业的估值来大体估算。比如你买了一只主投医药行业的主动型基金，就可以参考中证医药指数的估值，虽然不完全准确，但是有一个大体参考可以让我们心中有数。

估值是一个非常重要的参考指标，是帮助我们判断一个指数价格高低的重要依据，估值的具体指标市盈率、市净率等，在后面的章节中会给大家详细讲解。

3. 动态止盈法（回撤止盈法）

这是一个可以和以上两种方法配合使用的止盈方法，也是指数基金和主动型基金都能用到的方法。比如，我们用目标止盈法设置了 30% 的止盈点，或者根据估值止盈法判断估值已到高位区间，现在已经可以止盈了，但是市场还在上涨，我们又担心错过后面的涨幅，这个时候就可以采用回撤止盈法。

回撤止盈法是指当你已有盈利回撤到一个设定点后，就立刻止盈。这个回撤点一般可以设置在收益的10%，也就是说当收益一旦回撤超过10%就止盈。比如你投入了10万元的本金，目前盈利已经达到30%（也就是30 000元），到了设置的止盈点没舍得卖出，继续持有观察看能否继续上涨。如果未涨反跌，一旦盈利回撤幅度达到10%，30 000×10%=3000，也就是盈利撤回到27 000元就立刻止盈，保住胜利的果实。记住是盈利回撤10%，而不是本金。这样我们用损失收益的10%换取了一个未来更大盈利的可能，在较小的损失和更大的收益可能之间找到一个平衡。

为什么把回撤点设定在10%，而不是5%或者15%呢？测算显示，如果把回撤点设置过大，投资者的收益率会出现明显下降，因为投资者承担的风险更高，如果市场持续下跌，收益率会持续下跌，亏损增大；但如果回撤比例设置过小，会错过后续上升迅猛的更大的牛市。当然这个10%的设置是一个大致比例，你也可以根据自己的风险承受能力向上或向下略微调整。

4. 市场情绪法

在别人恐惧时贪婪，在别人贪婪时恐惧。市场情绪法逆市而行，不仅适合指数基金和主动型基金，也适合股票。

这种方法一般不会受限，比较容易观察，是一个看起来很容易，但是99%的人又真的做不到的方法。大家可以回想一下，哪一次的顶点不是全民炒股，都在为A股疯狂，高喊1万点的时候？今天隔壁小张赚了辆车，明天隔壁老王又赚了套房，大家每天都在讨论又赚了多少钱，没进股市的都担心错过历史上最疯狂的牛市，这时候其实风险已经悄悄到来了。包括 2019 年和 2020 年基金大年，基民收益远超股民，连续上涨 2 年多的白酒更是封神，投资者为之疯狂，机构和个人投资者都报以更高期待，但是进入 2021 年回调超过 30%。

当市场上大部分投资者都已经对未来没有了信心，不知道股市会跌到哪儿的时候，市场已经开始重新步入上涨了。万物皆有周期，市场就是这样在涨涨跌跌中不断循环往复。在绝望中开始反转，在怀疑中加速上涨，在狂欢中进入尾声。道理都知道，但是很少有人能做到。所以我们在投资的路上都在不断地修行。希望我们都能少一分狂热，多一分冷静，在喧嚣中倾听自己的声音，独立地判断，投资永远都是少数人是正确的。就像巴菲特说的：别人贪婪时我恐惧，别人恐惧时我贪婪。修好投资这颗心，只在合理位置投资那些有价值的、看得懂的产品，你就已经超越了市场上 80% 的人。

另外，还有几个指标，换手率、新发基金数量、股票开户数、融资余额在一定程度上也会反映市场是否过热。

以上几个就是目前市场上比较合理且易操作的止盈方法，大家可以把这几种方法结合起来使用，在设定了目标收益后根据市场行情和估值高低，及时止盈。

本章小结

基金定投一直被称为懒人投资，有基金帮助我们分散个股的风险，又有定投帮助我们解决择时的问题，所以整体风险大大降低。无论是投资沪深 300 指数还是中证 500 指数，无论是优秀行业指数基金还是主动型基金，都能取得长期的优秀收益。买指数就是买国运，未来中国的经济将会继续增长，中国的资本市场会越来越成熟，权益类投资将成为大多数人的投资重点。

但是长期投资不代表买完就不管了,放个十几年。基金投资可不是时间越长收益越高,因为市场在涨涨跌跌中不断变化,所以在基金持有过程中最重要的操作,就是一定要学会止盈。及时把收益揣进兜里,这个钱才是你真正赚到的,而不只是账面上的数字。

大多数投资者最爱做的事就是每天打开账户看看自己的收益,看到亏损会特别影响心情,如果遇上行业调整一直投一直亏,最后受不了直接割肉了;但是持有上涨的基金产品时却没有注意止盈,总想着多赚点,再多赚点,结果涨了一波又跌回去了。这样就完全做反了!

正确的操作姿势是:选好了产品,做好组合配置,在合适位置买入之后,即使短期下跌也不用关注,继续定投就好;而对于那些连续上涨已经到了止盈点的品种要及时收割,把收益装进兜里。其实优秀的行业,优秀的主动型基金,赚取更长时间更大波段的收益,比频繁买卖赚点就跑的收益高得多。所以根据持有产品的不同特点设置不同的止盈目标,我们可以把看好的行业指数和主动型基金的收益预期拉得更高些。

最简单直接的止盈方法是目标止盈法,直接设定一个止盈目标位。这个止盈目标不宜定得过低,如果设置5%或10%止盈,那就失去了定投的意义。一般来讲,止盈目标设置不低于20%,同时也要结合市场行情和投资行业来定:如果市场已经连续上涨,整体位置已经偏高,或者本身就是周期性行业波动幅度较大,那就把止盈点设置得低一些,比如20%或30%;如果行业成长性非常强,市场环境也很好,那就把止盈点设置得更高,比如50%、80%甚至100%都可以。关键要结合市场位置和你个人的风险偏好。同时可以结合估值止盈法,通过估值百分位来帮助我们判断一个指数或行业目前的价格是高还是低,进入高估区间要关注风险,做好随时止盈的准备。另外回撤止盈法可以帮助我们利用可控的损失去获取更高的收益,市场情绪法帮我们逆市而行,保持冷静。我们要把这些方法综合起来使用判断。

即使用尽了所有的方法，对于止盈点设置依然没有一个绝对的标准指标，它是一个千人千面的选择，每个人的风险偏好、入场时间、持有耐心都相差很大，这就决定了止盈点的设置也不会相同。记得适合自己的就是最好的，我们要在投资的过程中不断地探寻自己，研究市场，慢慢地去找到那个契合点，尽可能做到将收益最大化。

CHAPTER 10 ◀ 第十章

定投 PLUS：爬楼法轻松提高收益

通过之前的章节，相信大家已经选到了优秀的指数、优秀的行业，也选到了适合自己的指数基金和主动型基金。我们可以结合市场目前的位置采用一次性买入，或者分批定投的方式进入市场，并设置止盈点。这一系列工作做完，相当于已经播好了种子，接下来要做的就是耐心等待。

那有没有一些方法可以帮助我们在相同的时间里获取更高的收益呢？本章我们就用爬楼梯的方式层层递进，去寻找那些能够帮助我们提高收益的操作办法。

一楼：定期定额

不择时不考虑估值，定期买入看好的指数基金或主动型基金，长期年复合收益率和指数本身的上涨幅度较为接近。不同指数在不同时间段内表现会有很大差异。比如沪深 300 指数在 2019 年收益为 36%，2020 年收益为 27%，但是进入 2021 年收益却是负值。如果我们长期定投沪深 300 指数、中证 500 指数或其他优秀宽基指数相关产品，平均年化收益率能够在 10% 左右。

在中国经济稳步向上的过程中，A 股市场也一定会给我们带来比以往更加优秀的收益。在定投宽基指数基金的基础上，如果加上优秀行业指数基金和主动型基金，能够更好地帮助我们分享优秀行业、优秀上市公司业绩增长带来的超额收益。这是最适合大部分普通投资者、最简单易操作的入门方法，只要我们能坚持长期定投，组合配置，不追涨杀跌，不赌单一赛道，去赚市场趋势的钱并不难。

二楼：估值买入法

如果我们能够在价格便宜的时候买入，未来的收益空间肯定更大。价值是恒定的，但是价格受到供求关系的影响不断在变化，有时候价格高于价值，有时候价格又会低于价值。再好的东西如果在价格特别高的时候买，也会面临下跌调整。好产品加上低价格才是性价比更高的投资，不仅代表了更低的风险，也预示着未来有更高的成长空间。

这时我们就可以用估值买入法。在前面的章节也讲过，通过用当前价格和过去一段时间价格的纵向比较，得出估值百分位来进行判断。一般来说，20% 以下是低估，20%～70% 合理，70% 以上进入高估。估值百分位在各个第三方平台都可以查询到。

估值中会涉及几个指标，分别是市盈率、市净率、净资产收益率以及股息率，这一节我们来了解一下这几个重要指标。这也有利于我们更深入地了解估值背后的逻辑。

（1）市盈率（PE）= 股价 / 每股盈利

估值中最常用的一个指标就是市盈率。对应到公式中，如果一个上市公司股价不高，盈利又多，自然市盈率就低，代表我们能够用更短的时间收回成本。比如一个公司股价是 10 元 / 股，每股盈利 1 元，那么市盈率就是 10 倍；如果盈利不变，股价为 20 元 / 股，那市盈率就是 20 倍，相比之下就贵了。市盈率越低代表越被低估，这就是市盈率的含义。市盈率估值适用于盈利稳定、流通性好的行业，比如宽基指数和多数行业指数。像我们投资的沪深 300、中证 500、创业板，以及消费行业、医药行业等多数行业都可以使用市盈率指标来估值。

总体来说就是股价越低，盈利越高，市盈率数值越低，代表这只股票或指数越有投资价值。但有一种情况，行业本身已经是夕阳产业，虽然市盈率一直很低，但是因为行业已经进入下行周期，即使市盈率低也不值得投资。

（2）市净率（PB）= 股价 / 每股净资产

市净率公式把市盈率公式中的分母改成了每股净资产。净资产即资产减负债后剩余的部分。通俗来说，一家公司的地皮、机器、房屋、桌椅这类流动性高、变现速度快的资产，都可以归类为公司净资产。市净率之所以改用净资产这个指标，是因为很多行业的盈利都在快速变化，使用盈利指标会出现偏差。相对来讲，净资产这个财务指标比盈利更稳定。某一年公司经营好坏会对盈利产生巨大影响，但是对于公司净资产的影响相对就小很多，所以一些周期性行业和盈利变化比较大的行业就可以用市净率指标来估值。

什么叫周期性？就是行业受到经济形势影响非常大。当经济形势好的时候，行业表现就特别好；经济不景气了，行业就出现下滑。比如证券业，在市场行情好的时候，大家都去开户交易，券商利润瞬间暴涨；还有银行，经济形势好了就会有更多经营者愿意贷款开工扩产，老百姓也更愿意消费，这些都是银行的重要利润来源。一旦经济形势不好，或者股市下跌，人们的投资、借贷欲望就会下降，行业就会受到影响。另外钢铁、煤炭、航空等都属于周期性行业，它们不适合用市盈率指标，更适合用市净率指标。

一般来说市净率数值越低，在分子——股价不变的情况下，分母——每股净资产越大，代表越被低估。

除去特殊情况，市盈率和市净率这两个数值越低越好。

（3）净资产收益率（ROE）= 净利润 / 净资产

ROE是衡量资产运作效率的重要指标，代表公司的赚钱能力。ROE数值越高，代表资产运作效率越高。

举个例子。比如一家公司一年净赚1000万元，一家公司一年净赚3000万元，看上去是后者厉害。但是后者的本金是3000万元，本金和净利润之比是1∶1，也就是给你1元钱赚1元钱；但是前者的本金是500万元，本金和净利润之比是1∶2，也就是给你1元钱能赚2元钱，如果是你，你会投资哪家公司呢？肯定是第一家公司，你同样给它3000万元，它可以帮你赚回来6000万元。

巴菲特最看重的也是ROE指标，如果一家公司的ROE长期高于20%，那就属于非常优秀。在A股中有多家消费医药类公司ROE长期超过20%，像贵州茅台这类龙头公司的ROE连续多年超过25%，甚至30%，这也是机构资金特别偏爱白酒的重要原因。

（4）股息率 = 现金分红 / 市值

我们知道上市公司都会拿出一部分利润给投资者进行现金分红，用现金分红除以市值就得出了股息率。分红率和股息率是很多老股民非常看重的指标，这两项指标和上市公司净利润以及分红能力密切相关。一些绩优上市公司在净利润较为充裕时，会对投资者进行分红，从而提升上述指标，这意味着投资者除了在持有股票的过程中获得价差收益外，还有一份分红收益，这样即使持股过程中股价不涨，投资者手中持有的股权也有望带来现金分红，从而使投资者得以分享企业发展的收益。而这部分收益，就是分红带来的。红利指数就是一个挑选高股息个股组成的指数。

以上就是估值法的几个重要参考指标。估值买入法的原理主要就是通过参考各个指数历史的市盈率或市净率区间，以此来判断当前指数处于高位还是低位。当前估值如果处于主要估值范围内，可以定投；如果优秀行业指数进入低估区间，特别是估值百分位已经为个位数时更是加大定投的好机会；而如果当前估值高于主要估值范围最大值，则可以暂停定投。核心逻辑就是低买高卖。相比于直接定投，估值买入法能够帮助我们在更低的位置买入，在上涨之后的相对高位区间卖出，获取更高收益。

需要注意的是，即使到了估值高位区间也不代表股票马上就会下跌，当行情来的时候，有些行业估值百分位在 70%、80%，甚至 90% 以上，但它们还能持续很长时间，所以我们不能单凭估值指标就进行操作，还要结合大盘位置、行业趋势等因素进行综合判断。

三楼：择时加仓摊低成本

定投虽然不一定能让我们买在最低，但起码不至于一笔买在"山顶"。对于大部分普通投资者，定投是最简单易操作的方式。但是如果能适当地择时，效果肯定会更好，更低的成本意味着更高的收益空间。择时加仓其实就是一种在完全不择时和主动择时之间的权衡，有点类似于定期不定额的方式，在坚持定投的基础上，跟随市场行情被动择时，下跌时加仓，从而有效摊低成本。

这里先要解决一个问题，看涨跌我们要看哪个指标？是上证指数还是沪深300指数？各类指数在不同时间段涨跌相差巨大，我们要看的指标是你持有的基金所追踪指数的涨跌。比如你持有的是某只沪深300指数基金，那么就要看沪深300指数的涨跌幅度；持有的是某医药主题基金，就要看中证医药指数的涨跌；持有的是某中证白酒指数基金，就要看中证白酒指数的涨跌。有同学问能不能直接看基金净值的涨跌？场外基金每天只有一个价格，要等收盘后晚上更新才能看到，所以这个数据相对白天的操作是滞后的。

如果想要在定投的基础上进一步提高收益，该怎样加仓呢？

（1）1/10补仓法

把剩余资金分成10份，每次你投资基金跟踪的指数下跌3%，补仓1份的资金。这种方法更适合整体估值不高、处于上升趋势的行业和指数，在市场震荡过程中不断积累筹码，平滑成本。

（2）1/3补仓法

当对应指数或你持有的基金跌幅超过10%，加仓1/3资金；再跌10%，再加1/3资金；再跌10%，投入剩余资金。这种方法比较适合指数连续上涨到高位开始调整时。优秀的行业指数下跌30%基本已经到了相对合适的位置，也有超跌反弹的需求。这种补仓方法可以更从容地应对连续下跌，也会随着下跌进一步降低成本。当然你可以把这个下跌比例设定在15%，每当指数下跌幅度超过15%，加仓1/3资金。这样当你把资金补完，跌幅也到了45%的位置，这样的方式能够更从容应对市场更大空间的下跌。

（3）金字塔补仓法

还有一种性价比更高的补仓方式。当你持有的指数下跌10%，买入总资金量的 10%；再跌 10%，加仓 20%；再跌 10%，加仓 30%；再跌 10%，加仓 40%。这里设置的比例是下跌 10%，也可以设置其他值，具体数值主要基于你对市场当前位置最大下行空间的判断，一共可以加仓四次。这样的补仓方法可以更大程度摊低成本，投资心态也更稳定。

这种补仓方法更适合长期连续上涨，估值已经到了高位的优秀行业指数。因为长期的上涨已经累积了太多获利盘，一旦进入下跌趋势，空间可能会很大，时间会很长。如果小步频繁补仓，可能很短时间内就把资金都用完了，后续继续下跌就会比较被动，如果采用这样的补仓方式，持基体验就会更好。比如 2021 年春节后白酒连续下跌，如果用这种补仓方式，大幅的下跌反而给了我们以更低成本买入的机会。

还有一个问题是，资金都投入之后还在下跌怎么办？那就只能耐心等待市场回涨了。一定要给自己投资的单个指数或行业设定上限，一旦到了比例上限，再跌和你也没有关系。投资中最重要的是坚守你制定好的原则。

其实大家也发现了，我们设置的指标都不是一个标准或固定的数值，每一个指标在面对不同市场环境时也都有自己的局限。因为市场每天变化，我们不可能预知，涨多少跌多少更是没人能猜到，市场情绪等因素更会加大涨跌的幅度，而这个幅度往往会超过我们的预期。但是通过以上三种加仓方法，我们可以避免大盘刚刚开始下跌就急忙把资金都打进去，接下来承受漫长的调整；此外，以上方法也可以帮助我们以更低的风险进入看好的行业积累筹码。具体的操作，我们可以根据对市场的判断以及个人的风险偏好，在这个基础方法上做调整，尽量找到性价比最高的入场方式。

《巴菲特致股东的信》里有一句话很有道理：宁要模糊的正确，不要精确的错误。

四楼：止盈后的盈利再投

很多投资者会问这样一个问题：都说指数基金是长期投资，那我一直拿着就行了。通过之前的止盈部分我们知道了，定投必须要止盈。但止盈之后接下来还有重要的一步，就是：止盈后的盈利再投资。

特别是当你的止盈点设定得比较低，那就要立刻决定下一步的再投资方案。像新能源车指数从2019年开始，到2021年，涨幅超过300%。如果你是长期投资者，设定的止盈点很高，操作起来就很容易，但是如果你把止盈点只设定在了30%，就会错过后面更大的涨幅，就像很多投资者说的"卖飞了"。这种情况总会发生在一些优秀的行业指数以及市场进入上升趋势逐步走牛的阶段。

我们可以用以下几种方式来进行止盈后的再投资。

（1）以原有方式继续定投

有的同学将止盈点设置在30%，在止盈后指数继续上涨，现在手中又有足够稳定的可支配现金。如果继续看好原来的指数，还可以重新开始一轮定投。这种方式的问题是因为每次投入金额小，导致战线拉很长，在牛市到来前没有足够筹码，收益低。

（2）对原有指数止盈后再投资

先将收益落袋为安，再将赎回金额采用一次性买入（比如30%左右的资金）加定投的方式来进行止盈后的再投资。这样既能够把上一轮的收益揣进兜里，又不会错过接下来的上涨，即便下跌，还有资金定投摊平成本。

（3）增投另一只指数

还可以在止盈后增加另一只低估指数定投，这样相当于卖高买低，在各品种中选择最优标的。

在所有的指数基金都已经涨到高位的时候，我们还可以投资债券基金，因为债券基金大部分时候和股票基金走势是反向的，也叫股债轮动策略。简单来说就是买便宜的、卖贵的。

止盈再投资，是在保持住一段时间内收益的基础上进行的权衡，无论是原指数再投资，还是挑选另一个低估指数投资，都是希望卖高买低，既不错过接下来的上涨，又能及时保住收益。具体操作非常个性化，我们要做到的只能是近似的收益更高，不要指望每次买在最低，卖在最高。

五楼：组合定投

诺贝尔经济学奖获得者马科维茨提出的现代投资组合理论，翻译成白话就是：鸡蛋不要放在同一个篮子里！分散和组合是帮助我们规避风险最好的手段，连续3年的结构性行情让我们充分意识到了单独押注某一个赛道风险非常大。即使是2019～2020年连续大涨的白酒消费，到了2021年春节后也连续下跌了一年的时间，跌幅超过30%，还有的个股直接跌了50%。如果我们能够进行合理的组合配置，整体收益就会稳定很多。

具体的方法是把负相关性或相关系数低的股票和基金合理配置形成组合。比如沪深300和中证500这类大盘和中小盘组合，宽基指数和行业指数组合，A股指数和美股指数组合，股票基金和债券基金组合等。东方不亮西方亮，组合能够帮我们大大降低单一配置的风险。A股经常是结构性牛市，有时大盘蓝筹股涨，中小盘下跌；有时中小股票涨，大盘跌，风格不断变化。如果你能坚守住一个风格3～5年，基本上都能获得不错的收益。但是如果你全部押注在某一类品种中，看到其他风格上涨，自己的迟迟没有起色就会很难坚持下去。如果合理分散配置，无论何种风格都不会缺席，心态也会更好。

当然这种分散组合要适当，如果买上几十只甚至上百只基金，这不是组合，是养"基"场了。在与投资者接触的过程中，我发现买几十只基金的同学还真有不少。对于大部分投资者来讲，在同一个时间段，配置4～6只基金已经足够，最多也不要超过10只。这样我们的精力才能更加集中地跟踪所投产品，资金也能相对更加集中，上涨才能获取更高收益。

六楼：择时与择势

我们投资基金是为了取得长期较高的收益，所以在选择基金的时候一定要根据宏观经济形势和行业发展趋势，选择真正有价值的投资主题。

目前，中国经济的环境已经从之前的高速增长转到高质量增长，人均GDP已经达到1万美元，进入中等收入国家行列，这意味着消费、医疗、养老等与民生密切相关的行业将迎来一个长期发展阶段。比如中国的老龄化问题已经非常突出，2015年我国已经出现人口红利拐点，未来每年新增的老龄人口将远大于过去几十年，养老相关产业的增速在未来几十年应该会保持较高水平。

随着中国成为世界第二大经济体，中美之间长期抗衡的局面已经确立，这几乎是无法回避和改变的趋势。美国势必会利用其在科技领域的优势对我们进行长期打压，所以我们必须以举国之力发展科技创新产业，发展国产替代，除此之外别无选择。

碳达峰、碳中和是既定国策，将会是未来几十年的大趋势。绿色能源，包括新能源车、光伏、储能，热点会不断涌现，其中的投资机会将会是长期的、持续的。

投资是认知水平的体现。选择比努力重要，在投资领域中更是这样！我们在投资基金的时候就要去选择那些符合大趋势的方向，这才是长期正确的选择，也最有可能取得理想的收益。如果你选对了赛道，即使选到的不是最优秀的基金，也会借着行业趋势分得一杯羹。

包括在选择主题策略基金的时候，一定要选那些具有长期性和时效性的，而不要选择那些昙花一现的概念主题。

七楼：投后工作

还有一些投后工作需要我们去做：比如跟踪基金表现，定期跟踪检查我们投资的基金有没有偏离好基金的"轨道"，基金经理有没有发生变化等。所谓定期，也不用天天盯着基金净值看，一般一个季度跟踪检查一次就够了，最多一个月看一次，不要过于频繁。

跟踪检查主要看以下几个方面。

业绩：虽然是长期投资，我们依然要适当关注近期表现。业绩主要从绝对收益、同类平均、业绩比较基准或者与沪深300指数的对比这几个方面进行综合考察。如果最近一个月、最近三个月或者连续几个月表现不好，那就要注意分析一下原因。特别注意在行情上涨的时候有没有跟上，在行情下跌时候的抗跌性怎么样。

风控：如果基金的风险控制做不好，很难在长期取得优秀的业绩。主要是关注波动率、夏普比率、最大回撤这几个指标，不能出现大的偏差。

规模：基金规模是动态变化的。如果基金表现好，可能会引发投资者追捧，规模大幅增加。而当基金表现不好的时候，投资者选择赎回，导致基金规模减小。基金规模过大或过小都不是我们希望看到的。

基金经理：基金经理的稳定性对于基金的长期收益是一个很重要的基本保障。市场上有多位优秀基金经理离职。近期的东方红林鹏、兴全董承非，早年的睿远傅鹏博，更早的华夏王亚伟，基金经理的离职变动会给产品的未来带来极大的不确定性，一旦基金经理离职，我们就要高度重视，决定是否继续持有手中的基金。

组合配置：控制好每只基金在整个基金组合的比例，控制好仓位，才能实现整体的投资目标。如果组合中的某一只基金仓位占比过高，即使这只基金的净值小幅下跌，也会导致整个组合的净值下跌。对于大多数投资者来讲，单个行业在组合中占比的上限最好控制在 20% 以内。

本章小结

对于大部分投资者，直接选择优秀的宽基指数和行业指数定投，在经济发展和资本市场深化改革的背景下就能取得超越市场的平均收益。如果希望进一步提高收益，可以综合运用本章中的一些方法。

第一步：做好投资计划。

先选定 3～5 个看好的指数或行业，选择到对应的优秀产品，确定各类产品在组合中所占比例。结合自己的风险偏好选择宽基指数占多少；行业指数中的消费、医药、科技比例各占多少；其他重点概念主题占比多少。这个计划是提前就要做好，而不是一边买一边看，或者随机决定的。

第二步：确定投资节奏。

结合行业的估值来决定买入节奏。优秀行业如果正好到了低位区间就可以采用一次性买入加定投的方式，比如先用资金的 30% 左右买入，剩下的设定一段时间的定投；如果估值已经较高但是依然看好未来的趋势，那就先用定投的方式入场，在下跌的过程中择时加仓，积累筹码。

第三步：及时止盈以及止盈后再投资。

及时止盈把收益揣进兜里，赎回的本金可以再次入场去选择低估值的品种定投，过程中依然可以采用一次性买入加定投的方式。对于依然看好的行业也可以止盈后再投资，既不错过后面的上涨，又能及时把收益留存。

第四步：控制好仓位。

加仓必须结合自己的仓位和计划，免得补着补着某一个行业成了重仓，想买其他产品时资金已经用完了。当然，基金持仓也不要过于分散，如果持有几十只基金，每只所占比例只有百分之几，即使选中了一只大牛基，对于整体收益的贡献也微不足道。

第五步：跟踪基金表现。

定期关注你的基金，做好投后检查，让你的投资形成一个完整的闭环。

第十一章 ▶ CHAPTER 11

最重要却最容易被忽略的：资产配置

最古老的资产配置策略依然有效

市场最大的不变就是永远在变，这句话听起来很绕，但是市场就是这样涨涨跌跌，不断变化。而这种变化我们又难以预测，而且运行方向往往和大部分人的判断相反。不仅涨跌方向难以预测，即使是同一时间段同一个市场中，不同类型资产涨跌也有极大的区别。就像2021年，市场涨跌波动，从前的核心资产大消费白酒领跌，而蛰伏了几年的钢铁煤炭大涨。这样的反转让当年入场的投资者目瞪口呆。

我们在坚持长期投资优质资产的同时，必须要把资产进行合理的组合分配。这是为了保证市场繁荣的时候，我们努力在丰收季节有最大的收获；市场萧条的时候，我们要确保能够生存下来。

实际上在很久以前，《塔德木经》就讲到过简单的资产配置策略：一个人应当总是将其财产保存为三种形式，1/3 为房地产，1/3 为商品，1/3 为流动资产。虽然现在可投资的产品形式越来越多，但从大类资产上看，这个策略到现在依然适用。

现代投资组合理论认为，投资组合的构成应该包括金融市场上的所有流动性资产，不仅要有房产、股票、债券和现金储备，还要有外汇、贵金属等。这么广的一个范围，理论上好像具有吸引力，但是在我们配置的时候并不现实，而且也没有必要如此复杂。投资中有一个很重要的原则——不懂不做！我们只要从中去选取能够研究明白，并且长期收益最好的几项作为资产组合就可以了。

具体的组合，指数基金之父约翰·博格给出了一个建议：2/3 股票，1/3 债券。他的导师沃尔特·摩根也是一位行业先驱，惠灵顿基金的创始人，曾经向他传授投资组合平衡的理念：为了实现投资目标，比如为了退休积累资产，要平衡你的投资组合来优化回报率。持有一些债券，把损失的风险保持在可以承受的水平。也就是说，资产配置能够帮助我们在风险和收益之间尽量找到平衡。

可能有的投资者认为，股市行情好的时候，持有债券或其他低风险资产会降低自己的收益回报。但是别忘了我们永远无法预测市场，在市场下跌的时候，风险是否在我们的承受范围之内？美股 1973 年开始下跌了 37%，2007～2008 年下跌了 33%，在新冠肺炎疫情暴发的时候曾经下跌了 30%。而我们 A 股的阶段跌幅就更大了，上证指数从 2007 年曾经的最高点 6124，一年的时间最低跌到 1664 点；从 2015 年 6 月的 5178 点，7 个月的时间跌到 2638 点，之后一直在 3000 点附近震荡。在投资当中我们不只要看回报有多高，还要看风险有多大。保住本金是我们投资的第一法则，重要性远超过收益，因为如果还有本金，那一切都可以重来。如果是赌徒，孤注一掷是获取收益的最佳方式，但我们是投资者，目标是资产的保值增值。

具体配置上有一个很流行的算法，是用100减去年龄，计算得出你投资股票资产的比例，比如你现在35岁，就可以用100减35，也就是用65%的资金投资股票。但是约翰·博格的建议则更为积极，他认为长期投资股票和股票型基金性价比是极高的。例如在一个退休计划中，他建议将资产通过投资70%的股票和30%的债券来平衡风险和回报。所以如果你刚刚开始资金积累，对回报有强烈的欲望，对风险又有较好的承受能力，距离退休也有较长时间，可以适当提高股票投资比例。

还有一位投资大师彼得·林奇，也非常强调投资组合的重要性。他的著作《彼得·林奇的成功投资》⊖在10年间重印30次，在全球畅销数百万册，是最畅销也是最受业余投资者欢迎的投资经典名著之一。他最值得称道的就是把投资理论和实践完美结合。他被美国《时代》杂志评为全球最佳基金经理，被美国基金评级公司评为历史上最传奇的基金经理。

彼得·林奇1977年开始作为基金经理执掌麦哲伦基金。在他担任麦哲伦基金经理的13年间，麦哲伦基金的管理资产从2000万美元增加至140亿美元，年平均复合回报率高达29%，几乎无人能及，基金持有人超过100万人，麦哲伦基金也因此成为世界上最成功的基金。

作为一名出色的投资人，彼得·林奇非常注重投资组合的构建。他认为自己在投资上从来都是一个长期主义者，因为长期才更具有确定性，才有更大的胜率。而通过构建投资组合，胜率就会比之前更大。只买一只股票是十倍股的概率极小，而买入十只股票有一只是十倍股的概率则扩大了十倍。哪怕十只股票里有些不挣钱，有些亏损，最终一只股票赚回来的十倍也能让整体收益变得非常可观。你看，即使是世界级的投资大师，也

⊖ 本书中文版机械工业出版社已出版。

不会盲目地相信自己的选股能力，不会孤注一掷。

那具体持有多少只股票或基金构成组合才算合适呢？彼得·林奇认为，对于一个小的投资组合来说，持有 3 ～ 10 只股票比较合适，这样适当分散投资也许会给你带来很多好处。

对于我们基民来说，市场上可关注的行业和指数太多了，每天的热点此起彼伏，太过关注短期涨跌很难选到真正有价值的品种。之前有的同学说他买了上百只基金，看到好的就去买，结果很难追踪，卖出的时候很麻烦，现在都不知道该拿这些基金怎么办。目标太多，一定会分散你的注意力，让你失去单只基金带来的高额收益。

对于大部分投资者来说，我们持有 3 ～ 6 只基金比较合适，最多也不必超过 10 只，这已经足够把当下优秀的品种配置齐全了。如果你买了一堆基金，既有指数型，也有主动型，但是一看投资行业，全是消费和白酒，那买这 10 只还不如挑选一只优秀的基金买入，然后再把剩余资金配置到其他看好的行业中。当然如果你对一个行业特别看好，既想跟踪指数，又有特别喜欢的投资这个方向的基金经理，那么各配一只也可以。但整体上要注意组合配置中产品选择的差异性和负相关性。

足球场配置法

基金投资不但可以帮助我们实现一个个理财小目标，还可以帮助我们实现买房、买车、教育、养老这些阶段性的目标，但需要进行更长远的规划。那么，怎样才是一个好的家庭资产配置规划呢？

上上学堂独立研发了一种简单实用的资产配置方法，叫作"足球场配置法"。大家都知道，在足球场上，一支球队分为四个位置，最前面管进球的叫前锋，中间起组织作用的叫中场，后面防守的是后卫，站在球门前的是守门员（见图 11-1）。

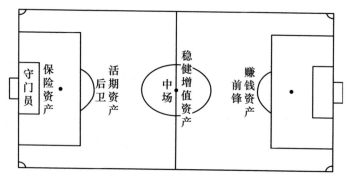

图 11-1 资产配置"足球场"

如果把家庭资产比喻成一支足球队,我们看各个位置应该怎么配置不同的产品。

1. 守门员:用最少的支出换取最大的保障

首先守门员的位置上应该配置保险。之所以保险要作为家庭资产的守门员并且放在第一位来说,就是因为它对于我们每一个人和每一个家庭都是极为重要的。

保险是保命的钱,可以应对可能发生的意外情况,是用少量的资金去撬起大笔保障杠杆的最好工具。用适量的资金去配置保险,能够在遭遇意外时减少给家庭带来的冲击,不用最好,有备无患,帮我们守好最后一道关,可以说性价比是非常高的。

就拿最基础的社保来说,2021年社保新规规定:以后不只住院可以报销,门诊也可以报销医药费,比例50%起;医保异地报销已经逐步实现全覆盖;更多疾病纳入医保目录;自由职业者自己缴费也更灵活,微信、支付宝都可以。性价比这么高的医保,即使你家里有矿也一定要配。另外还有一些医疗类的商业保险,可以用很少的花费换取更完善的保障,这类商业医疗险的作用就是补充医保不能报销的部分。所以无论你是单身还是有了家庭,从医保到合适的商业保险,给自己或者家人尽早做好保障都是必需的。

但保险产品确实比较复杂，而且每个家庭的具体情况又不一样，所以选择合适的保险不是一件容易的事情。很多人买保险好像是为了寻求心理安慰：我已经有保险了，放心了。但是，这个保险是否解决了你最担心的问题？付出的保费是不是合理？买过的保险有没有坑？所以选保险产品是一个需要用心的活儿。

大原则记住，应对疾病和意外带来的风险，先配置医疗险、重疾险、寿险、意外险四个险种。

医疗险是用来补充我们的社保的，因为社保有报销比例以及报销范围，如果生了大病，用到进口药、进口设备等医保报销不了的项目，医疗险可以对社保进行完美的补充。

重疾险主要是弥补发生大病时，在治疗及恢复期间给家庭带来重大的经济损失。这笔钱可以治病，也可以用作家庭开支，对于用途没有要求，只要确认符合合同约定就会一次性赔付。

寿险不是买给自己的，而是给家人的一份保障，家庭经济支柱更需要配置这类险种。根据保障期限不同，寿险分为定期寿险和终身寿险，前者保障期限有限制，后者则保障终身。定期寿险性价比较高。如果你资产较多，想给孩子留一份遗产可以考虑终身寿险，理赔款不需要缴纳个人所得税，也不会被清算。

意外险就很简单了，价格也很低，发生意外身故或伤残可以得到一笔赔偿。有部分保险产品还有意外医疗保障，比如猫抓狗咬、小磕小碰去医院治疗的费用都可以报销，具体要看保险合同约定。

那么我们在保险这个守门员位置付出多少资金算是合理的呢？只考虑保障的情况，每年保费占家庭收入的 10%～15% 是比较合理的。

由于各个家庭收入、资产、风险各不相同，具体比例差别很大，但有一个确定原则：保险优先保障，理财居次。如果是上班族，应该先把保障型保险买齐，比如补充医疗、重疾险。对于分红型保险或投资型保险要充分考虑家庭收入，这种保险一般价格较高，年限也很长。如果你需要用超过30%甚至更高的收入来支付这种价格更高的保险，那意义就不大。保险最主要的功能就是用最少量的资金换取最大的保障，而不是增值。保险是守门员，收益就交给前锋和中场来做吧。

2. 后卫：流动资金保证日常需要

我们再来看后卫，这个位置上应该配流动性的货币型基金产品。流动资金比例一般不超过家庭资产的10%，标准是满足3～6个月的家庭日常开销，方便随时取用。后卫始终守卫我们的日常生活，随时保证手里有一定的现金流非常重要。

这方面的钱基本可以放在类似余额宝之类的货币型基金产品，年化收益率2%～3%。如果希望提高收益，也可以选择中短债基金，流动性也不错，年化收益率在3%～4%。

3. 中场：家庭的稳健资产

再往前看，中场位置上放什么钱呢？应该放保本升值的钱，这部分钱长期一定不能够亏损，但收益要比货币型基金或者短债基金高一点。这个位置可以配置中长期债券型基金，收益相对比较稳定，年化收益率可以达到5%左右。这部分钱一般占家庭资产的30%，要做到保障本金不亏，收益至少不能跑输通胀。

4. 前锋：让你的财富增值

前锋的位置就要配置能够让你的财富增值的钱了，让钱生钱，这是真正能帮你实现财务自由的重要配置。这个位置上可以配置指数基金和主动型基金。这部分资金比例一般占到家庭资产的50%或者更高，主要投资于股票型基金这样的权益类产品，为家庭创造收益。指数基金也是非常适合普通投资者为收益增值的品种。另外前锋的投入比例还可以适当增加，特别是若你的年纪比较轻，更应该多一些进攻性资产。

因为股票型基金的长期收益率在 10% 以上，债券型基金的收益率在 6% 左右，货币型基金在 2% 附近，所以长期要以股票型基金投资为主。但是股票型基金短期波动更大，至少要用 3 年不用的闲钱来配置，当股票型基金上涨一段时间进入高估区域时，可以增加债券型基金做补充。同时债券型基金波动幅度比较小，更适合中短期投资。当市场已经到了高位，所有资产价格都比较高时，投资货币型基金或中短债基金。

大家注意到没有？我们只需要用基金这一种金融工具，就可以满足除保险之外的整个家庭资产配置的需要。

具体比例如何分配呢？在足球比赛当中，不同的球队会根据自己的情况采用不同的阵型，比如，想要大举进攻、取得比赛胜利时，可以减少后卫人手，增加锋线人员，采用"343 阵型"；比较重视防守时，可以在后防线布置五名后卫，采用"532 阵型"，先保证不丢球；而希望攻守平衡的教练，更愿意采用"442"阵型。那么同样，在我们的家庭资产配置中，也要根据自己的具体情况、风险偏好等采用不同的配置策略。

根据各种不同的投资风格，有以下几种配置方式可供大家参考。

保守型：30% 的货币型基金 +50% 的纯债基金 +20% 的宽基指数基金（352 阵型）。

稳健型：20% 的货币型基金 +50% 的债券型基金 +30% 的宽基指数/行业指数基金（253 阵型）。

相对积极型：20% 的货币型基金 +40% 的债券型基金 +40% 的宽基指数基金/行业指数基金/主动型基金（244 阵型）。

积极型：10% 的货币型基金 +20% 的债券型基金 +70% 的宽基指数基金/行业指数基金/主动型基金（127 阵型）。

本章小结

本章讲了在投资过程中最重要但是最容易被忽视的——资产配置。如果说基金投资有两个关键词，一个是长期投资，另一个就是资产配置。如果你希望资产能够稳健保值增值，那么资产配置就是投资过程中必不可少的一环。而且你的配置组合要根据市场的变化及时做出调整，力争收益和风险达到最佳比例。

具体的配置方式可以参考足球场配置。守门员——保险，用最少的支出换取最大的保障。很多年轻人对于保险并不感兴趣，甚至觉得买保险是浪费钱。的确，风险发生的概率不大，但是你一定要做好风险隔离。就像是打疫苗，可能大部分人不会染病，但是为了免疫我们必须接种。所以保险的配置是极为必要的。另一个极端就是花很多钱买保险，甚至用家庭收入的一半去买投资类的保险，总觉得既有保障，又能返还，不吃亏。但是一定记得，保险最大的功能是保障，而不是投资理财，一定要结合自己家庭的开支能力来决定。

中场债券型基金和前锋股票型基金是帮助我们财富增值的最佳工具。特别是股票型基金，虽然短期波动大于债券型基金，但是如果把时间拉长，你会发现长期收益最高的品种就是股票型基金。所以如果你还很年轻，风险承受能力强，投资期限可以更久，那么可以把大部分资产放在股票型基金上。相比于股票型基金，债券型基金是波动更小，回撤更小，又能够取得长期收益的代表，也是股票型基金的有益补充。这两个投资品种是我们未来获取长期收益的最佳工具。另外，作为后卫的流动性资金也要留出一部分，10% 以内就可以。

足球讲究的是配合，任何一个人，包括守门员、前锋、中场、后卫，缺了谁都不行。我们的资产组合也一样，首先一定要有资产配置的观念，并且结合自己的风险偏好做综合配置，这样才能让我们这场"球"一直玩下去。

CHAPTER 12 ◀ 第十二章

不同人群如何配置基金

刚刚开始工作的"月光族"该如何投资

1. 第一该投资的，应该是你自己

这几年在和很多同学接触的过程中，听到最多的一句感叹是："如果我能早点开始投资就好了！"其实大多数人都是到了三四十岁甚至更晚才开始投资。因为到了这个时候，人们才会意识到自己不再年轻，而且需要更多的钱来应对家庭生活的需要。同时也意识到曾经梦想的暴富并不切实际，反思如果能够从年轻的时候就开始积累，哪怕每个月几百几千，十年二十年算下来，复利可能已经能够实现那个曾经认为难以企及的数字。

正是因为我们从小缺少理财知识，错失了很多用复利累积财富的宝贵时机。从幼儿园到大学毕业，我们学习数学、语文、英语、物理、化学、生物等专业知识，参加形形色色的课外训练班，学习做人做事，培养智商情商，但是当走出校门，开始工作的时候才发现，我们缺少了一项重要的能力——财商，怎样能够更理智地消费，聪明地省钱？怎样分清想要和必要，学会延迟满足，用钱帮助我们未来累积更多的财富？

钱不能解决所有问题，但是生活中大部分问题都可以用钱来解决。你吃饭、通勤、买衣服、买生活用品，未来还有孝敬老人、教育孩子，每一项都需要钱，而且越往后需要的钱越多。物质无论多寡都是我们日常生活的基础。

大家还记得复利的三个因素吗？时间、本金、收益率。这里面只有时间是每个人都拥有但是又一去不复返的。对于我们每个人来说，投资最好的时机就是当下，特别是你刚刚毕业走出校门进入社会。不管一个月是 100 元、500 元还是 1000 元，你都需要尽力而为，有规律地攒钱投资。哪怕从每个月 100 元开始，你也要养成攒钱并投资的习惯，随着收入的增长再逐步加大投入。一旦钱为你工作，它将会成为你很好的朋友，它会为你生钱。

当然对于刚刚进入职场的同学来说，因为每个月收入有限，能够用于投资的钱可能很少。这个时候第一个要重点投资的是你自己。这时最忌好高骛远，你需要踏踏实实地努力，不断提高自己的专业技能，不断提升你的价值。随着个人能力的提升，你自然有涨薪的资本和更多的选择。千万不要认为时间很长就去蹉跎。

这里特别想和大家分享一个我身边朋友的例子。我和她几乎是同年进入一家财经媒体工作，刚入职时我是主持人，她是部门编辑，每天负责写稿子和采访。当年我们的工资都是 1 万元出头。和她从普通同事成为无话不谈的闺密，是源于一次大连的达沃斯论坛之旅。

这种会议的强度非常高，会有各领域的嘉宾来参会，我们的工作就是报道会议，加上尽可能多地采访到嘉宾，传达出观点。整个会议期间，她时间排得最满，从刚刚落地到酒店，她就打了几十个电话约嘉宾，当天半夜 12 点，她还拉着我采访到了一位很难约到的大咖。

几天的行程都是如此。如果赶上特别火的嘉宾演讲结束，她会第一时间冲过去，抓住任何一点可能的机会采访，晚上回去继续整理稿件，联系被访者不断确认修改，然后第一时间发布。无论是被访者还是公司，对她的能力都非常认可。

会议结束我们一起去海边玩，她给我们大家拍照、分享经验、寻找当地美食，真是一个能吃苦能享福、会干也会玩的姑娘。从此，我就喜欢上了她，是那种钦佩、敬重又同道的感觉。我喜欢她干活拼尽全力，玩就玩得痛快！之后我们俩成了无话不谈的好朋友。而当你真的拼尽全力去做一件事，又得到了正向反馈，那种满足感是单纯享乐不能带给你的。

5 年之后我离职，又过了 3 年，她成为这家财经媒体一个核心部门的领导，进入清华大学五道口金融学院进修，之后自己创业。她刚离职时还想着去喜欢的城市住上几个月好好玩一玩，但是没休息几天就被之前合作过的很多机构紧急召回，希望能招募她或者一起合作来做一些事。

很多人平时看起来好像朋友很多，但是你要想想，这是因为个人能力还是平台光环？如果是身处大平台，即使你在一个部门当小领导，也会有很多人找你或者求你，但是离开之后就完全不一样了。

然而，我的这位朋友离开后，反而有更多的人去找她，因为所有人都给她一个类似的评价——靠谱。靠谱的专业能力、靠谱的人、靠谱的责任心。虽然这个评价听起来有些普通，但是在当下这个社会，找到一个真正靠谱的人并不容易。她用自己多年来努力地"靠谱"，不断地投资自己，在行业中积累了众多资源，无论走到哪里，未来都充满了无限可能。

她真的是工作中获得复利的典型。作家格拉德威尔在《异类》一书中提到"1万小时定律"。他指出，人们眼中的天才之所以卓越非凡，并非天资超人一等，而是付出了持续不断的努力。当你真正专注地在一个领域深入扎实地研究1万小时，你一定会成为这个领域的专家。我的这位朋友，她不是名校毕业，能力也不是天赋异禀，正是因为自己不断地努力，并且选择了一个好的行业和赛道，所以无论是留在原地晋升还是去更好的平台，甚至自立门户创业，都有更多的选择。

刚刚毕业的你，第一个要投资的是自己！

2. 准备投资可以先从这四步开始

除了工作上的努力能够给你带来复利，复利更大的威力还展现在投资理财中。如果你从20岁开始每月定投1000元，按照平均年化收益率10%来计算，40岁的时候你会拥有76万元；如果时间拉长，到50岁的时候，这个数字就变成了227万元，而本金只有36万元。

如果收益率能够提高到15%，30年的时间和每个月的1000元，最终会给你700万元的回报。所以从现在开始，无论多少，先养成投资的习惯，正是每天坚持下来的习惯造就未来的你。开始投资并没有我们想象中那么难，先从最简单的几步开始：攒钱，记账，犒赏自己，延迟满足。

投资的第一步先攒钱，本金是鹅，有了鹅才能下蛋，否则一切计划只是空想。大家还记得《不上班也有钱》的作者用十年时间完成财富自由的故事吗？能够通过这种极端方式快速积累财富实现自由的人实在太少太少了。就像减肥，很多人都会把减肥挂在嘴边，但是真正做到的人明显不多。多数人都是立志减肥，信心满满，制订严格的训练计划，连每天吃什么都计划出几个月的，严格计算卡路里，然后花上一大笔钱买上装备，或者办个健身卡，坚持了几天，然后就没有然后了。

原因就是你制订的计划太反人性，超出了你的承受能力。我们终其一生都在和本性作斗争。我们对抗懒惰，对抗口腹之欲，对抗贪婪，对抗恐惧，还要对抗地心引力。天性本如此，如果你的每一次锻炼、吃的每一餐饭对你来讲都是煎熬，那么要坚持下去真的很难。所以很多要减肥的人，都是在立志减肥—节食运动—报复反弹中循环。如果你能够制订一个相对能够坚持的计划，并且适时犒赏自己，在本性和计划之间找到一个平衡点，其实更容易坚持下来。

比如，在对比了所有的运动之后，我发现，以目前的年龄和需求，我只需要每周3次瑜伽就能够保持体重、修复体态，那么我就不一定要去健身房撸铁；比如我很馋，认为品尝美食是人生中一大乐趣，开心的时候我想吃，不开心的时候我还想吃，而且不想每天嚼菜叶，那我就用"16+8"饮食法⊖，保证在每天晚上5点之前把饭吃完，此后到第二天上午9点之间不吃任何东西，这既能够让我在平时想吃什么就吃什么，又能够用更科学的方法燃烧脂肪、消耗热量，所以我能够一直坚持下去。

理财也一样，一个月能攒下多少钱每个人都不同，《不上班也有钱》中用十年实现财务自由的女主每天种菜、养鸡，拿鸡蛋和别人换生活用品，一年不买一件衣服，这种做法大多数人都坚持不了。所以大多数人看那本书也就是打下鸡血，然后继续过原来的生活。你要找到自己的节奏，这样才能坚持下去。投资中最重要的就是细水长流。

可以先从工资的10%开始攒起。一个月5000元工资省出500元，还是不难做到的，对吗？比如午饭一餐20元你必须要花，而且要保证营养均衡，但是每天非要用20元去买杯奶茶，那就真的没必要了。我有一个同事，每天一定要喝一杯奶茶，不喝就感觉没精神，基本已经成了习惯。我经常劝她，奶茶真的对身体特别不好，不仅会造成皮肤老化、掉头发，还会引发身体疾病。这种嗜好就是必须要戒除的，这个钱也是完全能够省下来的。这里面每天的饭就是必要，而奶茶就只是想要。

⊖ 每天把进食时间限制在8小时之内，剩下的16个小时只喝水或没有热量的饮料。

你知道每天一杯奶茶会花掉你多少钱吗？每天20元，30年就是21 9000元；如果你把这个钱用来投资，每天20元，还是用复利计算器按照年化收益率10%计算，30年后会变成1 367 595元，比投入的本金多出了接近100万元；即使投资10年，估算也有123 931元，你每天不经意花出去的奶茶钱够你买辆轿车了。不要在每天满足于即时快乐，之后又后悔的恶性循环中反复。其实我们的不快乐最终都是源于对自己的不满，自律不容易，但是它会给你带来持久的快乐与满足。每天的健康饮食、运动、储蓄、投资，这些坚持和努力都会让你越来越自信，越来越不再愿意放纵，并追求更好的自己。每一个成功的人都是在自己的领域中通过每天一点点的坚持最终实现目标的。

不要怀疑自己每个月这么一点可怜的本金是否能够实现财务自由。彼得·林奇说：如果你尽早储蓄投资，时间会给你带来巨大复利。终有一天单靠钱生钱就足够你生活所需，这就是所有人都向往的财务自由，自由地去想去的地方，做自己想做的事情，而钱则帮你提供这些基础。是更早还是更晚实现它，关键看你是不是更早开始了投资，是不是尽可能多地攒下钱作为本金，是否能通过学习不断提高收益率。

帮助你攒钱，省去无效花费的好方法就是记账。现在手机上的各种记账软件，能够帮你记清楚每笔花销并且细致分类。一个月下来，你看看自己的钱都花到哪里去了，哪些是必需的，哪些可以省下来，下个月再优化自己的支出比例。这样你就会更明确地分清想要和必要，钱就会越来越花在刀刃上。

别忘了及时犒赏自己。奶茶不要每天喝，衣服不要经常买，但是不代表完全戒掉。所以每周留出一小部分开支犒赏自己，一杯奶茶、一顿火锅、一件衣服，总之在你的承受范围内，又能够给你带来幸福感。这样会让自己在下一周更有满满的动力。

还是那句话，在本性和目标之间找到一个平衡。如果完全顺从本性，你就会变成一个"沙发土豆",每天过着没有变化的生活,离曾经梦想的生活越来越远;如果每天都像打了鸡血,就很难一直坚持下去。古人的中庸和平衡真的是至理。

你的想要也不是就不能要,只是你要先学会延迟满足。比如你看上了一个包包,很喜欢,但是它要花掉你一个月的工资。这肯定是你的想要,但它不是必需的。如果你拿一个月辛苦赚来的工资去买它,就会打乱你所有的计划,甚至让你的投资计划戛然而止,甚至选择借贷。但是还有一个方法,就是先等一等,延迟满足,用投资赚来的钱去买它。设定一个买包计划,等到赚来的收益够买这个包再"剁手"。既满足了你的想要,也不会影响你的投资计划,区别只是等一等而已。听起来并不容易,也不够痛快,不能随心所欲,但是我建议你尝试一下,慢慢地,你会喜欢上这种有控制的、不断变好的感觉!

当你真正找到了自己的投资节奏,下定决心要开始投资,就已经成功了一半。为什么刚刚开始就成功了一半呢?因为投资的技巧并不难,难的是观点的改变和行动的开始。有太多人一直都在计划,但从没有过开始,或者到了很多年后才后悔没有开始。

3. 刚毕业上班族的投资计划打造

做好了充分的准备,接下来就要进入定投计划的打造了,这也可以简单地四步走。

第一步:梳理现金流,确定定投金额。

还是以每月 5000 元的工资来举例,刚刚进入职场,虽然收入不高,但是胜在没有负担,生活压力较小。

首先要根据自己的花销情况来决定定投金额,都是收入 5000 元,有的人能存下 3000 元,有的人 300 元都存不下来,该怎么省钱存钱,前面已经讲了很多了,如果你想要实现财务自由,积累本金就是第一步,巧妇难为无米之炊，本金是投资的基础。如果你平时花费较大，先省出一个固定金额，比如拿 500 元用来定投。

另外还有一个公式可以供我们参考：（工资－花销）/2= 每月定投金额。如果你每月固定开销要 3000 元，用（5000 元－3000 元）/2=1000 元，每月你就可以用 1000 元去定投，另外的 1000 元用来应付突发情况或者其他临时开销。

当然如果这笔钱省下来了，也可以放在下个月继续加投进去，或者在市场下跌幅度较大的那天加投，增加筹码，降低成本。

第二步：找到定投渠道，设置定投频率。

刚入场的投资者可以从场外开始，在天天基金网、支付宝等第三方平台上注册，关联银行卡，开始定投；如果有股票账户也可以直接在固定的日期买入看好的 ETF，相当于定投。至于场外场内哪个好没有绝对，最重要的还是看产品。有的产品有场外没有场内，有的产品有场内没有场外，所以根本还是要选择到好产品。

至于设置周定投还是月定投，对于多数投资者来说，选择周定投能够更灵活地应对市场的变化，更大限度地平滑成本。

第三步：选择基金并做好组合配置。

我们选择买基金，相比于股票其实已经在一定程度上分散了风险。如果我们能够在选择好基金的基础上再做好组合和配置，就能够更进一步分散单个行业指数的风险，让我们的资产波动更低，更加安全。所以不要只选一只基金，可以选择 2～6 只基金综合配置。

你的每一只产品都要精挑细选，选定之后在低估区间开始定投，不要因为一段时间表现不好就轻易放弃，数据显示，长期持有的投资者的收益会比频繁更换、持有时间只有几个月的投资者的收益好得多。

基金投资以年为单位，甚至需要更长的时间，所以一定要用长期不用的钱投资，做持久战的准备。当然如果入场时间特别好，几个月就来了牛市，到达收益目标也要及时止盈。市场变幻莫测，我们在心理上还是要做好长期准备。

第四步：定期检查投资组合。

不是买完就万事大吉，看都不用看了，基金要长期投资不代表我们就不用关注了。市场不断在变化，行情不断在变化，如果市场真有系统性风险，或者你买的主动型基金换了基金经理，你都需要对定投计划做出快速调整。

讲了这么多，是不是发现投资其实没有想象中那么难？很多平台 10 元就能起投，1 分钟搞定操作。不是等到有钱了再投资，而是投资才能变得有钱。时间是你最大的优势，如果还没有开始投资，那就从现在、从当下开始，刚刚毕业的阶段正是被人羡慕的大好时机。

上有老下有小的家庭该如何建立更稳固的资产配置池

步入 30 岁，我们已经不再是自己吃饱、全家不饿。我们建立了家庭，有了孩子，父母也进入了退休阶段。这个时候我们逐渐感受到肩上的责任和压力。

这个阶段是我们投资的次黄金阶段，也就是再不开始投资真的就晚了。为什么这么说呢？刚刚进入社会，之前又缺失理财观念和知识方法，可能会让超过一半的人错过最初的开始阶段。

但是进入 30 岁，我们自己就会开始思考以后的人生，而且这后半段精彩的人生才刚刚开始，其中需要更多的财富来支撑。经过前几年的努力工作，此时你已经有了自己的职场位置，收入已经有了提升，而且可能刚刚有了孩子，还没到需要大笔开销的时候；父母刚刚退休，身体普遍都不错，需要我们照顾的时间还不多。这个时候就是我们努力赚钱为未来打基础的最重要阶段。

想象再过 10 年或者 20 年，你的父母老了，在医疗保健上需要更多的支出，你的孩子要进入大学需要一笔备用金，这些都是我们为人子女、为人父母应尽的责任和义务。我们现在所做的一切都是在为未来做准备，他们可能不需要，但是我们必须要有准备。我给你，你不需要，和我不能给你，是完全不同的概念。那个时候正是体现我们家庭顶梁柱作用的时候。如果通过努力工作和投资理财，有了这些年积累的资产，就能够让自己和家人过上更好的生活。

家人需要的不只是钱，他们最需要的是陪伴。而大部分人都要把最多的时间奉献给工作，留给家人的时间寥寥。如果我们通过这段时间的积累，能够实现基本的财务自由，即使不工作，投资赚来的钱也能覆盖我们的花销，那我们就会有更多的时间去陪伴家人。

这个阶段的具体投资计划和前面几个步骤都是类似的，只是各类资产上应该有所倾斜。因为这个年龄段我们年富力强，有充足的劳动能力和风险承受能力，所以这个阶段我们的资产应该更多地配置在进攻性资产中，比如之前提到的足球场配置中的前锋，也就是股票和股票型基金，这类品种是我们这个阶段资产更快保值增值的最好武器。

同时这个阶段我们可以把更多的精力放到投资理财上，除了选择一个好产品，还要利用各种方法提高收益。比如买入的时候要更多参考估值，当一个指数或行业进入低估阶段就要加大买入，低位多买，高位少买，不断地摊低成本。随着股价的上涨、估值的提升，要注意及时止盈。用更少的时间去获取更高的收益。这是我们最年富力强的阶段，也是我们为自己和家人的未来积累资产的最好时机。

步入老年该如何通过基金打理资产

多数人的父母有退休金，有医保，一辈子攒了些钱。他们这个年龄段对于理财最重视的不是收益，而是低风险。而且很多父母辈对于股票市场认知不深，认为风险太大，如果你给他选择的大多是股票型基金，一旦遇到下跌，老人家可能难以承受。所以这个年龄段的配置必须以低风险品种为主。

这里我们依然可以用"100－年龄"这个公式来计算投资股票资产的比例，如果父母现在60岁，有10万元用来投资，那就拿出30%～40%，也就是3万～4万元去配置波动性最大的指数基金。不要一次性买入，可以分批定投，并且去寻找那些估值较低的类型买入。

通过之前的学习我们知道，不同类型的指数基金风险收益有很大差别。比如从2020年开始一直上涨的新能源指数，虽然前景很好，但是随着上涨估值也在不断提高，随时可能面临回调，跌个20%～30%也是很正常的。如果老人看到4万元跌成了2.8万元，那会给他们造成极大的心理压力。理财本是为了让他们有更多的零花钱，有更好的老年生活，因为这个影响了心情和身体，那就得不偿失了。

即使是投资指数基金，也要本着低估值的原则，去选择一些虽然爆发力不强，但是估值低、长期收益还不错的品种。像策略指数中红利指数、低波动指数，以及优秀行业经过连续下跌估值已经到了低位区间的品种就是不错的选择。

剩下的6万～7万元用来购买纯债基金，或者平均收益在4%的稳健理财品种，还可以加一些货币型基金，方便随时取用。

到了一定阶段有了收益，也可以把收益的一部分取出来，让老人们去旅游，见同学，和老朋友们聚会，出去走走。父母辛苦了一辈子，老了更是不舍得花钱，用他们自己投资赚来的钱会更加有成就感和乐趣。

大额资产怎样通过基金让财富更加稳定地保值增值

如果手里有一大笔闲钱，最近几年都不会用到，该如何投资呢？大额资产理财最重要的就是资产配置，也就是我们常听的：鸡蛋不要放在同一个篮子里。我们需要把钱分散投资在不同的领域和产品中。

这里要注意的是，很多人的确分散配置了，买了十几个产品，仔细一看都是P2P，那买得再多也没有意义。这些篮子之间是要具有负相关性的，或者说此消彼长。比如股票和股票型基金肯定是收益最好的，但如果你正好赶上2007年或者2015年高点买入，可能亏损会达到30%、50%，甚至更高。

如果你配置了其他资产，比如股债具有跷跷板效应，债券型基金在这个时间段里的风险就会明显低于股票。比如在2018年市场大跌的时候，债券型基金的平均收益率还是正值。用收益负相关的不同类型的资产去构建组合，能大大降低风险，让你的资产长期实现稳健增长。

具体怎样配置，每类产品买多少，是没有一个标准答案的，这是一个个性化的问题。在配置之前，你需要想清楚：我的投资期限有多长？我的预期收益率要多高？我的风险承受能力有多大？不同的人会得出不同的答案。前面章节已经介绍了不同风险收益特点的投资品种，我们要结合自己的实际情况去分配，同时也要结合不同年龄和不同风险偏好做出适合自己的选择。

当选择好了配置哪些资产，比例占多少，接下来就是如何买入了。比如你想把70%的钱用来定投指数基金，资金金额太大，需要很多时间才能全部投入，就可以结合市场情况采用一次性买入加定投的方法。这样即使大盘出现上涨，你手里已经有一部分底仓，收益肯定会比每期定投高；如果大盘下跌或继续波动，你可以接下来用定投的方式降低平均成本。

一次性买入的比例可以定在30%～50%，为什么要设定这个数值区间呢？因为如果一次性买入的比例过低，比如20%，这样手中拿到的筹码很少和定投区别不大；如果一次性买入比例过大，类似于一次性投资，风险又太高。所以先买入 30%～50% 比较合适。

具体比例主要结合大盘的位置以及个人投资风格。如果要买的指数目前估值不高，可以把 100 万元资金分 20 个月定投，一次性先买入 30%，也就是 30 万元，剩下的 70 万元再分 20 个月定投，每个月定投 35 000 元就可以了。如果你对未来行情非常看好，又属于比较激进的投资者，想更快收集筹码，也可以先一次性买入 50%，也就是 50 万元的指数基金，剩下每个月定投 25 000 元。

这样的方式进可攻，退可守，可以避免刚定投几期就出现大涨，而你手里却没有筹码的情况。当市场大涨手里有非常多的闲置资金踏空时，就会严重影响投资心态。虽然踏空并没有带来亏损，但是对于手中有钱的大部分投资者来说，没赚到就是亏了，心态不好再追高买进，反倒亏损，这样的情况是真的存在的。

基金配置的几个常识性问题

1. 用至少一年不用的钱投资

有同学问我，有一笔几个月不用的钱，能不能买基金，会不会亏钱？如果你的钱是一年以内就要用到的，那么我的建议是压根不要考虑买股票型基金。因为接下来短期市场涨跌没有人能知道。而牛短熊长、波动巨大是 A 股的常态，如果遇上市场连续下跌，你要把钱取出来就会遭受损失。以我们 A 股过去几十年的经验看，别说一年，碰上熊市或连续下跌，你甚至要做好三年资金不能动的准备。

基金定投就是这样，可能你用了两年的时间定投，这两年间涨涨跌跌你都没什么收益，但是行情来了，收益的增长速度可能超出你的想象。我们要做的就是在低位徘徊的时候耐心定投，积累筹码。短期没涨也不用担心，因为震荡时间越久，你的筹码累积得就越多，这样等到涨起来你的收益才会更大。如果你刚进入市场定投了1万元，行情来了直接翻倍，你的资产也不过是涨到2万元。但如果你已经积累了100万元的筹码，这时候行情来了翻倍之后的收益，才真正体现了基金定投的价值。

人们总在寻找战胜华尔街的秘籍，其实一直以来最好的秘籍就是选择一家盈利能力强的公司，并长期持有它的股票。而指数基金相比于股票又进一步分散了风险，所以耐心持有一个前景优秀的指数基金或主动型基金，就是战胜大部分投资者的秘籍。要成为一个成功的投资者，你不必是一个数学天才，也不必是一个会计，有时候决定投资者收益高低的，并不是学历和专业，只是投资的纪律性，对你看好的投资品种要有长期持有的耐心。

2. 不要借钱投资，不要轻易加杠杆

老股民都知道，在市场上除了拿自己的钱去投资，还可以通过融资加杠杆来购买。比如你有100万元资金，1∶1的杠杆就变成了200万元，能买到的股票数量比之前多了一倍。这样等股票涨起来你就会有翻倍的收益。同理，如果下跌你也要成倍地承担损失。2015年那轮市场大跌，很大的一个原因就是严查配资杠杆。过大的杠杆不仅会让个人承担巨大的风险，也会给整个股票市场带来巨大风险。

其实杠杆不是这几年才有的，早在1929年美股市场就已经有杠杆了，而且是非常狠的杠杆，当时的美国股民可以用10%的定金购买股票，什么意思呢？（10%的定金）就是10倍杠杆，比如你用1万元可以买到10万元的股票。当时股市上涨，股民看到这么巨大的收益都不顾一切放大杠杆冲进市场。这也是1929年美国股市大崩盘最直接的原因，这是有史以来最恶劣的一次集体恐惧。

在1929年美股崩溃之后的20多年，绝大多数美国人都不敢再买股

票。1952 年股东人数只有 650 万，占人口的 4.2%，而且 80% 的股票由不到 2% 的人持有；到 1962 年，人口总量 10% 的人开始进入股市；随着股价的上升，到了 20 世纪 70 年代，美国有 3000 万股东，占到人口的 15%。

人们进入市场狂热地买进交易所出售的任何股票，热切的投资者再次把股价推到了危险边缘，导致 20 世纪 70 年代大多数股票的价格都被高估了。结果你也能猜到——市场总会经历这样的疯狂，但无论何时出现，市场都会给予校正，让价格回落到合理水平。

所以在市场中一定慎重加杠杆！

3. 择时只是锦上添花

人们总是想择时，试图预测短期市场的波动和股价涨跌，但是没有人可以用这种方法真正赚到钱，如果真能这样，那个人早就成了亿万富翁，世界上也不会只有一个巴菲特了。人们总是觉得自己运气不够好，但其实人们追求的本来就是不现实的结果，因为没有人可以长期战胜市场，往往几天就可能摧毁你的整个投资计划。

在 20 世纪 80 年代美股市场上涨的 5 年中，股价每年涨幅为 26%，坚持长期持有的投资者资产会翻番，但其实这 5 年的大部分利润是在 1276 个交易日中的 40 个交易日赚到的，如果在那 40 个交易日里你选择空仓，你的年均收益率会从 26% 降到 4%。也就是你大部分的收益是在极少数的时间中赚到的，更多的时候都是耐心甚至痛苦地等待，等待那一小段快速上涨盈利的时刻出现。

不要自作聪明地去低买高卖，因为没有人能够每次都做到精准择时。你能做的就是选择优秀的产品然后长期投资，通过定期投资来平滑成本。在市场下跌的时候你越买越便宜，获得的份额越来越多；市场上涨的时候你越买越贵，获得的份额越来越少，时间一长，你的总体成本被拉低了，利润就变得可观了。同时基金还有现金红利，或者你可以把它转换成红利再投资，换取更多的份额。无论如何，保证市场上涨的时候，你在！

本章小结

本章主要讲了不同人群的不同资产配置方式，也希望能够让处于不同年龄段的你有一些小收获和启发。不同的年龄段、不同的人生阶段，我们的投资计划包括投资品种都是有很大区别的。这里面非常重要的因素就是需求的不同以及风险承受能力的不同。

一人吃饱全家不饿，刚刚进入大学的人是最自由的。没有赚钱的压力，更多的时间都是用在学习和游乐中。但正是这个时候，是理财开始的起点，起码你要有理财意识并且学习一定的理财知识。如果这段时间对于理财你已经有一定的了解和认知，进入社会开始工作之后，你就可以有计划有目的地开始投资理财了。而时间正是拉开你和同龄人差距的重要因素，每天浑浑噩噩地混日子，和每天有计划有目标并认真地执行，一年可能不会看出明显的差距，但是3年、5年、7年后，就会拉开巨大的差距！

进入社会虽然工资较低，但是也要开始养成定期投资的习惯，初入市场可以先从最简单的宽基指数开始，因为这类相当于投资国运的指数，即使你买在了高点，通过长期定投也一定能够赚到钱，随着收入的提升再逐步加大定投比例，增加投资品种。每个月投入多少资金不是最重要的，你要关注的是投入比例，工资5000元定投500元，工资1万元就要定投1000元，投入的金额要随着收入增加。因为除了时间，本金是决定你最终收益的第二个因素。

当有了家庭，开支逐步增加，大多数人也进入上有老下有小的人生阶段，更加体会到了责任和压力。如果你已经有了之前十几年的准备，又努力地投资自己，现在无论是职位、收入、存款都能让你生活得很舒服了。这时候更要在投资领域增加精力和投入，这是为我们家庭的未来打基础最重要的阶段，要尽量通过学习和认知提高收益率，年化收益率每提高1%，你的收益就是量级的增加。除了股票型基金，你可以加入部分债券型基金。这个时候的家庭资产更加注重保值和增值，更加注重风险收益比，要比年轻刚刚开始投资时更注重资产配置。

步入老年，风险承受能力下降，同时经过多年的积累手里已经有了不少的资金。这个时候最重要的不是赚多少，收益有多高，而是防控风险。配置中更多的比例要放在债券型基金以及低风险理财产品中。即使每年收益只有4%～5%，庞大的本金也足够让我们在年老时过上更有质量的生活。

无论你处在哪个人生阶段，要充分了解你的风险承受能力。无论是开股票账户还是刚开始买基金，系统都会做一个风险测试，大多数人都是草草填写，但是我们真的需要对自己的风险能力有充分的认知。很多人都在亏损之后才知道高估了自己的风险承受能力。大多数人亏损都是时间和风险错配导致的。

第十三章 ▶ CHAPTER 13

投资终极战：心态

人性的弱点：恐惧与贪婪

巴菲特在《聪明的投资者》一书的序言中写道："要想在一生中获得投资的成功，并不需要顶级的智商、超凡的商业头脑或秘密的信息，而是需要一个稳妥的知识体系作为决策的基础，并且有能力控制自己的情绪，使其不会对这种体系造成侵蚀。"知识体系是基础，但是控制行动的往往是情绪。控制情绪听起来简单，可真正落实到投资过程中难之又难。因为我们每个人都不可避免地被情绪支配，并且借此行动，对你基于知识体系所搭建的投资组合和策略产生反向作用，直到产生结果——降低长期收益。想想你每一次的下单，受到情绪因素的影响有多大？

传统经济学有一个理性人假设：每一个从事经济活动的人都是理性和利己的。也就是说，每一个从事经济活动的人都试图以自己的最小经济代价去获得最大经济利益。然而，美国普林斯顿大学的心理学家丹尼尔·卡尼曼发现，现实生活中人们的决定常常并不理性，很多时候我们基于感性而不是基于理性做出决定。他由此还获得了2002年的诺贝尔经济学奖，并且开创了行为经济学与行为金融学。

行为金融学和心理学的研究发现，我们不能理性决策，有信息不对称的原因，但更多的是人类认知偏差和心理错觉的原因。

所谓人性就是人类的通性和共性，无论是过去、现在还是未来都不会改变的天性。而我们往往会低估人性的力量，或者认为我们可以轻易地战胜它。人类的整个进化史大概有几百万年，真正进入农耕文明时代只有1万年。有人打了一个比方：如果把人类整个进化史看作1天（24小时），我们所能看到的有记载的历史大概是23点55分以后。前面接近24小时都是生活在荒郊野外，进入使用工具的农耕文明只不过是几分钟的事情。

在漫长的进化过程中，人类为了生存繁衍，对食物的贪婪、对外部侵害的恐惧、为了保存能量的懒惰就融入了人类的基因。这就形成了人类心理，也就是人性的三个基调：贪婪、恐惧、懒惰。听起来不好听，但这不是缺陷，而是生存的需要。我们现代人的人性和心理特征，可以说与1万年前的原始人没什么本质区别。举一个最简单的例子，我们所有人都知道，读书和运动是最应该每天都做到的事，但是真正能够坚持的人有多少？这就是我们被人性之一——懒惰控制着。

贪婪和恐惧正是投资的大敌。贪婪会让我们在市场上涨时失去理性，不顾及疯狂上涨的股价、不断拉高的估值，还能给已经脱离基本面的高股价找出继续上涨的理由；而恐惧会让我们在市场恐慌性下跌的时候不理性地抛出筹码，我们害怕这是一个无底洞，会越跌越深。正是这些本性决定了我们在投资中倾向于追涨杀跌，频繁交易。巴菲特的那句名言都听过：别人贪婪时我恐惧，别人恐惧时我贪婪。贪婪和恐惧，"杀掉"了市场上多少投资高手。这更说明投资最后其实拼的是心态。

三类典型心理偏差

心理偏差之一：损失厌恶。

有一个问题：你捡到了 100 元，但当你把这 100 元放到钱包里时发现，自己原来的 1000 元丢掉了 100 元，只剩下 900 元了，什么感觉？是不是原本有点小高兴，但突然又不太高兴了，心里一直嘀咕：自己原来那 100 元到底是怎么丢的？白得 100 元的开心没有抵挡住丢失 100 元的郁闷。

从理智来说，得到 100 元，丢掉 100 元，正好相抵，没什么不开心。但事实就是，面对同样数量的获利和亏损时，亏损会让人产生更大的情绪波动。研究证明，人对损失是非常厌恶的，超过了对获得感的向往。这就是损失厌恶。

问你一个问题：假设你急用钱需要处理手上的股票，有一只 A 股票盈利 20%，而另一只 B 股票亏损 20%，你会卖掉哪只呢？大部分人会选择卖出赚钱的股票 A。

因为如果卖掉 A 股票，这会让我们觉得之前的投资决策很正确，获得了落袋为安的收益，会让人非常愉悦；而如果卖掉 B 股票，就相当于承认之前的投资决策是错误的，没有人愿意承受割肉出场带来的损失。国内外大量的研究数据表明：大部分投资者往往会过早套现盈利的股票，而一直持有亏损的股票。所以损失厌恶的心理偏差反映在投资上，就是多数投资者赚钱了拿不住，而被套之后就死扛，以至于成了被动的长期投资者。

在给大家解答问题的过程中，我发现，大部分投资者都是在牛市高点买进去，然后进入熊市被套。而仔细观察他们持有的基金时，发现多数基金质量都非常一般，无论从基金公司到基金经理再到投资标的，结论都是还有更好的选择。但绝大部分用户是希望持有到回本之后再卖掉。其实如果换成另外一只更好的基金，是可以更快地回本的。

基金讲究止盈不止损，但前提是：这必须是一只好基金！克服你的损失厌恶心理。

心理偏差之二：过度自信。

人们往往过于相信自己的判断能力，高估自己成功的概率，把成功归功于自己的能力，把亏损的原因转嫁给外在因素，比如运气。

大部分投资人都有过度自信的倾向，而过度自信会使人高估自己、低估风险。过度自信，对于投资的影响很大，会产生"过度交易"以及"自我归因"。

过度自信，导致投资者认为自己有较大的把握能够从投资交易中获利，于是就会频繁交易、过度交易。增加了交易成本是一方面，更重要的是必然会增加犯错次数。因为几乎没有一个人的交易胜率是100%，交易的数量多，必然失败得更多。

而自我归因偏差会让人无法正视自己的错误，更不会从错误中学习，这很危险，往往会一再犯下相同的错误，"踏进同一条河流"。你可以想一想，投资了这么久，你是否总是踏进同一条河流？

心理偏差之三：代表性偏差。

"代表性偏差"是指最近发生的让人印象深刻的事件，会影响人们对风险或者概率的判断。把"代表性偏差"放到投资上，很多人会倾向于将过去的股票、基金的收益外推到未来，相信过去代表了未来的表现。想想你在挑选股票、基金，或者决定入市或加仓的时候，是怎么做决策的？在2020年年末和2021年年初，超过半数的投资者都是冲着白酒过去两年的高收益入场的。正是连续两年的优秀表现，让投资者认为接下来的表现依然会继续优秀。

在市场表现好的时候，大部分人会变得更加激进，而当市场低迷时，人们又会变得极其消极。从市场成交量就能看出来：市场低迷时，大家都不敢入场，成交量萎缩；一旦赚钱效应起来了，大家就疯狂追逐，成交量暴涨。但往往这时，市场泡沫已经很大了，一不小心就会站在高岗被套牢。

基金也一样，很多投资者认为过去的收益代表了未来可期的结果，所以大家才会对"冠军基金"那么热衷，但是往往又会碰上"冠军魔咒"。因为只有最激进的基金才有机会夺得冠军，而激进的基金特点是重仓某一行业的某几只个股，涨起来势头很猛，一旦跟市场节奏不一样，市场风格发生偏移，它就会跌入深渊。

从新发基金的数据也能看出，市场涨起来后，新基金销售火爆；而市场低迷的时候，基金很难卖，甚至无人问津，发行失败。基金市场有句话：好卖不好做，好做不好卖。

作为一个合格的投资者，我们必须要总结一下自己是否有上面提到的种种偏差，这些都是我们投资路上的绊脚石。

克服人性，跑赢市场

在投资市场上，普遍的人性一直存在，而且一成不变。有句话说：华尔街没有新鲜事。过去发生的还将一遍遍地发生，贪婪会继续，恐惧也会继续，这是因为人的本性从来没有改变过。

证券市场总是潮起潮落，一轮又一轮，就像春夏秋冬一样规律明显。虽然有时候夏天比往年的夏天热一点，有时候冬天来得比之前更早一些、更冷一些，然而，规律从未被打破。而参与市场的人，更是没有任何变化。如何克服人性的弱点并获得投资的成功呢？

1. 承认自己不完美，理解并时刻检讨人性

人性与能力、智商无关。再聪明再牛、顶着再大光环的人也是人，是人就有人性弱点。牛顿，人类历史上伟大的科学家，按理说科学家肯定是极度理性的，但他同样逃脱不了非理性情绪的驱使。牛顿曾经历了著名的南海公司泡沫，亏损了几万英镑。他说了一句很经典的话："我可以计算出天体的运行，但是无法测量人性的疯狂。"

我们都是普通人，认识并承认自身的人性弱点，逐渐克服自身的人性弱点，并不是自我否定，而是改正的基础、进步的开始、盈利的保证。

理解并接受人性的弱点存在，努力规避人性对自己的负面影响，并且利用大部分人性弱点产生的市场机会，大胆买入卖出，就有可能跑赢市场。

2. 制订目标和计划

确定合理的投资目标，在理性思考的前提下制订自己的投资计划，并且严格执行。很多投资者在刚开始也是设定了计划的，只是计划不如变化快。比如本来有 100 万元用来投资基金，计划是买入 60% 的仓位，结果市场上涨一激动就直接买满了，遇到市场继续下跌又后悔自己的冲动。

3. 做好资产配置

理性的资产配置也是克服人性弱点的好方法，能够熨平单一资产的暴涨暴跌，做到长期均衡增长，实现长远财务目标，有效地规避人性中贪婪恐惧带来的影响。

4. 借助专业机构

人除了自身的人性弱点以外，还有时间、认知、信息、专业等方面的欠缺，投资是一件专业性很强的事情，不可能每个人都成为专业的投资

者，或者说成为专业的投资者需要极大的付出，这时候不妨把专业的事交给靠谱的专业机构，这对大多数人来说可能是更好的选择。比如，我们投资基金就是把钱交给专业机构，让专业的人做专业的事。同时要不断深入学习，增强自己的认知。选择机构和基金经理也不是一件容易的事。

5. 不断学习，提高认知

投资最重要的事并不在于多聪明，而在于能否控制人的本性。一定要有自己独特的想法、独特的思考方式，通过学习不断地提高认知。终身学习是这个时代每个人都应该具备的意识和能力。我们这一代人很有可能会活到 100 岁，漫长的人生需要坚强的财务基础支撑。只有学习，才能跟上这个时代的快速发展和变化，才能让自己的财富得到保障，快乐地活到 100 岁。巴菲特 92 岁，查理·芒格 98 岁了，他们仍然在学习。

同时我们要通过正确投资去感受投资的乐趣，投资其实是一件快乐的事！而这样的心态会让我们的投资效果更好。有没有发现真正投资做得好的人都长寿？像巴菲特，他的搭档查理·芒格，以及约翰·博格等。可能长寿最主要的原因还是心态好。我觉得如果能够在这个风云诡谲的资本市场活下来，并且活得好的，心态都不是一般地好。而好心态贯穿于人一生中的各个方面。

这些投资大师也不是一帆风顺的，也是经历过了失败才体悟到投资的本质。指数基金之父约翰·博格，他的原生家庭并不幸福，父亲酒精中毒，父母离异。但是他在学习过程中表现出了数学天赋，数字和计算让他着迷。后来他以优异成绩毕业于布莱尔学院，被普林斯顿大学录取，并在那里学习经济学和投资，然后遇到了影响他一生的导师——沃尔特·摩根，正是这位导师敏锐地意识到共同基金将是一个绝佳的商业机会。1935 年 7 月 11 日，摩根把自己管理的规模超过 50 万美元的基金正式命名为惠灵顿基金。这也是世界上第一只分散投资于股票、债券的混合型基金，至今仍是世界上最著名、规模最大的混合型基金之一。后来约翰·博格成了他的学生并加盟公司，在 35 岁的时候已经被摩根任命为继任者。

当时的约翰·博格真的是人生得意马蹄疾，他投资激进，兼并了一家公司，但是收益极差，于是被自己的公司解雇了。这对于当时还如此年轻、意气风发的约翰·博格来说是一个很大的打击，但是这段经历也成为他投资道路上的转折点。他说，自己企业家精神的首次实践失败了，但是不是败在被炒鱿鱼，而是败在一开始就踏上积极投资的投机浪潮。这次的失败也成为他未来稳健投资和成功的基础。

所以任何一个投资者，包括现在看起来很成功的投资人，都有一个"进阶打怪"的过程，被市场教育过才会有敬畏之心，不断克服贪婪与恐惧，与本性做斗争，最终有所成就。作为普通投资者的我们，能够从他们的经历、走过的路、犯过的错中汲取经验和教训也是一种幸运，这可以帮助我们少走一些弯路，从一开始就走上正确的方向，即使慢一些，也会到达我们想去的地方。

希望这本书不仅能够让你真正学到基金投资的方法，走上正确的投资道路，还能够帮你成为一个快乐的投资者。让我们记住投资中最简单也是最重要的道理：如果想要获得长期成功，最简单的方法就是回归常识，避免投机，长期投资，资产配置，和时间做朋友。

本章小结

本章的内容应该是书中最简单易读的，可能有人会认为讲所谓的投资心态没有"科技含量"。但看起来最不需要学习的内容才是最终决定收益的重要因素。

贵州茅台不难找，国人都知道这响当当的牌子；海天酱油不难找，谁家做饭都用得着；比亚迪不难找，国产汽车领域无人不知；招商银行不难找，就在我们的身边。难的是 2012 年白酒大跌，贵州茅台连续跌了 3 年无人问津，等到 2021 年初股价涨到 2000 多时投资者疯狂买入；难的是比亚迪常年被说低端，股价在 2020 年前一直徘徊在 50 元以下，但到 2021 年上涨到 300 多元投资者又趋之若鹜。其实这都不是多么难的数学题，而是我们一直被贪婪和恐惧控制着。

正是克服了贪婪和恐惧，回归价值投资的本质，巴菲特才会在股价十几元的时候入股比亚迪，段永平才会在网易股价仅 1 元多的时候大手笔入场。虽然我们不是投资大师，但是只有不断地修炼人性，克服贪婪与恐惧，才能让我们敢于在低位买进好的股票和基金，并且在下跌的过程中坚持继续定投，达到收益预期时及时止盈。而多数投资者正好是反其道行之，因为贪婪高位买进，因为恐惧下跌卖出，正是这些不同的决策决定了你最终的投资收益。

写在结尾

经过近一年的筹备写作及修改,本书终于在 2022 年年初写到了结尾。每年我们都会对自己这一年以来的得失做个总结,这本书可以说是我过去一年最重要的作品,也可以算作一份给自己的最珍贵的礼物。

我特别希望它也能成为你的一份礼物,无论是你通过这本书开启了理财投资的意识,还是已经入门但是通过本书更进一步地了解了基金,或者你已经是一位老股民、老基民,但读了这本书掌握了更系统的方法且有新的体会和进益。无论哪种,我都希望这本用尽洪荒之力的书能够带给你一点点收获。

专门研究基金并且和投资者亲密接触已经有三年多时间,之所以这几年一直在各个平台上分享基金知识,是因为我认为基金是未来最适合普通投资者的投资品种，没有之一！未来的中国经济会更大更强，未来的资本市场会更加规范有效，这个大趋势不可阻挡。我们要做的就是把握趋势，坐上这列飞速前进的列车，去分享优秀上市公司的成长带来的收益。基金就是参与资本市场又能够规避个股风险的最有效工具。

全面系统的基金投资知识是太多人欠缺的。基金投资入门简单，1元起步，手机操作即可一键买入。便捷的网络、更多的来源，使大家能够接触的信息和知识越来越多。但是怎样把这些散乱的知识点连接起来，形成一套系统的学习理论和方法，让大家能够走在正确的投资道路上，并长期坚持下去，是我们一直专注在做的。书中的很多知识都源于上上学堂的课程总结，更多的是对大家在投资过程中所遇到的各类问题的梳理。

很多人说，感谢融融老师，开启了我的基金投资之路。我想说的是，感谢你们一直以来的信任和支持！一路同行，收获了太多的欣喜和感动！更要感谢上上学堂创始人马勇、COO 陈云超，每一期节目，每一节课程，书中的内容都倾注了所有人的努力和心血。上上学堂会一直秉持本心——帮助更多人培养科学的理财观念，学习实用的理财知识，与财富一起长跑。希望我们在投资的这条长路上，一起成长！

市场和产品在不断变化，在这几个月的写作过程中，内容也在不断地更新修改。我把这几年和投资者交流中普遍遇到的问题、投资的困惑，思考整理了一遍又一遍，希望它真正能够给你的基金投资带来进益。

最后，再为大家简单总结一下在投资基金的过程中，你可能会遇到的一些问题。

投资方法小结

1）基金定投是最适合大部分人的投资方式之一，基金帮助我们解决选股问题，而定投平滑成本的特点在一定程度上帮助我们解决择时的问题。时间会让你的资金产生巨大的复利。

2）根据自己的实际情况制订适合自己的定投计划，现在开始很重要！无论资金多少，每月拿出一定比例开始投资。选择好定投渠道、定投时间、定投频率、定投品种，开始你的投资之旅。

3）因为指数基金跟踪复制指数，所以先选指数再选基金，适合长期定投的指数基金应该是这样的：长期收益好，稳定，交易费用低，规模较大，成立时间长，正规安全。投资新手可以选择沪深300、中证500等宽基指数基金作为入门。另外还可以选择消费、医药、新能源这类未来前景明确、长期收益优秀的行业指数基金或主动型基金来投资，增加超额收益。

4）选择优秀的主动型基金可能获取超越指数的超额收益。但是因为有人为因素的存在，主动型基金更要做好后续跟踪，特别是基金经理的表现或变化。基金经理就是主动型基金的灵魂，在选择的时候除了历史收益，更要关注基金经理的投资风格是否和你契合，这一点至关重要。

5）止盈不止损！在优秀的品种下跌的过程中持续定投积累筹码，把握好节奏，对短期涨跌不用太过在意。一定要设置好止盈点。止盈有目标收益率止盈法、动态止盈法、估值止盈法和市场情绪法，可以将这四种方法结合使用。

6）一定要结合自己的风险承受能力以及资金期限做好资产配置组合。无论是股票型基金还是债券型基金，无论是宽基指数、策略指数还是行业指数，无论是A股还是港股、美股，适合你自己的才是最好的。投资是一个孤独的旅程,最喧闹的地方往往风险也是最大的。要有自己的认知和判断,而这一切的前提都是不断地学习。

7)投资到最后拼的是心态,如果说基金投资的秘诀是什么?答案是:长期投资加资产组合。基金投资要以年为单位,拿出至少3年不用的闲钱,这样无论面临什么样的市场环境,你都能耐心等待。同时不押注单一赛道,配置3～5个不同类型的产品,哪个到了目标就止盈,短期没涨的不代表不好,只是每个行业都有自己的运行节奏。我们要做的就是正确播种,耐心等待收获。基金投资要做一个农民,春种秋收;而不是一个猎人,打一枪换一个地方。

投资共性错误

在定投的过程中,很多投资者都会犯一些共性的错误,正是这些细节会对最后的收益产生直接的影响。下面再总结一下定投中可能出现的错误,希望大家能够尽量避免。

(1)**买涨不买跌**

多数投资者亏损都是这个原因,看到哪个涨得好、哪个热门就追哪个。各平台推荐的也都是涨幅最大的、热度最高的。的确,投资者看到过去亮眼的业绩才愿意买,如果看到基金近期收益一般而且还在下跌就会犹豫不决。但过去的收益不代表未来,优秀行业到了低位区间才是最好的买入时机。虽然低位不代表立刻上涨,但是低位买入优秀品种,不仅亏损的风险小,而且代表着未来的上升空间更大。

(2)**基金频繁操作**

基金可以波段操作,但绝不能频繁买卖。普通投资者没有择时能力,总想着低买高卖频繁操作,但大多数的结果都是追涨杀跌。如果想要获得短期快速的收益，那基金不是一个合适的投资品种。另外，频繁操作时申购赎回手续费也会有损失。

（3）基金长期持有不动

指数基金适合长期定投，但并不是傻傻买入什么都不用管，市场随时在涨跌变化，要在市场形势好、达到了自己的收益预期时及时止盈，把收益揣进兜里。只有止盈才能让赚来的钱真正变成自己的，而不只是数字。基金要长期投资，但并不是持有时间越长收益越高。

（4）持有数量越多越好

鸡蛋不要放在同一个篮子里，适当的资产组合会让收益更高、风险更低。但是组合并不是买入品种越多越好，需要把相关系数不高的各类产品综合配置。一般情况下，在一个时间段内，2～6只不同方向的产品已经足够，最多也不要超过10只。

（5）追短期业绩高的

主动型基金很少有业绩一直排名靠前的。因为排名靠前的基金一定都是重仓押注某个赛道某些个股，而市场的风口不会一成不变，同时随着规模的快速扩大，一些擅长中小盘的基金经理风格也不得不发生变化，这些都会影响最终收益，短期的高收益也代表了未来的巨大风险。

投资困惑答疑

之前我和同学们接触的过程中被问到很多问题，在这里也给大家整理出来，希望能够帮助你解答投资道路上的疑惑。

1. 基金净值越低越好吗

这个问题很像买股票的"低价股策略"。由于股价低，大多数股民能够买到的股票数量更多，所以更愿意挑便宜股买。但其实最后能不能赚钱要看的还是股票质地，也就是这只股票未来的前景如何，是否能够上涨。不涨，手里拿得再多也没用；涨了，即使股数很少也能赚钱。

基金也是同样的道理，并不能凭净值的高低来决定这只基金的优劣。而且为了避免投资者觉得单位净值高，看起来价格贵，基金可能会进行一些操作，把净值降低。具体方法有两种。

1）大比例分红。卖掉三分之二的资产，把赚到的2元以现金分红的方式分给基金份额的持有者。强行把3元净值的资产，变成1元，但这种方式可能把未来收益更加优秀的资产强行卖出，反而影响基金的收益。

2）分拆。分拆其实就是用财务的方法让基金看起来便宜。具体方法是把原来10亿元的份额拆分成30亿元的份额，净值由3元变成1元。也就是说，你原来持有1万份基金，每份3元，资产一共3万元；拆分后你持有3万份基金了，但是每份基金的净值变为1元，资产仍然是3万元。你的总市值没变。但是想要买进的投资者会认为，1元好便宜。其实左手倒右手，没有差别。

无论是买股票还是买基金，我们最终的判断标准都不是价格，而是未来的前景和增长空间。只要我们预期它未来能涨，即使价格高买入也会上涨；如果未来趋势下跌，你持有再多有什么用呢？

2. 几点下单买基金最合适

场外基金每天只有一个价格。如果想赶上当天市场下跌的机会，就要在下午3点收盘前下单，这样才会以当天收盘价格计算。如果你在3

点后下单，就要以第二个交易日的收盘价计算了。比如说你在周五下午 3:01 下单，就要以下周一收盘价计算。这样周一的上涨就和你没有关系了。

场内基金和股票一样，价格是实时变动的，所以成交价格就是你下单买入后成交时间点的价格。有很多投资者在投资场内基金的时候，看着基金价格不停涨跌变化，就会频繁操作，追涨杀跌，这是投资场内基金的大忌。

3. 指数基金有哪些费用

（1）交易：申购费、赎回费、转换费

如果是场内购买需要用股票账户进行交易，费用和股票交易费用类似，采用双向收费，就是买卖都收取 0.01%，也是俗称的"万一"。

我们大部分投资者都是买场外基金，申购费基本上在 1%～1.5%，第三方代销平台基本都打一折，也就是 0.1%～0.15%。购回费率的大小一般与投资期限有关，投资的时间越长，费率越低，大部分指数基金产品持有时间大于 2 年时赎回费为零。

如果你投资的是 C 类份额，不收取申购赎回费，会按日提取销售服务费。如果计划持有时间不超过 2 年，一般可以选择指数基金的 C 份额。持有不足 7 个交易日赎回会有惩罚性赎回费 1.5%。如果想要把手里的一只基金转换为另一只，需要缴纳转换费，也就是申购补差费加转出基金赎回费。

（2）运营：管理费、托管费、销售服务费、指数使用费

管理费（基金管理人收取）：按基金资产净值从基金资产中提取，逐日计算定期支付，各类型基金费用高低是不同的，与投资风险成正比，一般股票型基金收取 1.5%，指数及债券型基金收取 0.5% 左右，货币型基金收取 0.33%。

　　托管费：为了保障基金安全，你的钱不是放在基金公司，而是放在托管的银行里。银行帮你保管也是要收费的，这个费用按净值比例提取，逐日计算月末支付，约为 0.25%，资金规模越大费率越低。

　　销售服务费（付给销售渠道）：逐日计提，按月支付。

　　指数使用费（付给指数编制公司）：0.02%。

　　这些费用没有单独收取，已经在你的收益中直接扣除了。

　　我们简单计算一下 10 万元买基金，持有一年的大概费用：申购费率 0.15%，赎回费率 0.5%，管理费率 0.5%，托管费率 0.25%。

$$申购费 = 100\,000 \times 0.15\% = 150（元）$$
$$赎回费 = 100\,000 \times 0.5\% = 500（元）$$
$$管理费 = 100\,000 \times 0.5\% = 500（元）$$
$$托管费 = 100\,000 \times 0.25\% = 250（元）$$

共计 1400 元，总费率为 1.4%。

4. 新基金好还是老基金好

　　2019～2020 年市场迎来一波结构性行情，多只基金实现年内收益翻倍，引得大笔资金进场疯抢基金。当时明星基金经理发行的新产品都会引起哄抢，超募启动比例配售。

　　因为多数基金发行的时候都会设置一个规模上限，当认购资金超过这个规模时，就会进行"比例配售"。就像你去买点心，人家只做 300 份，想多买没有。为了公平，按出资金额分配。比如 2020 年发行的一只热门基金，募资规模超过 1200 亿元，有客户直接下单 9 亿元，但配售比例 4.9。也就是说，你认购 100 万元的基金，配售只能分到 4.9 万元的基金份额，剩余资金退回。

新基金这么火爆，一定比老基金好吗？还真不绝对，一定要具体产品具体分析。即使是被市场哄抢的新基金，接下来一段时间的表现也可能很一般。关键还是要看基金的质地怎么样，黑猫白猫抓住耗子就是好猫。老牌基金经理的投资业绩更能通过长期来体现。

还有一句话，叫牛市买老，熊市买新。新基金一般都会有3个月的建仓期，基金经理需要把募集到的资金逐步买成股票、债券或其他产品。所以如果赶上牛市，行情非常不错，这段建仓时间可能会错过市场涨幅；如果市场正好下跌，新基金反而因为建仓较慢，仓位低而躲过了下跌。

选择新基金还是老基金不用纠结，最终还是要看你是否认可这位基金经理，是否认同他的投资风格和方向，愿意把钱交给他管理。

5. 如何应对市场快速涨跌

投资什么时候最煎熬？答：市场大跌的时候。

投资什么时候更煎熬？答：市场大涨，而手里却没有筹码。

市场上不断循环的周期：①市场上涨，这是陷阱不能入坑；②市场大涨很多人都赚到了钱，冲啊！③市场下跌，好机会，补仓；④市场继续下跌，继续补仓；⑤市场再跌，再等等吧；⑥市场大跌，割肉卖出，发誓再也不进股市；⑦市场开始筑底回升。

我们会发现，市场跌了，很多人不开心；市场涨了，有更多人不开心。而促成这种情况的根本就是人的本性。下跌害怕再跌，上涨害怕错过。追涨杀跌，概莫能外，这是市场上绝大多数人亏损的原因。如果你是一个股民，肯定能体会到市场大涨大跌带来的心理煎熬。

了解了市场的波动性和不确定性，我们更应该确定，对于大多数投资者来说，择时是一件很难很难的事，有名的基金经理们也不认为自己有择时的能力，能够判断的是企业的长期价值。

我们普通投资者更不要太过注重择时，总想着买在最低、卖在最高，能够找到一个相对低或高的区间范围就很好了。如果市场下跌，你买的指数又在低位区间，就坚持定投。虽然往往在市场下跌的时候，定投可能会出现连续亏损，一直投一直亏，就好像"无底洞"，但越是下跌越是低位买入筹码的好机会。选择好的公司和行业是雪中送炭，择时只是锦上添花，我们只要把握住最确定的方向就好。

但是一定要注意资产的组合配置，控制单个行业在总体组合中的比例。对于大部分投资者来说，单个指数或行业占比不宜超过20%，这样能够在结构性行情中让资产更平衡、抗跌。如果你只买一个方向一只产品，在下跌的过程中就很难拿得住。

定投是一件长期的事情，只要你选到优秀行业或指数，在相对合理的位置买入，并且做好资产组合配置，即使市场变化再快，也可以坦然面对。

6. 如何选择行业基金

宽基指数相对很好选择，如果我们要跟上整个市场的涨幅，直接买沪深300指数和中证500指数；如果看好成长股，买创业板和科创板指数，或者直接买个双创指数。进阶的投资者可以适当择时，根据估值在不同时间段买不同的宽基指数，比如2019～2020年买沪深300指数，进入2021年买估值更低、性价比更高的中证500指数等。

行业指数相比宽基指数就更难选了。截至2021年年初，如果你在三年前买进中证消费指数，年化收益率有30%；买进CS新能车指数，近三年平均年化收益率高达59%。但是如果你选择了中证银行指数，近三年年化收益率只有3%。选择不同的行业，收益可以说是天壤之别。

具体如何选择行业指数？很多投资者喜欢去押风口，追赛道。而每个行业都有自己独特的周期和节奏，想要准确地猜测这个节奏太难了。

对于我们大部分普通投资者，最适合的方法就是赚趋势的钱，寻找那些长期上涨、前景广阔的行业品种。比如传统的消费医药，无论是国内还是国外，无论经历多大的调整都能再涨回来，因为需求一直存在且不断升级。还有科技，将会是引领未来经济增长的最强引擎，其中的新能源车、光伏、半导体行业都会伴随着能源革命和"科技兴国"战略不断向前。

上述这些行业趋势是涨多了就跌一跌，但是长期趋势是螺旋上升的，是适合我们长期投资的行业品种。如果再遇到优秀行业进入低估值区间，就是更好的投资机会。

7. 高估值行业还能继续追吗

从 2019 年开始，上上学堂在喜马拉雅的免费音频课中就一直在讲新能源，特别是新能源车的长期投资价值。在还没涨起来的时候关注这个行业的人还很少，等到涨起来问的人就越来越多了。但有一个问题，就是伴随着股价的上涨，估值也越来越高，这时候再买就会让人心里不踏实，不敢追了，但是越高越涨，这该怎么办呢？

这时就要重点关注估值，之所以在整个 2019 年和 2020 年上半年还是一直告诉大家可以放心买，是因为那时的估值的确还不高。

像消费医药这些优秀行业在上升过程中，市盈率百分位多数时间都在中位数甚至偏高位置，新能源车也不例外。虽然前期一直在上涨，但如果估值还在相对合理的位置，风险偏好高的投资者就可以继续买入持有。涨到 2020 年后半段，估值逐步抬高，百分位已经上升到 80% 以上，虽然还有可能继续上涨，但是这时候一次性买入的风险就在逐步增加。这时候最好的操作方式就是等待，因为再好的行业经过连续上涨、估值不断抬升后都会进入下跌调整。

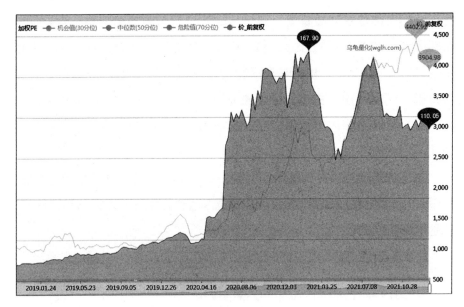

新能源车行业估值

资料来源：乌龟量化。

调整后能否重拾升势就需要重点关注行业的盈利能力，如果盈利能力够高，可以逐步消化估值。像 2021 年 2 月全市场大跌之后，新能源车大幅反弹，再度走出一轮牛市，最根本的还是行业的高景气度和上市公司优秀的业绩。而 2021 年陷入下跌的白酒行业指数，不仅因为估值百分位一直超过 90%，同时龙头上市公司的业绩增长只有个位数，这两个因素结合在一起自然会使行业步入调整。

如果你是一个激进型投资者，当行业走到相对高估的阶段，你依然特别看好这个行业的未来，那就选择用分批定投的方式慢慢介入。特别是遇到快速杀跌的时候分批补仓，这样既不错过机会，又能在一定程度上降低风险。但绝不能重仓去赌，这样不是投资而是投机。不要想赚到市场上所有的钱。

如果你是一个稳健型投资者，那就去买低位的策略宽基指数，还有一些估值低的行业。别眼馋长期高估的热门行业，因为这完全不是你的菜，它超过了你的承受能力。或者你可以继续等待，等待它回调到一个相对合理的位置再买，再好的行业涨多了也会下跌，不可能一直涨，可以参考 2021 年开始下跌的消费医药行业。

8. 同一个行业，选指数基金还是主动型基金

当我们看好一个行业的时候，往往会面临很多选择，有指数基金，有主动型基金。应该选择哪类呢？

周期类品种本身主动型基金数量就非常少，比如银行、保险、钢铁、煤炭，直接买指数基金，完全复制指数，跟踪行业的涨跌。

除了指数基金，我们还可以选择集中投资于某一类行业的主动型基金。有很多基金经理都有自己专门擅长的行业和领域，他们往往专业出身，对行业和行业中的个股都有着更深的研究。这里最直接的例子就是医药行业。医药行业被称为小 A 股，是具备科技含量的消费赛道，对于选股能力要求非常高。这时候基金经理的能力就体现出来了，有医药行业背景的基金经理会更体现出专业价值。

还有科技、消费这些领域，选择到优秀的基金经理，长期取得的收益会大于指数基金，同时能够通过仓位的增减来应对不同的市场环境。但是因为有人的变量存在，一旦基金经理一段时间对市场判断失误或者基金更换了基金经理，我们就要多加关注。

9. 买基金是否要择时

我们一直说基金经理帮我们降低选股的风险，定投帮我们解决择时的难题。那么买基金完全不需要择时吗？答案是否定的。

白酒是个好行业，但如果我们在 2012 年 7 月初买入，那么接下来的两年将面临超过 60% 的调整；医药是个好行业，但是如果我们在 2018 年 5 月买入，接下来的一年将面临 43% 的跌幅。不仅因为连续上涨，当时

行业的估值百分位已经处于高点，消费政策的改变、医药的带量采购都给行业带来了巨大打击，让行业进入长时间大幅的调整。相信无论是时间还是跌幅，大部分人都承受不住。

基金投资也要适当择时，择大趋势的时。比如 2021 年，上证 50 指数和沪深 300 指数的估值百分位由于连续两年的涨幅都超过了 70%，而中证 500 指数的估值百分位还在 20% 左右，加上当年中证 500 指数成分股净利润增长超过沪深 300 指数一倍，既有好业绩，又有好价格，这时候我们适当择时选择中证 500 指数投资肯定性价比更高。结果是 2021 年上证 50 指数和沪深 300 指数当年收益为负，而中证 500 指数涨幅超过了 10%，印证了适当择时的说法。

在定投分散成本的同时，利用各项指标适当择时，能够取得更好的收益。择时的指标不仅有指数的估值，更重要的是成分股业绩增长情况、政策的影响和当时的市场流动性。

10. 北向资金有什么参考意义

北向资金的"北"泛指 A 股，南下资金的"南"泛指港股。北上资金就是指从港股中流入 A 股的资金，也就是所谓的外资。而南下资金是内地市场流入港股的钱，也就是所谓的内资。

"北向资金"大多为国外机构投资，资金量较大，并且有专门的研究机构团队，更倾向于长期价值投资，所以在市场上有很大的影响力以及引导性。因此北上资金也有"聪明资金"之称，关注北上资金买入与卖出金额以及行业个股，具有一定的参考意义。

很多股票交易软件都可以查询北向资金流向，如通过同花顺 App 数据中心的沪深港通，可以查询不同时间段的北向资金流向。

同花顺 App 查询北向资金流向

资料来源：同花顺 App。

学员反馈

@ 海丽

我是地道小白,学习了融融老师的课,变化超级大。生了孩子以后我记性超差,听完就忘,还好融融老师带着反复学习、刻意练习,我已经准备把我家的大小开销记记账了!

@ 诗在汉唐

学习之前已经投资了两年的基金和半年的股票,而且收益还算不错,自以为不算小白,对课程本没抱太高的期望,只为夯实基础而来。结果万万没想到,训练营的课程体系和知识容量大大超出我的预期,着实让我又惊又喜。

第一让我赞叹的是基金定投知识的系统性。在以前的定投摸索中我也积累过一些知识，但是学习的途径混乱繁杂，积累的过程漫长而辛苦，知识也多是碎片化、一知半解的。以前的我费尽九牛二虎之力才窥见冰山几角，而这短短的 14 天却是终于让我看见了冰山的大体面貌，建立起了相对完整的投资框架和知识体系，既有道又有术，颇有一种拨云见日、豁然开朗之感。

第二是课程的实用性和通俗性。没有枯燥的定义概念，不高深莫测，不花里胡哨，就给你最简单实用的方法，这才是好课该有的样子。而且融融老师讲课，擅长用接地气、易于理解的生活案例，讲解既生动又通俗。

@Uの杨先森

从接触上上学堂到现在已经三年有余，以现在的眼光来回顾那段时光内心难免泛起一点波澜。很荣幸在融融老师的带领下，2020 年、2021 年我在投资的路上走得都很顺利，甚至在 2022 年这样的行情下，我也可以处理得游刃有余。更重要的是融融老师纠正了我很多理财上的观念，这是无法用金钱去衡量的。

从"基金定投课"跟到"基金实战课"，我从对基金一无所知，变成对基金有一个全面的了解；从刚开始乱选一通，变成选择基金有理有据；从刚开始只考虑投资收益，到后来懂得考虑家庭资产配置。学习完课程之后，我才明白理财真的就是理生活，这是一门学问，值得我们学习一生。

@ vincentgui

在和融融老师学习基金理财的过程中，我学到了新的思维方式。一是成本、风险和收益的取舍，以前我往往只看到一方面，忽略了其他方面，而学习之后则形成了用有限的成本去博取适当的收益并对冲高风险的思维方式；二是周期，在牛熊切换中学习和体会周期，获得的不只是投资的理念，更多的是对事物状态的识别，对事物发展的清晰预期。感谢融融老师的教导！

@ 金宝

时光荏苒，岁月如梭，从 2019 年年底学习融融老师的"基金定投课""基金实战课"到现在近 3 年，在此期间我也买了些股票，但俄乌冲突、美国加息、国内的集采、互联网反垄断等"黑天鹅"，让指数和个股走势变得难以判断，回过头来还是基金定投最适合！

当初是微信群训练营、融融老师音频和文字、融融老师答疑的模式，学习期间还有学员把流程方法编成了朗朗上口的记忆口诀歌，相信无论是如何买卖、止盈还是心态等一系列问题，大家都能在融融老师的课程里找到答案。而本书更是一场财富的盛宴！

@ 张郑宇

新冠肺炎疫情期间遇见上上学堂，开始是被融融老师温柔的声音吸引，课程内容由浅入深，对小白极其友好，让我顺利打开了理财的大门，深入了解我更是被他们深深感动。做一件事很简单，但是坚持很难。作为初创企业，无论是遭遇疫情的萧条，还是后来的行业变化，他们都没有放弃，始终坚持初心，致力于为无数的普通人创造理财的可能，帮助大家打造科学的收入模式，希望国人都有更能抵抗风险的收入来源。他们始终在寻找更合适的、能够帮助到更多人的方法。希望他们的智慧结晶和理想能够传得更远。星星之火，可以燎原。